# PONT NeuF
## *en route*

**Französisch für Anfänger mit Vorkenntnissen**

Von Michel Boiron, Martine Delaud,
Bernd Kleinheyer und Jacqueline Sword

unter Mitwirkung von Annegret Hilligus,
Sylvie Bernard und René Piedmont

Ernst Klett Sprachen
Barcelona Budapest Ljubljana London
Posen Prag Sofia Stuttgart

# Pont NeuF *en route*
**Französisch für Anfänger mit Vorkenntnissen**

von
Michel Boiron, Directeur pédagogique du CAVILAM, Vichy
Martine Delaud, M.A., Kursleiterin an der VHS München
Bernd Kleinheyer, Lehrer beim Walter-Friedländer-Bildungswerk, Berlin
Jacqueline Sword, M.A., Fachbereichsleiterin für Sprachen an der Leine-VHS
Dr. des. Annegret Hilligus, wissenschaftliche Mitarbeiterin an der Universität-Gesamthochschule Paderborn (Grammatik)
Dr. René M. Piedmont, hauptamtlicher pädagogischer Mitarbeiter an der VHS Koblenz

**Beratende Mitarbeit:**
Sylvie Bernard, Lehrbeauftragte an der Universität München, Kursleiterin (VHS, Industrie)
Janine Bruchet, M.A., Sprachtrainerin in Offenbach
Manfred Götz, Fachgebietsleiter Romanische Sprachen, VHS München
Ursula Metzner, Fachbereichsleiterin Sprachen der VHS im Norden des Landkreises München
Bénédicte Omont, Fachbereichsleiterin am Bildungszentrum der Stadt Nürnberg

**Illustrationen:**
Thierry Duchesne, Editions Delcourt, Paris

**Layout und Einbandgestaltung:**
CND International – Patrick Deiller, Paris

1. Auflage A 1 7 6 5 4 | 2007
Alle Drucke dieser Auflage können im Unterricht nebeneinander benutzt werden.
Die letzte Zahl bezeichnet das Jahr dieses Druckes.

Herstellung:
Volker Fehrenbach
Redaktion:
Krystelle Jambon, Michèle Périgault, Pascale Rousseau, Docteur ès lettres, Michael Deneux (Grammatik)
Druck: Schnitzer-Druck GmbH, Korb
ISBN 3-12-529115-1

9 783125 291157

*Liebe Kursteilnehmerinnen und Kursteilnehmer,*

herzlich willkommen bei **Pont NeuF en route**, dem Folgeband von **Pont NeuF entrée!**

Wir wollen Ihnen die Teile des Lehrwerks kurz vorstellen:

- Ihr Lehrbuch besteht aus 8 Lektionen. Jede Lektion ist einem Thema gewidmet, das Ihnen mit einer Auftaktseite vorgestellt wird. Die sich anschließenden Lektionsteile A, B und C beschäftigen sich mit verschiedenen Aspekten des Lektionsthemas. Nach dem C-Teil finden Sie eine Seite, die die Themen der Auftaktseite aufgreift. Am Ende jeder Lektion befinden sich im *EN BREF*-Teil die Übungen „Was sagen Sie in folgenden Situationen" und *Pour le plaisir*. Anschließend werden die neu eingeführten Strukturen unter dem Stichwort *J'ai appris* zusammengefasst. Jede Lektion befähigt Sie zur Kommunikation in einem bestimmten Themenbereich: Lektion 5 beschäftigt sich mit Aktivitäten in der Großstadt (La vie en ville). Lektion 6 behandelt das Charakterisieren und Beschreiben von Personen und Freundschaften (Les amis d'abord), Lektion 7 ist den Essgewohnheiten gewidmet (Le plat du jour) und Lektion 8 den Verkehrsmitteln und -situationen (En route). In Lektion 9 (Plaisir des sens) wird über Geschmack, Vorlieben und Gesundheit gesprochen und Lektion 10 (Autrefois, aujourd'hui) vergleicht und kommentiert Vergangenheit und Gegenwart. Lektion 11 (Se rendre utile) behandelt Aspekte der Berufs- und Arbeitswelt. Lektion 12 (Rêves et projets) entwirft persönliche und gesellschaftspolitische Perspektiven.
- Nach den Lektionen 8 und 12 gibt Ihnen die Rubrik *Entracte* Gelegenheit, Bilanz zu ziehen und einen Blick auf die kommenden Lektionen zu werfen.
- Die mit einem blauen Balken gekennzeichneten Seiten enthalten Lerntipps, die Ihnen praktische Hilfestellung für Ihr ganz persönliches Arbeiten geben, sowie die Rubrik *Support touristique* mit nützlichen Redewendungen für Ihren nächsten Frankreichaufenthalt.
- Es schließt sich eine lektionsbegleitende Grammatik an, in der die grammatischen Phänomene jeder Lektion zusammengefasst und erläutert werden. Sie dient zur Beseitigung von eventuell auftretenden Unklarheiten und zur häuslichen Nacharbeit.
- Den Abschluss bilden die Wörterverzeichnisse, die abgedruckten Hörtexte sowie die Lösungen zu sämtlichen Übungen.

Und nun noch einige Informationen zur Arbeit mit Ihrem Buch:

- Grundlage des Lernstoffes in **Pont NeuF en route** bilden meist Texte. Es können Lesetexte, Hörtexte oder Kombinationen von Text und Bild sein. Bei diesen Texten werden Sie zunächst nicht alles verstehen, aber das ist auch nicht erforderlich. Bestimmt verstehen Sie viel mehr als Sie glauben, z. B. die Situation oder den Gesamtsinn des Textes, vielleicht auch wichtige Einzelheiten. Auch im Ausland werden Sie nicht immer jedes einzelne Wort verstehen können, aber **Pont NeuF en route** bereitet Sie gezielt darauf vor, die für Sie wichtigen Informationen aus Äußerungen, Texten und Dialogen herauszufiltern.
- Durch entsprechende Aufgabenstellungen oder Spiele bekommen Sie die Möglichkeit, den Lernstoff der Lektion noch einmal anzuwenden und zu vertiefen. Sie werden dabei feststellen, dass Sie sprachliche Fähigkeiten erworben haben, mit denen Sie Ihre eigenen Erfahrungen, Ideen und Meinungen zum Ausdruck bringen können. Denn bei **Pont NeuF en route** gilt: Sie selbst stehen im Mittelpunkt Ihres Lernprozesses.
- Da Sie Französisch lernen, um mit anderen kommunizieren zu können, dienen viele Aktivitäten dem Austausch mit anderen Kursteilnehmerinnen und Kursteilnehmern. Häufig werden Sie dazu eingeladen, Aufgaben zu zweit oder in der Gruppe zu lösen. So erleben Sie die französische Sprache von Anfang an als Mittel zur Kommunikation.
- Grammatik ist Bestandteil der Arbeit mit **Pont NeuF en route**. Mit zunehmender sprachlicher Sicherheit fällt es Ihnen nicht schwer, Tabellen zu ergänzen, Regelmäßigkeiten zu erkennen oder Wörter zu erschließen. Denn Sie wissen, es gilt der Grundsatz: Was Sie selbst erarbeiten, behalten Sie besser im Gedächtnis.
- Das separate Arbeitsbuch (mit Kassette oder CD) zu **Pont NeuF en route** enthält ein abwechslungsreiches Angebot an Übungen zur weiteren Festigung und Vertiefung. Es ermöglicht Ihnen die Beschäftigung mit der französischen Sprache über den Unterricht hinaus. Ebenso finden Sie hier die Übungen für den Gebrauch des Französischen in berufsbezogenem Kontext (*Rendez-vous d'affaires*).

Wir wünschen Ihnen weiterhin viel Spaß beim Entdecken und viel Erfolg auf Ihrem Lernweg.

*Ihr Pont NeuF en route-Team*

Hören — Partnerarbeit

Schreiben — Gruppenarbeit

# INHALT

# PRÉLUDE

Welche Themen finden Sie in der Collage wieder?

# 5 La vie en ville

## Un jour comme les autres

**a. Ecoutez. Quelles personnes du collage parlent ? Ecrivez les numéros dans les cases.**

- ☐ La prochaine fois, j'ai envie de réserver les places. Faire la queue devant le cinéma, je trouve ça horrible !
- ☐ Vous savez, les gens qu'on appelle S.D.F. "sans domicile fixe" n'ont pas beaucoup d'argent, ils vendent leur journal "Macadam" et habitent dans la rue.
- ☐ Oh, moi, j'aime bien faire les courses ! Je trouve souvent une voisine au marché et on prend un café. Comme ça, je sors un peu de la maison !
- ☐ Quand je pars travailler, je suis toujours optimiste, j'espère vendre beaucoup de roses.
- ☐ Je n'ai pas beaucoup de temps entre deux rendez-vous d'affaires.

**b. Regardez les photos et les dessins. A votre avis, c'est à quel moment de la journée ?**

le matin ?

l'après-midi ?

le soir ?

la nuit ?

*A mon avis, la photo numéro 1, c'est...*

## A1

a. Lisez et écoutez.

| | |
|---|---|
| Ville<br>Rue<br>Une rue dans la ville. C'est le lieu.<br>Matin<br>Soir<br>Le matin ou le soir. C'est le temps.<br>Homme<br>S.D.F.<br>Un homme Sans Domicile Fixe.<br>C'est le personnage principal.<br>Macadam<br>Journal<br>Un S.D.F. vend le journal Macadam. C'est l'action. | Macadam, dix francs* !<br>Un homme part au travail, il ne s'arrête pas.<br>Macadam, dix francs !<br>Une femme fait les courses. Merci, madame !<br>Macadam, dix francs !<br>Devant le cinéma, des gens font la queue.<br>Quarante francs**, pas mal.<br>Macadam, dix francs !<br>Une vendeuse de roses sort d'un restaurant.<br>Elle n'achète pas "Macadam".<br>Elle n'a pas d'argent.<br>Macadam, dix francs !<br>Macadam, dix francs ! |

* entspricht seit 2002 1,53 Euro
** = 6,10 Euro

b. Réécoutez et relisez le texte "Macadam". Qui parle ?

## A2

a. Retrouvez-vous dans le collage, p. 8, les personnes du texte "Macadam" qui achètent des journaux ?

| | oui | non |
|---|---|---|
| L'homme d'affaires achète "Macadam" ? | | |
| La jeune femme ? | | |
| Des personnes devant le cinéma ? | | |
| La vendeuse de roses ? | | |

b. Combien coûte le journal "Macadam" ?

c. Quelle somme a le S.D.F. dans son porte-monnaie le soir : 6,10; 7,62 ou 9,15 euros ?

## A3

a. Quels mots est-ce que vous associez avec S.D.F. ?

b. Communiquez vos résultats au groupe.
*Un/Une S.D.F. n'a pas...*

## A4

a. *Faire* est un verbe irrégulier. Complétez la conjugaison à l'aide du texte, A1 a.

| FAIRE | |
|---|---|
| je | fais |
| tu | fais |
| il/elle/on | .............. |
| nous | faisons |
| vous | faites |
| ils/elles | .............. |

b. Vous connaissez déjà le verbe *faire* dans l'expression *Il fait chaud*. Retrouvez d'autres expressions avec *faire*.

| | | |
|---|---|---|
| JE FAIS | ........ ............................ . | al nicusie |
| | ........ ............................ . | eds rannédones |
| | ........ ............................ . | els socurse |
| | ........ ............................ . | al euque |
| VOUS FAITES | ........ ............................ ? | du porst |
| ÇA FAIT | .................................... ? | binecom |
| IL FAIT | .................................... . | firdo |
| | .................................... . | ebua |

c. Formez deux équipes. Chaque équipe choisit deux expressions de A4 b. et les mime.

## A5 a. Complétez les conjugaisons à l'aide des textes.

| VENDRE | |
|---|---|
| je | vends |
| tu | vends |
| il/elle/on | .............. |
| nous | vendons |
| vous | vendez |
| ils/elles | vendent |

Ebenso:
*attendre* (warten auf)
*entendre* (hören)

| SORTIR | |
|---|---|
| je | sors |
| tu | sors |
| il/elle/on | ............ |
| nous | sortons |
| vous | sortez |
| ils/elles | sortent |

Ebenso:
*partir* (abreisen, weggehen)

Die Verben auf *-re* und *-ir* weisen Gemeinsamkeiten auf. Welche?

**b. Pour chaque verbe, lancez les dés.**

## A6 a. Complétez les phrases.

Le matin, quand je .............. travailler, j'.................... un S.D.F. qui .................. ses journaux.
*partir* *entendre* *vendre*

"Achetez Macadam, messieurs et mesdames, Macadam, je le .................. 10 F (1,53 euro). Pour vous, 10 F
*vendre*

(1,53 euro), ce n'est pas beaucoup d'argent." Beaucoup de gens du quartier passent devant le S.D.F.

mais ils ne l'............................ pas. Ils ne s'arrêtent pas. Ils ..................... au travail, comme moi
*entendre* *partir*

et ils ............................. leur argent à la fin du mois. Et nous qu'est-ce que nous ................. avec notre argent ?
*attendre* *faire*

Nous .................... en vacances, nous ................ avec des amis : nous ................... au restaurant, au cinéma.
*partir* *sortir* *aller*

Le S.D.F. ....................... des heures pour avoir 50 ou 60 F (7,62 ou 9,15 euros) et après, il ne ............ pas :
*attendre* *sortir*

son domicile, c'est la rue.

**b. Ecoutez la cassette et vérifiez vos résultats avec votre voisin/e.**

**c. Ecoutez deux formes du verbe *acheter*. Quelle différence entendez-vous ?**

| | [ə] wie in bitt**e** | [ɛ] wie in **ä**ndern |
|---|---|---|
| Il ach**è**te. | ☐ | ☐ |
| Ach**e**tez. | ☐ | ☐ |

## A7 Quelles activités peut-on faire en ville ? Dialoguez avec votre voisin/e.

seul/e ? avec de l'argent ? la nuit ? le week-end ?
en groupe ? sans argent ? pendant la semaine ?

## A8 a. Traduisez : "Elle n'a pas d'argent."

Et comment dites-vous : „Sie haben kein Haus und keine Adresse." ?

*ne ... pas de* wird im Deutschen durch .................. wiedergegeben.
Beachten Sie: nach *pas de* steht kein Artikel.

**b. Qu'est-ce que vous avez ? Qu'est-ce que vous n'avez pas ?**

## A9 Imaginez la ville idéale pour vous. Vous pouvez compléter les exemples.

*Il y a ..... Il n'y a pas de/d'.....*

des usines   un théâtre la police des terrasses de café

des bureaux des pigeons des zones piétonnes

le métro des immeubles des arbres  des voitures

des discothèques un club de sport des bicyclettes un port

un centre commercial un supermarché des magasins 

une université des chiens des musiciens dans la rue un fleuve

## A10 Observez la prononciation de *ne* et *de*. Ecoutez et répétez.

Il y a des touristes aux terrasses de café.
Tu ne pars pas à l'usine ?
Il ne veut pas de chiens dans son appartement.
Aujourd'hui, nous n'achetons pas de fruits au supermarché.
Ils ne vendent pas de bicyclettes.
Je suis au club de sport.

**B1** a. Ecoutez : un monument d'Orange se présente.

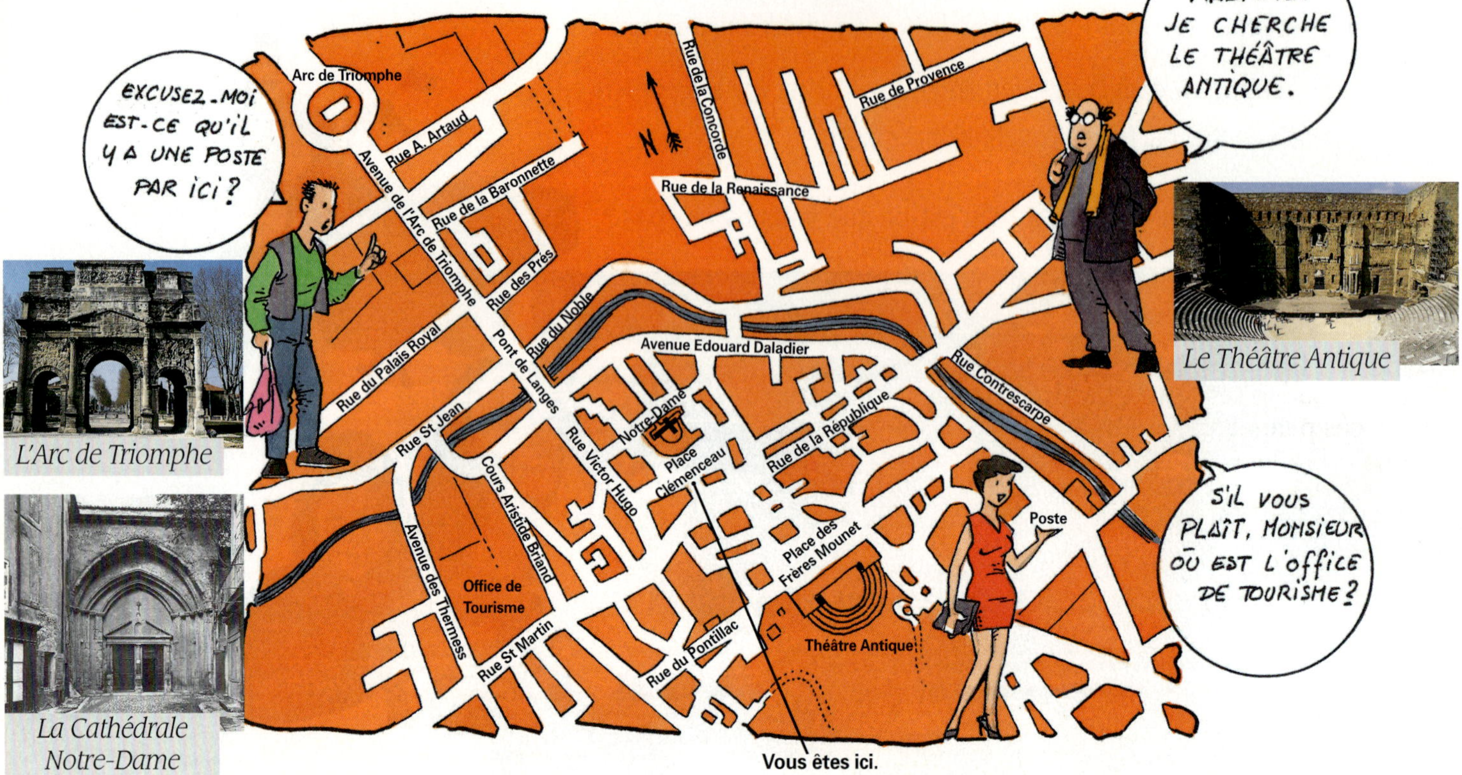

L'Arc de Triomphe

La Cathédrale Notre-Dame

Le Théâtre Antique

b. Quels mots avez-vous entendus ? Cochez.

- ☐ le Théâtre Antique
- ☐ les platanes
- ☐ début du premier siècle
- ☐ le Pont Neuf
- ☐ la rue de Provence
- ☐ la terrasse d'un café
- ☐ le cinéma
- ☐ le carrefour
- ☐ fin du premier siècle
- ☐ l'office de tourisme

c. Complétez le texte à l'aide de la cassette. Quel monument parle ?

Mais venez quand même me rendre visite ! Comment me trouver ? C'est très facile : vous êtes Place Clémenceau et la cathédrale est .......................... vous. ...................... la petite rue .......................... et continuez jusqu'à la rue Victor Hugo. Là, vous tournez ................................ et vous ......................... tout droit jusqu'au carrefour. Traversez alors le ..................... de Langes, je suis au bout de l'avenue. Je vous attends. Me reconnaissez-vous ? Qui suis-je ?

d. Regardez le plan d'Orange et les photos. Parlez de la ville.

*A Orange, il y a...*
*Au centre-ville, on trouve...*

**B2** Regardez le plan d'Orange avec votre voisin/e. Choisissez l'endroit où vous êtes. Puis demandez le chemin pour aller à un monument de votre choix. Jouez les rôles.

## B3 a. Complétez. Pour vous aider, regardez l'exercice B1 c.

| | |
|---|---|
| Viens ! | Venez ! Kommt! Kommen Sie! |
| Prends ! | ............................... |
| Continue ! | ............................... |
| Tourne ! | ............................... |
| Traverse ! | ............................... |
| Va ! | ............................... |

Welche Formen werden als Imperativ gebraucht? Die ...... Person Singular und die ........ Person Plural.
Beachten Sie:
Bei den Verben auf *-er* trägt der Imperativ Singular kein *-s*.

b. Que faites-vous quand vous voyez ces panneaux ?

* entspricht seit 2002 1,06 Euro.

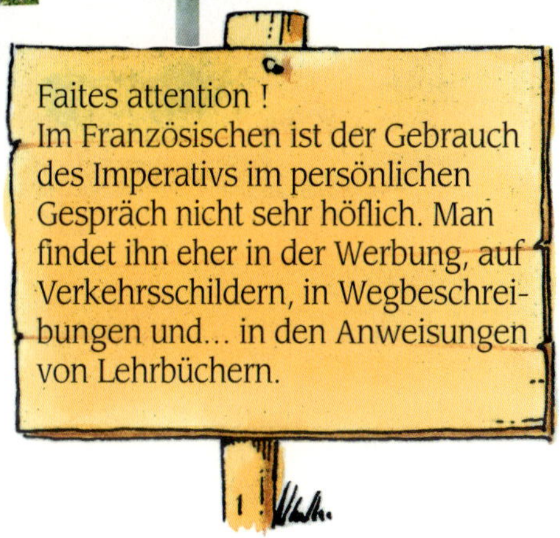


c. Cherchez cinq consignes à l'impératif dans la leçon.

## B4 a. Regardez les panneaux et cherchez sur le plan d'Orange, p. 12 d'autres noms de rues ou de places.

| RUE DU PONTILLAC | RUE DE LA RENAISSANCE | AVENUE ........... ........... ARC DE TRIOMPHE | PLACE DES FRÈRES MOUNET |
|---|---|---|---|
| Rue du................ | Rue de la.............. | | Rue des................ |
| ................................ | ................................ | | ................................ |
| Rue ........................ | Rue ........................ | | Avenue .................... |
| ................................ | ................................ | | ................................ |

b. Complétez et comparez.

| | | |
|---|---|---|
| de + le | = | du |
| de + la | = | de la |
| de + l' | = | de l' |
| de + les | = | des |

Wie *de* so verschmilzt auch *à* mit dem bestimmten Artikel.

| | | | |
|---|---|---|---|
| à + le | = | ........... | *Au carrefour, allez tout droit.* |
| à + la | = | ........... | *jusqu'à la rue Victor Hugo* |
| à + l' | = | ........... | *jusqu'à l'avenue* |
| à + les | = | ........... | *Tournez aux feux à gauche.* |

**B5** **a. Voici des noms de rues très courants dans les villes françaises. Trouvez six combinaisons possibles. Comparez vos résultats avec le groupe.**

| | | |
|---|---|---|
| Quai | du | Mairie *f* |
| Rue | de la | Europe *f* |
| Avenue | de l' | Hôtel-de-Ville *m* |
| Boulevard | des | Palais *m* |
| Place | | Champs-Elysées *m, pl* |
| Impasse | | Université *f* |
| Square | | Champ-de-Mars *m* |
| Chemin | | République *f* |

**b. Connaissez-vous d'autres noms de rues ou de places françaises ?**

**B6** **a. Voici quelques expressions de lieu avec *de.* Complétez.**

| | | | | |
|---|---|---|---|---|
| à gauche **de la** fleur | ..... .............. **du** nymphéa | en face ..... ...... fleur | près **du** nymphéa à côté ..... ...... fleur | au milieu **des** ............... |

**b. Complétez les descriptions du chemin pour aller à la poste dans deux villes différentes.**

La poste ? C'est à côté ............ Eglise
Saint-Jacques, en face ............ pharmacie.
C'est tout près d'ici.
Vous allez jusqu'........... prochain carrefour,
et vous tournez à droite. La poste est
au bout .............. rue.

La poste ? Ce n'est pas loin.
Elle est près .......... jardin japonais,
en face ......... supermarché.
C'est facile à trouver.
Allez jusqu'............. feux.
Prenez la rue .......... Musée,
en face ............ vous, et ensuite,
la rue ............ Platanes, à gauche.
Vous continuez jusqu'........... avenue
Charles de Gaulle.
La poste est sur la droite.

**c. Vérifiez vos résultats à l'aide de la cassette.**

**B7** **Reprenez le plan d'Orange, p. 12 et répondez aux trois personnes qui demandent leur chemin. Expliquez comment aller à la poste, au Théâtre Antique et à l'office de tourisme.**

## B8

**a. Répondez aux questions suivantes.**

1. Quelle est votre ville préférée ?
2. Quelles sont ses spécialités ?
3. Quel est le nombre d'habitants de cette ville ?
4. Quels sont ses monuments importants ?

**b. Posez les questions 2, 3 et 4 à votre voisin/e pour deviner sa ville préférée.**

*Quelles sont les spécialités de votre ville préférée ?*

## B9

**Complétez avec les quatre formes de *quel... ?* (welcher ...?).**

| Singular | | Plural | |
|---|---|---|---|
| männlich | weiblich | männlich | weiblich |
| nombre | ville | monuments | spécialités |

## B10

**a. Vous préparez un voyage en France. Pour avoir des informations sur une ville, complétez les questions suivantes.**

1. ...................... est le nom du département ?
2. ...................... est le nombre d'habitants ?
3. ...................... est le musée le plus connu ?
4. ...................... est l'industrie principale ?
5. ...................... sont les monuments à voir ?
6. ...................... est la distance de Paris à ... ?
7. ...................... fleuve traverse la ville ?
8. ...................... sont les spécialités régionales ?

**b. Echangez les informations sur Rouen et Toulouse. Joueur A reste sur cette page, joueur B va à la page 123.**

TOULOUSE
1. La Haute-Garonne (31)
2. ........................................
3. ........................................
4. L'aéronautique (Airbus)
5. La place du Capitole, la Basilique Saint-Sernin
6. ........................................
7. La Garonne
8. ........................................

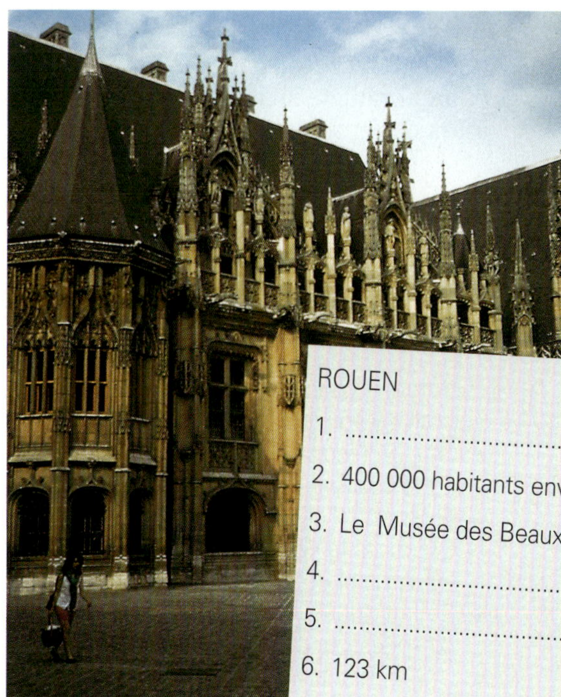

ROUEN
1. ........................................
2. 400 000 habitants environ
3. Le Musée des Beaux-Arts
4. ........................................
5. ........................................
6. 123 km
7. ........................................
8. Le camembert, le calvados

## B11

**Préparez un prospectus sur votre ville pour des amis français et proposez un circuit touristique dans la ville.**

**c1** **a. Vous avez du temps libre. Vous aimez les spectacles originaux, la musique, les expositions, le sport, les cultures étrangères ? Où allez-vous ? Choisissez parmi ces annonces.**

*J'aime la peinture, alors je vais au Louvre.*

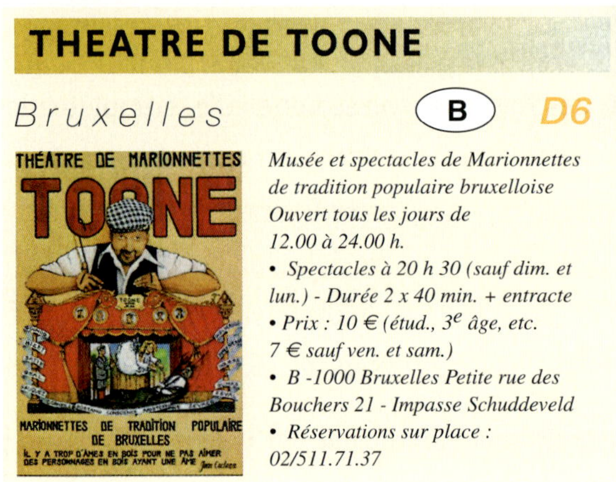


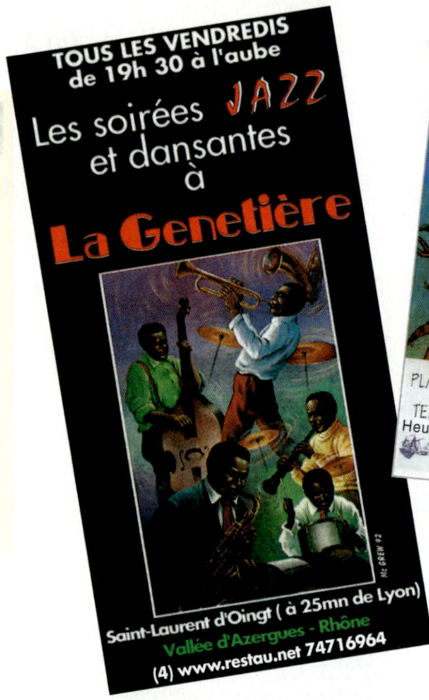


**b. Où pouvez-vous aller le matin, l'après-midi, le soir ? Y a-t-il des jours de fermeture ? Lesquels ?**

**c2** **Lisez et écoutez les dialogues, puis faites-les correspondre aux annonces précédentes.**

1.
- ○ Bonsoir, monsieur. Il y a encore des places pour ce soir ?
- ◆ Oui, bien sûr.
- ○ C'est combien ?
- ◆ C'est 400 F et 250 F tarif réduit.
- ○ Oh, alors je voudrais deux places à 400 F, s'il vous plaît.
- ◆ Ça fait 800 F... Merci.
- ○ Le spectacle dure combien de temps ?
- ◆ Une heure et demie, environ.
- ○ Merci beaucoup, au revoir, monsieur.
- ◆ Bonne soirée, madame.

(Prix en euros: entrée = 10 €
étudiants et 3e âge = 7 €)

2.
- ○ Allô ?
- ◆ Allô ? Marc ? C'est moi, tu vas bien ?
- ○ Oui, et toi ?
- ◆ Bof, je n'ai pas le moral...
- ○ On peut sortir ce soir, si tu veux.
- ◆ Oui, je veux bien. Tu as une idée ?
- ○ A l'Eglise des Augustins, il y a un concert d'orgue, ça te dit ?
- ◆ Oui, mais c'est à quelle heure ?
- ○ Attends, je regarde... C'est à huit heures et demie.
- ◆ Bon, rendez-vous à l'entrée, à huit heures et quart ? Il y a un tarif étudiant ?
- ○ Oui, pour les étudiants, c'est toujours gratuit.
- ◆ Alors, à ce soir !
- ○ Bonne journée ! Salut !

**C3** **Comment demander ou donner des renseignements. Trouvez les expressions dans les dialogues de C2, p. 16.**

demander le prix*
demander l'heure**
demander la durée***
donner le prix
donner l'heure

* Preis ** Uhrzeit *** Dauer

**C4** **a. Regardez les heures d'ouverture du Louvre dans le prospectus, p. 16. Quand est-ce qu'il est ouvert ? Ecrivez sous les montres.**

Le Louvre est ouvert de ............. heures du matin à six heures du soir.

**b. Regardez la montre et lisez les heures.**

*Quelle heure est-il ?*
*Il est huit heures du matin.*
*Il est huit heures du soir.*
Il est midi/minuit.
Il est une heure.
Il est deux heures.
Il est ..............................
...

**c. Traduisez et comparez.**

Quelle heure est-il ?
..........................................................................................

Il est une heure.
..........................................................................................

A quelle heure ?
..........................................................................................

A huit heures.
..........................................................................................

**C5** **a. Complétez. Recherchez les heures dans le dialogue 2. de C2, p. 16.**

Il est huit heures .............................. ............................................................. Il est neuf heures moins le quart.

**b. Observez les montres et donnez les heures.**

14:45 *Il est quatorze heures quarante-cinq.*
*Il est trois heures moins le quart.*
18: 24 ...................................................
21: 55 ...................................................
...................................................
...................................................
...................................................

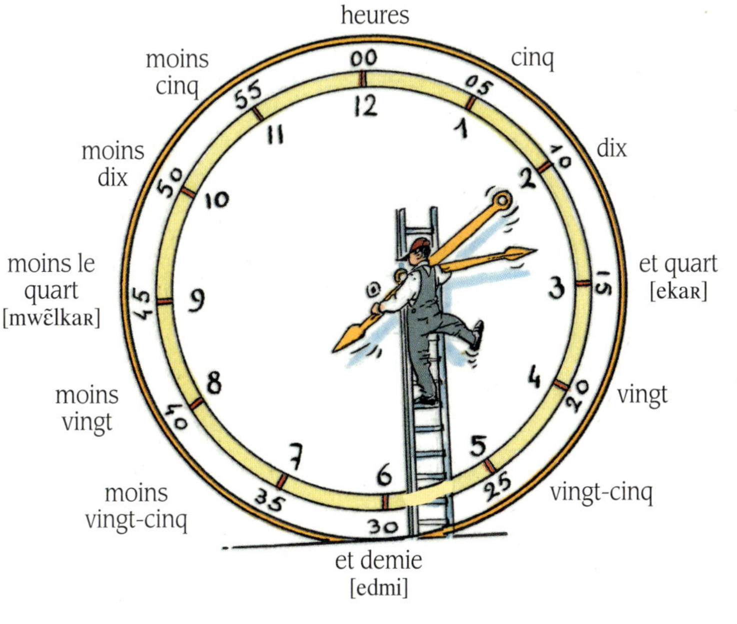


**c. Ecoutez et notez les heures.**

## C6

**a. Répondez aux questions.**

- Vous sortez à quelle heure du cours de français ? Et maintenant, quelle heure est-il ?
- Chez vous, à quelle heure est-ce que vous dînez ? et au restaurant ?
- A quelle heure partez-vous au travail ?
- A votre avis, jusqu'à quelle heure peut-on téléphoner à un/e ami/e ? à un/e collègue ?

**b. Selon vous en France...**

- Le soir, à quelle heure est-ce qu'on va au restaurant ?
- Les supermarchés ferment à quelle heure ?
- Jusqu'à quelle heure peut-on faire les courses ?
- A quelle heure prend-on l'apéritif ?
- A quelle heure est-ce que les enfants sortent de l'école ?

Hier finden Sie die drei Formen der Fragestellung wieder, diesmal mit einem Fragewort.
Das Fragewort kann am Satzanfang oder am Satzende stehen.
Bei Fragen mit Inversion oder *est-ce que* muss es am Satzanfang stehen, z. B.:
*A quelle heure partez-vous au travail ?* oder: *A quelle heure est-ce qu'on va au restaurant ?*
Bei Intonationsfragen steht das Fragewort am Satzende: *Les supermarchés ferment à quelle heure ?*

**Cherchez d'autres exemples en a. et b.**

## C7

**a. Ecoutez l'interview et répondez aux questions.**

Quelle est sa profession ? ....................................

Quels sont ses horaires le mardi ? ...............

le mercredi ? ...............

le jeudi ? ...............

le vendredi ? ...............

le samedi ? ...............

Quels sont ses jours de congé ? ............................

Elle travaille combien d'heures par semaine ? ............................

**b. Connaissez-vous les horaires des magasins en France ? Cochez.**

| | Heures d'ouverture | | | Heures de fermeture | | |
|---|---|---|---|---|---|---|
| Hypermarchés | ☐ 9h | ☐ 9h30 | ☐ 10h | ☐ 20h30 | ☐ 21h | ☐ 22h |
| Petits magasins le matin | ☐ 7h30 | ☐ 8h | ☐ 9h | ☐ 12h30 | ☐ 13h | ☐ 14h |
| l'après-midi | ☐ 14h | ☐ 15h | ☐ 16h | ☐ 19h | ☐ 19h30 | ☐ 20h |

**c. Contrôlez avec la cassette.**

## C8

**a. Ce soir, votre voisin/e et vous, vous voulez sortir ensemble. Quelle annonce de la page 16 vous intéresse le plus ? Mettez-vous d'accord.**

**b. Présentez votre programme pour la soirée au groupe. Trouvez un groupe qui a le même programme. Prenez rendez-vous avec ce groupe. Imaginez un dialogue.**

## FAITES CONNAISSANCE

Choisissez une de ces personnes et imaginez des questions à lui poser. Ecrivez-les au tableau.

A l'aide de ces questions, interviewez une personne du groupe.

## A

**1 Was sagen Sie in folgenden Situationen?**

1. Sie sagen jemandem, dass Sie morgens Sport treiben. ................................................................................
2. Sie fragen jemanden, was er sonntagmorgens macht. ................................................................................
3. Sie sagen, dass Sie samstags mit Freunden ausgehen. ................................................................................
4. Sie sagen, dass Sie keinen Hund haben. ................................................................................

**2 Ecoutez la cassette et complétez. Lisez le poème à votre voisin/e.**

POUR LE PLAISIR

Du matin au ................ ,
On peut le voir :
Il ................ des journaux
A l'entrée du ................ ,
dans les centres commerciaux
et à la sortie ................................ .
La rue, c'est son pays
Les autres S.D.F., ses amis.

## J'ai appris

- **das Verb** *faire*, vgl. S. 9
  – En été, **je fais** des randonnées. Et toi, qu'est-ce que **tu fais** ?
  Δ Ah ! **Elle fait** les courses. Mais nous, **nous faisons** la cuisine.
  Vous, **vous faites** un gâteau. **Ils font** des glaces pour les amis.
- **Präsensformen der Verben auf** *-re und -ir*, vgl. S. 140, § 5.1
- **Besonderheiten bei den Verben auf** *-er*, vgl. S. 141, § 5.2
  J'ach**è**te une moto.
- **die Verneinung mit ne...** *pas de*, vgl. S. 141, § 5.3
  – Vous avez un travail ?
  Δ Non, je **n'**ai **pas de** travail.
  Je **n'**ai **pas d'**argent et je n'ai pas d'amis.
- ***il y a*** **und** ***il n'y a pas de/d'...***, vgl. S. 141, § 5.4
  – Il y a des pigeons dans votre ville ?
  Δ Non, il **n'y** a **pas de** pigeons et **pas d'**arbres, mais il y a une cathédrale.
- **Phonetik: das [ə] wie in bitte in** *de* **und** *ne*
  Il **ne** [nə] veut pas **de** [də] vélo.
- **über Aktivitäten in der Stadt sprechen**
  – Vous aimez aller au restaurant ?
  Δ Oui, j'adore et j'aime aussi aller au cinéma et regarder les vitrines.
- **über sich reden**
  – Vous avez des enfants ?
  Δ Oui, j'ai trois enfants./Non, je n'ai pas d'enfants.

## B

**1 Was sagen Sie in folgenden Situationen?**

1. Sie fragen jemanden, wo das Verkehrsamt ist. ................................................................................
2. Sie erkundigen sich, ob das Postamt in der Nähe ist. ................................................................................
3. Sie erkundigen sich, welche Denkmäler in dieser Stadt sehenswert sind. ................................................................................

................................................................................

**2 Ecoutez la cassette. Dessinez le plan. Expliquez le chemin à votre voisin/e.**

POUR LE PLAISIR

Pour aller au centre de Tours,
Prenez la première rue au carrefour.
Le supermarché ?
Il est facile à trouver.
Vous voyez où est le musée ?
C'est à côté.

## J'ai appris

- **der Imperativ**, vgl. S. 141, § 5.3

  **Va** à l'office de tourisme.
  **Prenez** la rue devant la cathédrale.

- ***de*** **und** ***à*** **+ bestimmter Artikel**, vgl. S. 142, § 5.6
  Il sort **du** jardin. — Il va **au** supermarché.
  Elle sort **de la** maison. — Elle va **à la** boulangerie.
  Ils sortent **de l'**appartement. — Ils vont **à l'**atelier.
  Elles sortent **des** toilettes. — Elles vont **aux** W.-C.

- **weitere Präpositionen der Ortsbestimmung**
  **A côté**, il y a la poste. Elle est **à côté/près de** la boulangerie.
  **A droite**, il y a l'office de tourisme. Il est **à droite du** musée.
  **A gauche**, il y a le théâtre. Il est **à gauche de** l'office de tourisme.
  **Au milieu**, il y a l'Arc de Triomphe. Il est **au milieu de** la rue.
  **En face**, il y a un pont. Il est **en face des** immeubles.

- **das Fragewort** ***quel***, vgl. S. 143, § 5.7
  **Quel** chemin.../**Quelle** place.../**Quels** monuments.../**Quelles** rues... ?

- **nach dem Weg fragen/den Weg beschreiben**
  – Pardon monsieur, je cherche la poste./Pour aller à la poste, s'il vous plaît ?/Où est la poste, s'il vous plaît ?

  ∆ La poste, ce n'est pas loin d'ici./C'est tout près/à 500 mètres environ.
  Prenez la première rue à droite. Tournez à gauche. Traversez la petite place. Continuez jusqu'aux feux. Allez tout droit. La poste est à gauche/devant vous.

C

**1** **Was sagen Sie in folgenden Situationen?**

1. Sie erkundigen sich, wann das Konzert anfängt und wie lange es dauert. ..............................

..............................

2. Sie verabreden sich mit jemandem für heute Abend. ..............................

..............................

3. Sie fragen, ob es eine Ermäßigung für Senioren gibt. ..............................

..............................

**2** **Lisez le dialogue à deux. Imaginez où les deux personnes veulent aller.**

POUR LE PLAISIR

Quelle heure est-il, Cécile ?
Il est neuf heures et demie, Sophie.
C'est tarif réduit aujourd'hui ?
Oui, on est lundi.
Et à quelle heure c'est gratuit ?
Le lundi, après minuit.

## J'ai appris

- **die Uhrzeit erfragen und angeben**, vgl. S. 141, § 5.3
  – Pardon monsieur, quelle heure est-il ?/Pouvez-vous me dire l'heure, s'il vous plaît ?/Vous avez l'heure ?
  ∆ Il est 8 heures/8 heures et quart/8 heures et demie/9 heures moins le quart.
  – Le spectacle est à quelle heure ?/A quelle heure commence le spectacle ?
  ∆ A 8 heures et demie.
  ● Le train part à quelle heure ?
  ○ A quatorze heures cinquante-six, monsieur.
  – Jusqu'à quelle heure peut-on faire ses courses au supermarché ?
  ∆ Jusqu'à dix heures du soir.

- **sich verabreden**
  – On peut sortir ensemble ce soir si tu veux./Tu veux venir au cinéma avec moi ce soir ?
  ∆ D'accord.
  – Bon alors, rendez-vous à 8 h./Alors à ce soir, 8 h devant le cinéma.

# 6 Les amis d'abord

## AMICALEMENT

**Faites correspondre les proverbes à leurs équivalents ci-dessous.**

- ☐ Kleine Geschenke erhalten die Freundschaft.
- ☐ Ein guter Freund ist mehr wert als hundert Verwandte.
- ☐ Klare Rechnung, gute Freunde.
- ☐ Die wahren Freunde lernt man in der Not kennen.
- ☐ Sage Gutes über deinen Freund, sage nichts über deinen Feind.
- ☐ Deine Freunde sind auch meine Freunde.
- ☐ Es gibt keine Freunde, es gibt nur Augenblicke der Freundschaft.
- ☐ Jedermanns Freund ist niemandes Freund.
- ☐ Aus den Augen, aus dem Sinn.

**Quelle phrase préférez-vous ?**

**A1** Décrivez la photo. Qui trouve le plus de phrases en cinq minutes ? Selon vous, quels proverbes correspondent à la photo ?

**A2** Ecoutez et lisez le texte.

Ah, c'est une photo que j'aime beaucoup ! Ce sont mes amis de Montpellier. Alors, là, à gauche, c'est Luc. Il est toujours mal rasé et il rigole tout le temps. Il aime faire le clown. Eric et lui, ils font du théâtre ensemble. Eric, c'est celui avec les superbes yeux bleus, il est un peu réservé, mais terriblement sympa.
A côté de lui, à droite, avec les cheveux mi-longs, c'est Chantal, sa copine. Je ne la connais pas très bien, mais je crois qu'elle est pilote.
La grande blonde, à côté de Luc, c'est Martine. Je l'aime beaucoup, on peut vraiment compter sur elle. On adore faire les boutiques ensemble. Elle a beaucoup de goût.
Entre Martine et moi, le beau brun avec les lunettes, c'est Olivier. C'est le cuisinier de la troupe, il fait toujours des plats exotiques et sa spécialité, c'est le couscous royal.
Et moi, entre Olivier et Eric, je ne sais pas pourquoi, j'ai l'air un peu triste, non ?

**A3** Relevez les prénoms dans le texte. Trouvez un prénom pour la personne qui parle.
A l'aide du texte, faites correspondre les prénoms aux personnes de la photo.

## A4 Pouvez-vous caractériser ces personnes ? Retrouvez les expressions dans le texte p. 23 et comparez vos résultats avec un autre groupe.

| | Luc | Eric | Chantal | Martine | Olivier |
|---|---|---|---|---|---|
| physique | | | | | |
| caractère | | | | | |
| activité | | | | | |

## A5 Complétez à l'aide du texte p. 23.

Elle a les cheveux frisés et bruns.

Il est presque chauve.

Il est ....................

Il est ....................

Il a les yeux marron.

Il a l'air gai.

Il a ....................

Il a ....................

Il a une barbe et des cheveux courts.

Elle a l'air ....................

Elle a ....................

Il est petit.

**Puis, d'après la photo p. 23, faites le portrait de la personne qui parle.**

## A6 Décrivez une personne de votre groupe. Qui est-ce ? Les autres devinent.

## A7 a. Observez ces pronoms et complétez le tableau.

... Eric et lui, ... ... à côté de lui, ...

... compter sur elle ... ... Et moi, je ...

... Entre Martine et moi, ...

| Pronomen | |
|---|---|
| betont | unbetont |
| ............. | je |
| toi | tu |
| ............. | il |
| ............. | elle |
| nous | nous/on |
| vous | vous |
| eux | ils |
| elles | elles |

Die betonten Pronomen stehen nach einer Präposition *(à côté de lui)*, oder wenn das Subjekt eines Satzes besonders betont werden soll *(moi, je...)*.

**b. Complétez avec les pronoms.**

1. ○ Martine, c'est une fille très sympathique.
   ◆ Oui, et on peut toujours compter sur ...................... .
2. ○ Venez-vous avec ...................... ?
   ◆ Oui, bien sûr.
3. ○ Avec Jean et Jacques, on s'amuse bien.
   ◆ Oui, c'est vrai, on rigole bien avec.................. .
4. ○ J'aime bien travailler avec ......................, tu as toujours des idées !
   ◆ Et ................, tu es toujours de bonne humeur.
5. ○ Marielle et Lucie sont là !
   ◆ Alors, on va manger avec ...................... ?
6. ○ Vous venez pour mon anniversaire ? Je compte sur ...................... .
   ◆ Bien sûr ! ......................, on adore faire la fête avec ...................... .
7. ○ Vous voulez un café ?
   ◆ Non merci, ......................, je ne prends pas de café, mais Janine oui.

## A8 D'accord ou pas d'accord ? Discutez entre vous, à l'aide des expressions suivantes...

**...et sur les sujets suivants :**

aller au théâtre – les yeux bleus – les cheveux courts – faire les courses – les chiens – les discothèques

## A9 Quel est votre signe du zodiaque ? Formez des groupes du même signe et faites un portrait avec les adjectifs suivants.

*communicatif/-ve • autoritaire • optimiste • difficile • romantique • studieux/-ieuse • dynamique • sensible • jaloux/-se • aventureux/-euse • spontané/e • impatient/e • fidèle • indépendant/e • courageux/-euse • idéaliste*

## A10 a. Vous pouvez préciser vos jugements avec les mots suivants.

*Il est* **un peu** *réservé.*
*Elle n'est* **pas du tout** *autoritaire.*

| pas du tout | pas très | un peu | vraiment | très | terriblement |
|---|---|---|---|---|---|
| - - | - | - + | + | + + | + + + |

b. Faites le portrait d'un/e ami/e : son physique et son caractère, le groupe devine son signe.

## B1

**a. Des Français parlent de leurs activités avec leurs amis. Quels mots entendez-vous ? Ecoutez et cochez.**

- ☐ faire la fête
- ☐ partir en vacances
- ☐ téléphoner
- ☐ jouer au tennis
- ☐ aller au restaurant
- ☐ aller au cinéma
- ☐ chanter dans une chorale
- ☐ regarder la télévision
- ☐ faire une balade
- ☐ cuisiner
- ☐ jouer de la clarinette
- ☐ prendre un verre
- ☐ faire du sport
- ☐ jouer aux cartes
- ☐ apprendre une langue étrangère
- ☐ faire du vélo
- ☐ discuter
- ☐ faire du jogging
- ☐ aller danser

**b. Relevez les expressions avec *faire* et *jouer*.**

| faire le/la/une | faire du/de la | jouer à | jouer de |
|---|---|---|---|
| | | | |
| | | | |

**c. Mimez une de ces activités, le groupe devine.**

## B2

**a. Et vous, quelles sont vos activités ? Cochez vos réponses.**

| | jamais<br>nie | de temps en temps<br>manchmal | souvent<br>oft |
|---|---|---|---|
| faire du vélo | ☐ | ☐ | ☐ |
| aller au restaurant | ☐ | ☐ | ☐ |
| aller danser | ☐ | ☐ | ☐ |
| jouer aux cartes | ☐ | ☐ | ☐ |
| faire du sport | ☐ | ☐ | ☐ |
| aller au cinéma | ☐ | ☐ | ☐ |

**b. Interviewez vos voisin(e)s sur leurs activités et établissez ensuite tous ensemble une statistique des activités préférées du groupe.**

## B3

**Qu'est-ce que vous voulez faire le week-end prochain ? Proposez une activité à une personne du groupe.**

*Je vais au cinéma samedi soir.*
*Avez-vous envie de venir avec moi ?*

**Dites ensuite ce que vous faites et avec qui.**

**B4** **a. Françoise Sagan et Bernard Frank sont deux écrivains français, ils sont amis depuis longtemps. Lisez ce que Françoise Sagan dit de leur amitié.**

Françoise Sagan parle de son vieil ami Bernard Frank : "Notre amitié a plus de 30 ans. Bien sûr, on se dispute[1] de temps en temps. On ne se confie rien[2]. Ou très peu. Si j'ai des problèmes d'argent, je préfère aller me plaindre[3] à mon banquier. Les amis, ce n'est pas fait pour ça."

[1] se disputer : sich streiten
[2] on ne se confie rien : wir führen keine vertraulichen Gespräche
[3] se plaindre : sich beklagen

**b. A votre avis, les amis à quoi ça sert ?**

*Les amis, c'est fait pour...*
*ce n'est pas fait pour...*

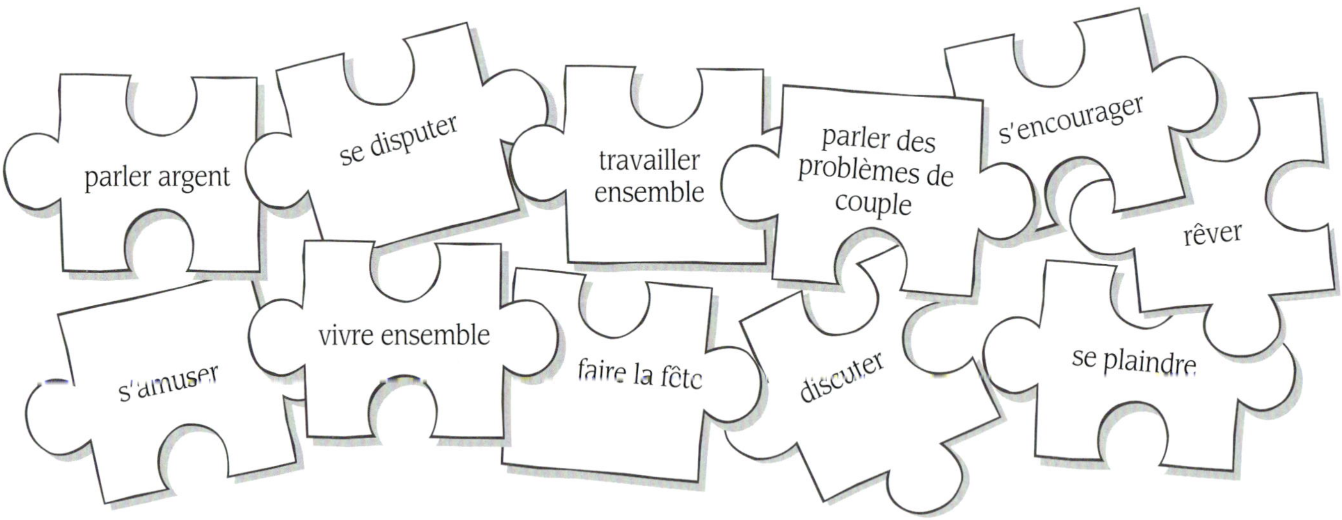


**B5** **a. Dans les phrases suivantes, indiquez les liaisons.**

Elles‿aiment faire la fête de temps en temps.
Ils ont une maison en Provence.
Ce sont mes amis et ils sont très sympathiques.
C'est ton amie ?
Ils aiment jouer aux cartes.
Vous avez de superbes yeux bleus.
Nous habitons à côté d'Orange.
Les amis de mes amis sont mes amis.

**b. Contrôlez vos résultats avec la cassette.**

**c1** Lisez la lettre d'Etienne à son amie Marie-Paule.

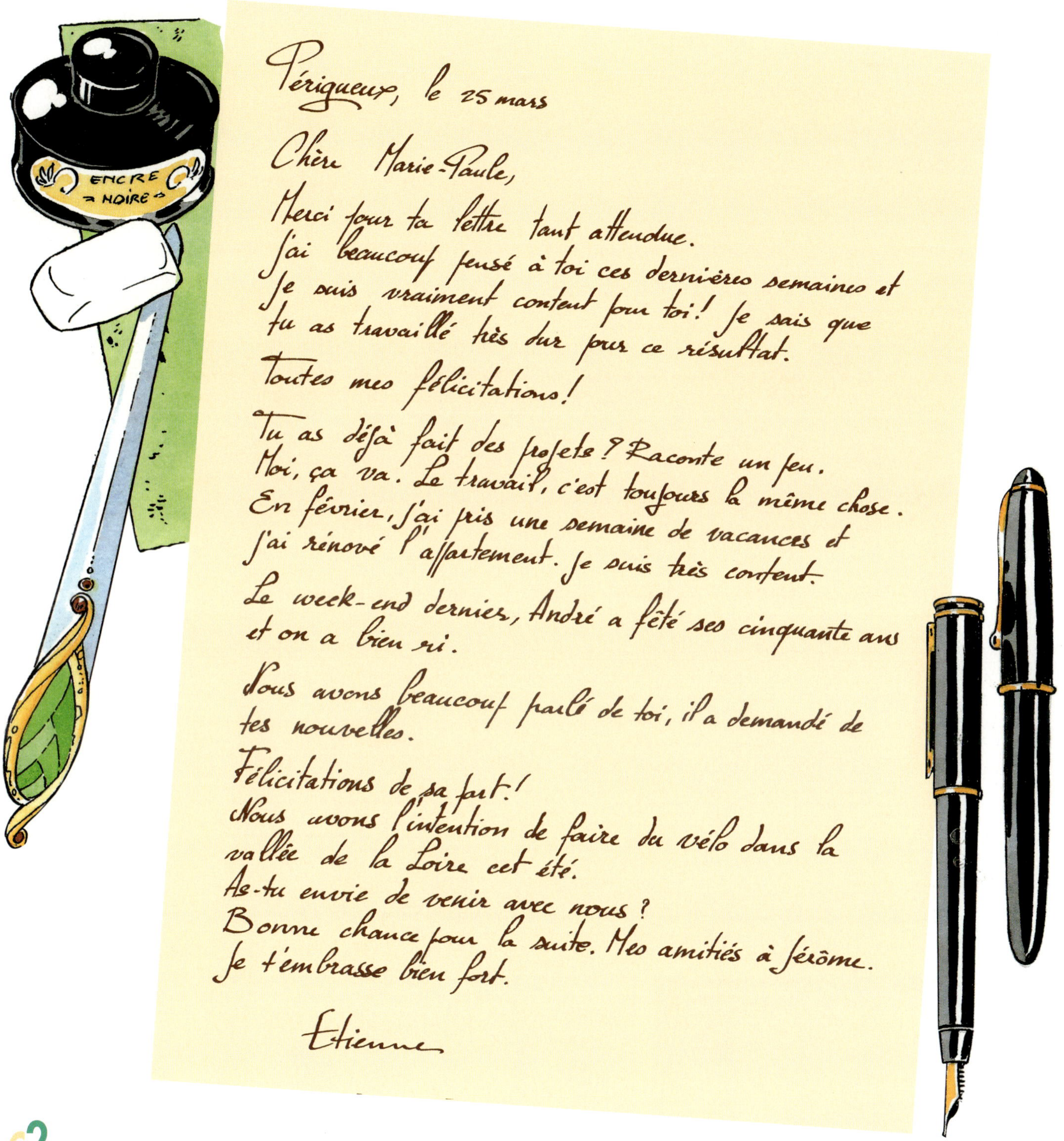


Périgueux, le 25 mars

Chère Marie-Paule,

Merci pour ta lettre tant attendue.
J'ai beaucoup pensé à toi ces dernières semaines et je suis vraiment content pour toi ! Je sais que tu as travaillé très dur pour ce résultat.
Toutes mes félicitations !

Tu as déjà fait des projets ? Raconte un peu.
Moi, ça va. Le travail, c'est toujours la même chose.
En février, j'ai pris une semaine de vacances et j'ai rénové l'appartement. Je suis très content.
Le week-end dernier, André a fêté ses cinquante ans et on a bien ri.

Nous avons beaucoup parlé de toi, il a demandé de tes nouvelles.
Félicitations de sa part !
Nous avons l'intention de faire du vélo dans la vallée de la Loire cet été.
As-tu envie de venir avec nous ?
Bonne chance pour la suite. Mes amitiés à Jérôme.
Je t'embrasse bien fort.

Etienne

**c2** a. Qu'est-ce que cette lettre nous apprend sur Etienne ?

Comment s'appellent ses amis ?
Quels sont ses projets de vacances ?

et sur Marie-Paule ?

b. Imaginez Etienne et Marie-Paule. Comment sont-ils ?
Quelles sont leurs relations avec André et Jérôme ?

c. Trouvez une phrase-clef pour chaque paragraphe et comparez avec votre voisin/e.

## c3 Vous trouvez dans la lettre d'Etienne les phrases suivantes qui expriment une "possession". Complétez le tableau.

"Merci pour ta lettre."
"Toutes mes félicitations."
"André a fêté ses 50 ans."
"Il a demandé de tes nouvelles."
"Félicitations de sa part."
"Mes amitiés à Jérôme."

| Besitz im Singular | | Besitz im Plural |
|---|---|---|
| männlich | weiblich | |
| mon | ma | ............ |
| ton | .......... | ............ |
| son | .......... | ............ |
| notre | | nos |
| votre | | vos |
| leur | | leurs |

Was fällt Ihnen auf?

Beachten Sie: Im Französischen richten sich die Possessivbegleiter in Geschlecht und Zahl nach dem Substantiv, auf das sich beziehen.

## c4 Imaginez qu'Etienne vouvoie Marie-Paule. Transformez la lettre.

## c5 a. Trouvez dans la lettre ce qu'on écrit en français dans les situations suivantes.

| sich für einen Brief bedanken | jemanden beglückwünschen | eine Absicht äußern | Grüße ausrichten lassen | einen Brief beenden |
|---|---|---|---|---|
| | | | | |

**b. Dans cette bande dessinée (B.D.), trouvez deux autres possibilités pour terminer une lettre. Quelles sont les différences ?**

un timbre

**c6** **a. Voici des expressions utiles pour écrire une carte de vœux. Dans quelles cartes pouvez-vous utiliser ces expressions ?**

Félicitations !

Meilleurs vœux !

Je suis désolé/e de cette triste nouvelle.

Tous nos vœux de bonheur !

Tous mes vœux de bon rétablissement !

**b. Choisissez une des cartes et écrivez un mot à un/e ami/e en trois ou quatre phrases.**

## C7 Dans sa lettre, Etienne utilise aussi un temps du passé : le passé composé. Complétez à l'aide du texte p. 29 et n'oubliez pas les accents.

"J'........ beaucoup ..................... à toi."

"Je sais que tu .......... .......................... très dur."

"Tu ....... déjà ............. des projets ? "

"J'....... .................... une semaine de vacances et j'....... ......................... l'appartement. "

"André ....... .................... ses cinquante ans et on ...... bien ............."

"Nous .................. beaucoup .................... de toi, il ....... ...................... de tes nouvelles."

Das *passé composé* besteht aus ..... Elementen: dem Hilfsverb ........................... bzw. *être* und dem Partizip. Sehen Sie sich nochmals die Formen des Partizips von *travailler* und *parler* an.
Wie lautet die Partizipendung für die Verben auf *-er*: ........................... ?
*Prendre* und *faire* sind unregelmäßig.
Ihre Partizipformen sind:
*prendre :* ................. *faire :* .................

## C8

**a. Voici des événements de la vie. Faites correspondre.**

| | | |
|---|---|---|
| 1. ein Haus kaufen | ☐ | arrêter de fumer |
| 2. aufhören zu rauchen | ☐ | terminer ses études |
| 3. einen Arbeitsplatz finden | ☐ | rencontrer l'homme/la femme de sa vie |
| 4. im Lotto gewinnen | ☐ | décider de faire le tour du monde |
| 5. das Studium beenden | ☐ | acheter une maison |
| 6. den Mann/die Frau des Lebens finden | ☐ | trouver un emploi |
| 7. eine Weltreise planen | ☐ | gagner au loto |

**b. Imaginez la bonne nouvelle de Marie-Paule.**

*Selon moi / A mon avis, Marie-Paule a rencontré l'homme de sa vie.*

## C9 Voici la carte de Marie-Paule. Complétez avec les verbes au passé composé.

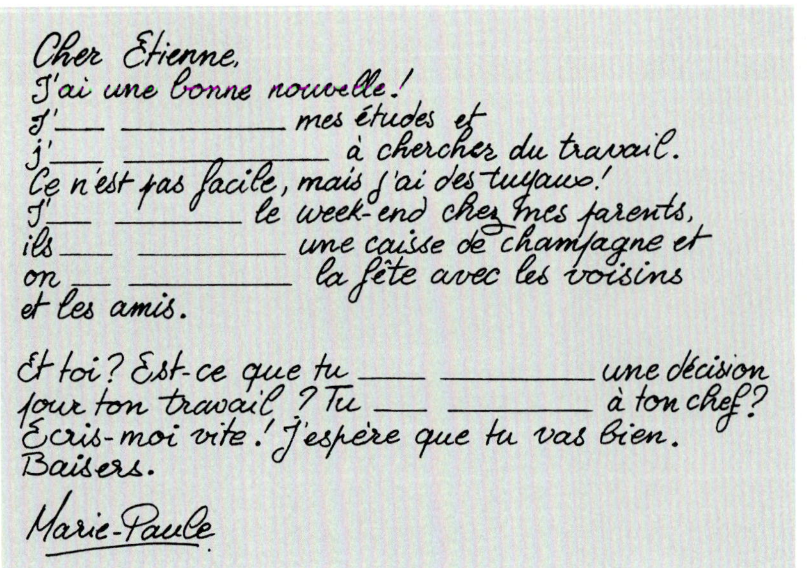
Cher Etienne,
J'ai une bonne nouvelle !
J'___ __________ mes études et
j'___ __________ à chercher du travail.
Ce n'est pas facile, mais j'ai des tuyaux* !
J'___ ________ le week-end chez mes parents,
ils ___ ________ une caisse de champagne et
on ___ ________ la fête avec les voisins
et les amis.

Et toi ? Est-ce que tu ____ ________ une décision
pour ton travail ? Tu ____ ________ à ton chef ?
Ecris-moi vite ! J'espère que tu vas bien.
Baisers.
Marie-Paule

terminer
commencer

passer
acheter
faire

prendre
parler

* J'ai des tuyaux. : Ich habe ein paar Tipps bekommen. le tuyau : das Rohr

## Chanson : "La même lune que moi", Enzo Enzo

Regardez le dessin et imaginez une histoire.

Formez deux groupes. Un groupe cherche des mots qui riment avec AMI, l'autre groupe des mots qui riment avec TOI. Ecrivez tous les mots au tableau et inventez des petits poèmes avec ces mots.

Faites une phrase avec ces trois mots : lune – ami – fenêtre.

Ecoutez la chanson de ENZO ENZO "La même lune que moi". Retrouvez le refrain tous ensemble.

Ami ami ami – de se revoir – une lumière dans le noir – dis-moi si la nuit – comme un signe, un espoir – tu vois la même lune que moi – toi qui vis loin d'ici

Quel proverbe de la page 22 contredit la chanson ?

## A

**1 Was sagen Sie in folgenden Situationen?**

1. Sie erzählen jemandem, dass Sie *(betont)* kurze Haare haben und dass er *(betont)* eine Glatze hat. .............

.......................................................................................................................................................

2. Sie versichern einem Freund, dass er sich auf Sie verlassen kann. ....................................................................

.......................................................................................................................................................

3. Sie sagen jemandem, dass er heute traurig aussieht und fragen, ob es ihm nicht gut geht. .............................

.......................................................................................................................................................

**2 Ecoutez et lisez. Qui parle ? Quel est le type d'homme de cette personne ?**

POUR LE PLAISIR

Bleus ou marron, ce n'est pas la question.
Brun ou blond, je ne dis pas non.
Longs ou courts, ce n'est pas pour toujours.
Mais mal rasé ou frisé,
Non, désolée !

## J'ai appris

- **die unverbundenen (betonten) Personalpronomen**, vgl. S. 143, § 6.1
  moi, je... nous, nous...
  toi, tu..., vous, vous..
  lui, il.../elle, elle... eux, ils.../elles, elles...
- **die Adjektive im Singular und Plural (2)**
  Elle est terriblement sympa.
  Elles sont un peu réservées.
  Il a les cheveux mi-longs et de superbes yeux bleus. Ils sont mal rasés.
- **Personen beschreiben und charakterisieren**
  Il a des lunettes. Il est chauve/brun/blond.
  Il a les cheveux courts/mi-longs/longs/frisés/bruns/blonds/blancs.
  Il a les yeux marron/bleus/verts.
  Il a une barbe.
  Il a l'air gai/triste.
  Elle a beaucoup de goût. On peut compter sur elle.
- **zustimmen und widersprechen**
  – J'aime la chantilly.
  Δ Moi aussi./Moi pas.
  – Je n'aime pas le melon.
  Δ Moi si./Moi non, plus.

## B

**1 Was sagen Sie in folgenden Situationen?**

1. Sie sagen, dass Sie am Wochenende Sport treiben und fragen Ihren Nachbarn/Ihre Nachbarin, was er/sie macht. .......................................................................................................................

.......................................................................................................................................................

2. Sie fragen jemanden, wofür Freunde gut sind. Verwenden Sie den Ausdruck: „Ihrer Meinung nach". ...........

.......................................................................................................................................................

3. Sie sagen jemandem, dass Sie Klarinette spielen und schlagen ihm vor, mit Ihnen ins Konzert zu kommen.

.......................................................................................................................................................

**2 a. Fermez votre livre et écoutez, puis complétez.**

POUR LE PLAISIR

Une ...................... qui dure longtemps :
C'est ................................. très souvent,
Se disputer de temps en temps,
Aller ensemble au restaurant.
..................................... ,
Les amis, c'est pour la vie.

**b. Comparez vos résultats avec votre voisin/e et vérifiez à l'aide de la cassette.**

## J'ai appris

- über Aktivitäten reden

| faire | aller (à) | jouer (à) | jouer (de) |
|---|---|---|---|
| la fête | au restaurant | au volley | du piano |
| une balade | au café | au tennis | de la musique |
| des randonnées | au cinéma | à la pétanque | de la clarinette |
| du vélo | au concert | aux cartes | de l'orgue |
| de la moto | au musée | | |
| du jogging | au théâtre | | |
| du sport | au spectacle | | |
| de la danse | à la banque | | |
| de la peinture | aux toilettes | | |

- die *liaison*
  chers‿amis
  Vous‿avez un piano ?
  Ils‿ont un‿ami charmant.
  Mes‿amis sont sympathiques.
  Nous‿habitons à Orange.

- **eine Absicht äußern, Vorschläge machen**
  Je vais danser samedi soir. Vous avez envie de/ Vous voulez venir avec moi ?

C **1** **Was sagen Sie in folgenden Situationen?**

1. Sie erzählen, dass Sie Ihren 40. Geburtstag mit Ihrem Freund/Ihrer Freundin gefeiert haben. ........................

..........................................................................................................................................

2. Sie fragen einen Bekannten, wo er seinen Urlaub verbracht hat. ..........................................................

..........................................................................................................................................

**2** **Ecoutez et lisez. Trouvez d'autres mots qui vont avec les adjectifs possessifs.**

POUR LE PLAISIR

| | | | | |
|---|---|---|---|---|
| Mon | Ma | Mes | Notre | Nos |
| Ton | Ta | Tes | Votre | Vos |
| Son | Sa | Ses | Leur | Leurs |
| Partons. | ................ | ................ | ................ | Mon cœur ! |

## J'ai appris

- **die Possessivbegleiter**, vgl. S. 144, § 6.3

| | | | | | |
|---|---|---|---|---|---|
| mon | ton | son | notre | votre | leur |
| ma | ta | sa | notre | votre | leur |
| mes | tes | ses | nos | vos | leurs |

- **das *passé composé* mit *avoir***, vgl. S. 145, § 6.4
  J'**ai** beaucoup travaill**é**.

- **einen Brief schreiben**
  Cher Alain/Chère Martine/Chères amies,
  Merci pour ta lettre/votre carte/tes/vos nouvelles.
  Donne-moi/ Donne-nous de tes nouvelles/
  Donnez de vos nouvelles.
  J'espère que tu vas/vous allez bien.
  Mes/Nos amitiés à Sylvie. Je vous/ t'embrasse/Nous vous/t'embrassons très/bien fort. Amicalement/Affectueux bonjour/baisers !
  Bises.

- **Glückwünsche äußern**
  Bravo pour ce/ton/votre diplôme !
  Sincères félicitations/condoléances !
  Tous mes/nos (meilleurs) vœux (de bonheur)/ de bon rétablissement !
  Bonne année ! Bonne/Meilleure santé !

- **Vermutungen anstellen**
  Selon moi/A mon avis/Je pense/crois que.../ J'imagine que...

# 7 LE PLAT DU JOUR

## VOUS DÉSIREZ ?

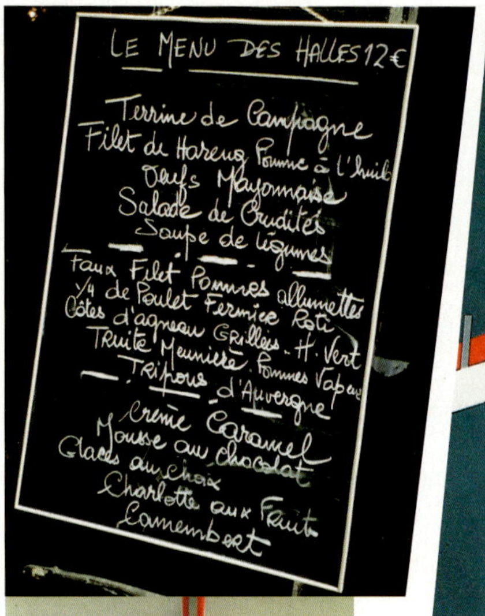

RESTAURANT
Le Procope
Fondé en 1686

Depuis plus de 300 ans, dans cette salle, peut-être à votre place, se sont restaurés Voltaire, Beaumarchais, Marat, Danton, Robespierre, Franklin, Verlaine et Gambetta, peut-être même un certain Bonaparte. Comme eux, soyez les bienvenus chez Procope.

Menu d'Eté
32 €
service compris

6 Huîtres Creuses de Bretagne
ou
Fondant de Chèvre à l'Artichaut
ou
Terrine de Foies de Volaille
ou
Melon Glacé au Parfum de Menthe

Coq au Vin Tradition
ou
Brochette de Poissons Fins, Sauce Vierge
ou
Faux-Filet Grillé "Maître d'Hôtel"
ou
Saumon Frais, Sauce Champagne

Parfait Café en Mazagran
ou
Sorbet au Fruit du Jour
ou
Tarte Fine aux Abricots, Glace Vanille
ou
Soupe de Fraises à la Menthe Poivrée

**LES CRÊPES SALÉES À LA FARINE DE SARRASIN**

LA SAVOYARDE
Jambon cru, fromage raclette

LA FORESTIÈRE
Jambon blanc, champignons, béchamel

L'INDIENNE
Curry de légumes, œuf miroir

LA NAPOLITAINE
Jambon blanc, sauce tomate, mozzarella

L'ANGLO-SAXONNE
Œuf miroir, bacon, fromage fondu, crème fraîche

**LES CLASSIQUES**

A L'ŒUF
AU FROMAGE
AU JAMBON
JAMBON-FROMAGE
ŒUF-FROMAGE
JAMBON-ŒUF
LA COMPLÈTE (JAMBON, FROMAGE, ŒUF)
BOHÉMIENNE

**L'ASSIETTE DE FROMAGE**

**DESSERTS:**
PÂTISSERIES, GLACES, CRÊPES
CAFÉ, DÉCAFÉINÉ, THÉS, CAPPUCCINO, CHOCOLAT VIENNOIS, SIROP, BIÈRE, EAUX MINÉRALES, SODAS

Ecoutez et faites correspondre les ambiances à chaque restaurant.

## A1 Choisissez votre restaurant.

Où allez-vous si...

...vous voulez faire un repas sympa et pas cher entre amis ?
...vous aimez les spécialités françaises et les grands vins ?
...vous voulez dîner en musique ?
...vous avez envie de dîner un dimanche dans un cadre raffiné ?

**LA VARANGUE DE L'ILE MAURICE**
Spécialités mauriciennes *(indiennes et créoles)*
Déj. Dîners env. 16 € – Sce traiteur
2, rue Française – 1er – (0) 1 40.26.49.14
M° Etienne-Marcel – Halles

**PIZZA BRUNO**
Cuisine italienne.
Pizza feu de bois.
11, bd Montmartre (2e) 7/7 jusq. 1h
face Musée Grévin (0) 1 42.36.98.61

**Le Grand Corona**
LE ROI DES FRUITS DE MER PLACE DE L'ALMA ? NE CHERCHEZ PLUS ! C'EST CHEZ NOUS !
BANC D'HUITRES - CASSOULET - FOIE GRAS MAISON
**Ouvert non-stop tous les jours jusqu'à 1h du matin**
**MENU 128 F - CARTE 190 F environ**
**Carte des vins exceptionnelle**
3, place de l'Alma (8e) • **47 23 49 70**

**LES ARGONAUTES**
Gastronomie Grecque
Son décor typique – 5 salles
16, rue du Colisée – (0) 1. 45.62.84.82
tous les jours sauf dimanche

**DARKOUM**

Une cuisine de Femme au DARKOUM. Spécialités marocaines d'un grand raffinement. Pastillas aux fruits de mer, Tajines de poissons, couscous... Déjeuner - Dîner tous les jours. Open 7/7.
44, rue Sainte-Anne, Paris 2ème • Tél. : 42 96 83 76

**TAVERNE SUISSE**
Les meilleures spécialitées Suisses, dans un cadre très raffiné. A la carte 120 F, meunu 85 F et formule à 68 F.
*Fermé samedi midi et dimanche midi.*
**48 rue de Ponthieu Paris 8ème • Tél. : 43.59.84.81**

## A2 a. La cuisine s'internationalise. Complétez à l'aide des annonces.

| LAND | ADJEKTIV | | NATIONALITÄT |
|---|---|---|---|
| | männl. Sing. | weibl. Sing. | |
| | le restaurant | la cuisine | |
| la France | français | française | un Français/une Française |
| la Chine | .................... | .................... | un Chinois/une Chinoise |
| la Suisse | suisse | .................... | un Suisse/une Suisse |
| la Russie | .................... | .................... | un Russe/une Russe |
| l'Italie | italien | .................... | un Italien/une Italienne |
| le Maroc | marocain | .................... | un Marocain/une Marocaine |
| l'île Maurice | mauricien | .................... | un Mauricien/une Mauricienne |
| la Grèce | grec | .................... | un Grec/une Grecque |

**b. Comparez les adjectifs aux nationalités. Que remarquez-vous ?**
**Comment traduisez-vous :**

| | |
|---|---|
| un musicien russe | Il est Russe. |
| ........................................................ | ........................................................ |

## A3 Connaissez-vous ces plats ? Retrouvez leur origine.

*Les tacos, c'est une spécialité mexicaine.*

russe • chinois/e • indien/ne • marocain/e • alsacien/ne • espagnol/e • mexicain/e • français/e • suisse • belge • grec/que • italien/ne

le canard à l'orange
les blinis
le poulet au curry
la paëlla
les moules et les frites
la moussaka
le couscous
les tacos
la pizza
la raclette
la choucroute garnie
le bœuf bourguignon

## A4 a. Lisez et écoutez.

Et vous, quel type de cuisine préférez-vous ? Pourquoi ?

b. Regardez les photos de A3. Commentez les plats.

**A5** Prenez rendez-vous avec votre voisin/e pour aller au restaurant : choisissez un restaurant parmi les annonces, page 37. Fixez le jour, l'heure et le lieu du rendez-vous. Téléphonez pour réserver une table. Pour vous aider, voici quelques expressions.

Allô ?  Je voudrais réserver une table pour...  Pour combien de personnes ?  Au revoir.
Entendu, c'est noté.  A quelle heure ?  Une table pour deux.  A quel nom ?

**B1** Aimez-vous la cuisine française ? Connaissez-vous des restaurants français dans votre région ? Quels plats français connaissez-vous ?

**B2** a. Ecoutez l'interview avec Cyril Blavier, restaurateur français en Allemagne.

b. Ecoutez une seconde fois l'interview et relevez les deux dates importantes.

Cyril Blavier est arrivé à Stuttgart en ...................... 19 .... .

Il a ouvert le restaurant en ...................... 1991.

**B3** a. Cyril Blavier parle des spécialités de son restaurant. Ecoutez et cochez sur la carte les plats que vous entendez.

## Les Apéritifs

Apéritif "Chez Cyril"
Crémant
Kir
Kir royal
Pastis
Sherry

* * * * *

## Les Hors-d'œuvre

SOUPES
La soupe maison

ENTRÉES
Le gratin de moules au champagne
L'assiette de crudités
Le fromage de chèvre frit sur un lit de salades
Escargots de Bourgogne

SALADES
La petite salade verte
La salade aux noix et roquefort
La salade au filet de canard fumé au vinaigre de framboise

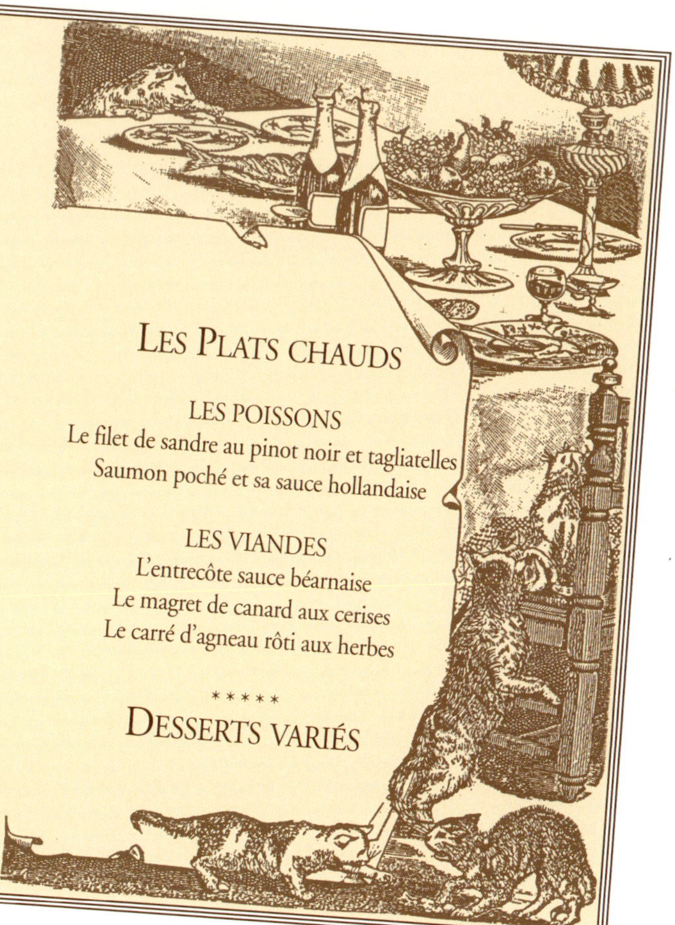

## Les Plats chauds

LES POISSONS
Le filet de sandre au pinot noir et tagliatelles
Saumon poché et sa sauce hollandaise

LES VIANDES
L'entrecôte sauce béarnaise
Le magret de canard aux cerises
Le carré d'agneau rôti aux herbes

* * * * *

## Desserts variés

b. Les plats cités sont de quelles régions françaises ?

## B4

a. Connaissez-vous l'ordre d'un menu français au restaurant ? Numérotez.

- ☐ le dessert
- ☐ l'entrée/le hors-d'œuvre
- ☐ le fromage
- ☐ le digestif
- ☐ l'apéritif
- ☐ le plat principal
- ☐ le café

b. Voici quelques plats très fréquents dans un menu français. Faites correspondre.

- ☐ le pâté
- ☐ la tarte aux fraises
- ☐ le coq au vin
- ☐ l'escalope de veau
- ☐ les crudités
- ☐ le saumon
- ☐ la côte d'agneau

c. Demandez à votre voisin/e les plats qu'il/elle aime et proposez-lui un menu. 

d. Qu'est-ce que vous n'aimez pas du tout ? Pour éviter les mauvaises surprises au restaurant, cherchez ces mots dans le dictionnaire ou demandez à votre professeur.

## B5

Ecoutez Cyril Blavier. Quelles sont les préférences de ses clients ? 
Et Cyril Blavier lui-même : quelle est sa cuisine préférée ?

## B6

Soulignez les formes du passé composé et écoutez. 

"Je suis allée dans un restaurant français, en Allemagne."
"Je crois que je suis arrivé au mois de mai 1990."

Que remarquez-vous ?

Sie haben in Lektion 6 bereits das *passé composé* mit *avoir* kennen gelernt. Einige Verben wie *aller* und *arriver* bilden das *passé composé* mit *être*. Vergleichen Sie.

| | |
|---|---|
| j'ai travaillé | je suis allé/e |
| tu as travaillé | tu es allé/e |
| il/elle/on a travaillé | il/elle est allé/e ; on est allé(s) |
| nous avons travaillé | nous sommes allé(e)s |
| vous avez travaillé | vous êtes allé(e)s |

**B7** **a. Les verbes suivants sont des verbes de mouvement et ils se conjuguent avec *être* au passé composé. Retrouvez les formes des participes passés.**

Partizipien der Verben auf:
*-er* → *é (parlé)*
*-re* → *u (descendu)*
*-ir* → *i (parti)*

entrer ......................

aller ......................

sortir ......................

venir
je suis venu/e

monter
......................

rester
......................

descendre
je suis descendu/e

partir
......................

**b. Imaginez : vous êtes allé(e)s à Paris. Racontez votre voyage à l'aide des éléments suivants.**

*Nous sommes arrivé(e)s à Paris le 10 mai, à 10 h, et nous sommes allé(e)s... Ensuite, nous...*

| | |
|---|---|
| le... (date) | partir |
| à ... h | manger |
| Ensuite, ... | arriver |
| Et puis, ... | visiter |
| Un peu plus tard, ... | aller |
| | acheter |
| | entrer |
| | prendre |
| | rester |
| | revenir |

Les Galeries Lafayette

Le Jardin du Luxembourg

Les Deux Magots

La Fermette Marbœuf

## B8 Complétez au passé composé, puis interrogez votre voisin/e.

Qu'est-ce que vous ........................................... (prendre) comme boisson au petit-déjeuner ?

Dans quel restaurant est-ce que vous ................................................ (manger) dernièrement ?

Qu'est-ce que vous ........................................... (faire) le week-end dernier ?

Jusqu'à quelle heure est-ce que vous ...................................................... (travailler) hier ?

A quelle heure est-ce que vous ................................................ (arriver) au cours de français aujourd'hui ?

## B9 Voici la fin de l'interview avec Cyril Blavier. Ecoutez et retrouvez les expressions dans votre langue.

Je vous remercie beaucoup.

Je vous remercie aussi.

Je vous souhaite bonne continuation.

Ça m'a fait grand plaisir.

## C1 a. Quelles boissons aimez-vous ?

**b. Le café est une boisson à l'arôme et au goût différents dans chaque pays. Voici quelques informations utiles. Ecoutez et lisez.**

La boisson "café" vient du Proche-Orient. Aujourd'hui encore, en Grèce, au Maroc, en Tunisie ou en Egypte par exemple, on boit le *moka*. On mange alors des gâteaux au miel et aux amandes. En Italie et en France, *l'espresso* ou *l'expresso* sont des classiques. C'est un café très fort et très noir. Il se boit après le déjeuner ou le dîner, ou même toute la journée, debout au bar ou assis à la terrasse d'un café. En France, on l'appelle aussi le *petit noir*, mais le petit noir avec du lait devient le *café crème* !

Le *café au lait* est la boisson du petit-déjeuner. Avec leur café au lait, les Français prennent en général des croissants, des tartines avec du beurre et de la confiture – qu'ils aiment tremper dans leur bol ! – parfois de la brioche ou des pains au chocolat.

"Venez prendre le café à la maison..." En Allemagne et en Autriche, on boit le café l'après-midi, avec des gâteaux et de la chantilly. En France, on le sert après le déjeuner, avec un pousse-café... Aux Pays-Bas, on invite à boire le café après le dîner.

En Belgique, on a inventé le *café liégeois* et bien sûr, en Irlande, *l'Irish coffee*. Et maintenant, on prend un petit café, non ?!?

**c2** A quels pays correspondent ces scènes de café ? Complétez avec les noms de pays. Qu'est-ce que ces personnes commandent ?

**c3** a. Relevez les noms de pays dans le texte, p. 42 et complétez.

> Bei weiblichen Ländernamen und Ländernamen, die mit einem Vokal beginnen, steht die Präposition:
>
> ............... *France* ............... *Egypte*
>
> Bei männlichen Ländernamen:
>
> ............... *Maroc*
>
> Bei Ländernamen im Plural:
>
> ............... *Pays-Bas*

b. Retrouvez les spécialités culinaires de chaque pays. Pour vous aider, retournez à la page 38.

*Au Maroc, on mange le couscous.*

**c4** Quand et comment buvez-vous le café ? Pour vous aider, voici les formes du verbe *boire*.

| BOIRE | |
|---|---|
| je | bois |
| tu | bois |
| il/elle/on | boit |
| nous | buvons |
| vous | buvez |
| ils/elles | boivent |

**c5** Cherchez les expressions correspondantes dans le texte, p. 42.

mit Butter und Marmelade ..............................................................................

mit Kuchen und Sahne ..............................................................................

> Bei unbestimmten Mengenangaben steht im Französischen der sogenannte Teilungsartikel oder *partitif*. Und im Deutschen?

## C6

a. De quoi se composent le café liégeois et l'Irish coffee ?

*Dans le café liégeois, il y a du café et...*
*Pour faire un café liégeois, on prend du café et...*

| | |
|---|---|
| la chantilly | le café |
| la crème | la glace |
| le sucre | le chocolat |
| le whisky | |

b. Regardez les cocktails et imaginez les recettes.

## C7

a. Que prenez-vous pour le petit-déjeuner ? Voici quelques exemples. Regardez aussi dans le texte, p. 42.

b. Qu'est-ce que vous prenez au petit-déjeuner si...
... vous voulez maigrir ?
... vous partez en voyage ?
... vous êtes végétarien/ne ?

c. Dites ce qu'on prend au petit-déjeuner en Angleterre, en Allemagne, en Espagne, aux Etats-Unis... Les autres devinent de quel pays vous parlez.

*Au petit-déjeuner, on boit..., on mange... . C'est où ?*

## C8

Faites attention à la différence entre [e] et [ɛ]. Ecoutez et répétez.

Hier, j'ai fait la fête. – On fête ton anniversaire ? – Je voudrais un thé au lait. – J'ai fait du café. – J'aime la crème anglaise. – Je fais un thé ? – Vous aimez le lait ? – C'est très français.

## VOUS AVEZ CHOISI ?

### Complétez avec les phrases suivantes.

deux menus à 23 € – Bien sûr, monsieur ! – Au revoir ! – un beaujolais nouveau – une table pour deux – L'addition, s'il vous plaît ! – une eau minérale – Vous avez réservé ? – un expresso

Par groupes de trois, choisissez un restaurant, p. 36 et jouez la scène.

A **1 Was sagen Sie in folgenden Situationen?**

1. Sie schlagen Ihrem Freund/Ihrer Freundin vor, heute Abend zum Inder essen zu gehen. ..............................

..............................................................................................................................................................

2. Sie sagen dem Kellner, dass Sie für halb neun einen Tisch für 2 Personen reserviert haben. ..........................

..............................................................................................................................................................

**2 Imaginez un autre menu et un autre programme pour le dessert. Faites des rimes.**

POUR LE PLAISIR

Pour ses 20 ans,
On est allés au restaurant.
En entrée,
Crudités et pâté.
En plat principal,
Je sais, c'est banal,

Elle : pizza,
Moi : paëlla.
Le fromage,
Ce n'est pas de notre âge.
Le dessert,
On l'a pris au concert.

## J'ai appris

◆ **Ländernamen und Nationalitätsbezeichnungen (1),** vgl. S. 145, § 7

| | | | | |
|---|---|---|---|---|
| | la France | le Maroc | l'Italie | l'île Maurice |
| un restaurant | français | marocain | italien | mauricien |
| | un/e Français/e | un/e Marocain/e | un/e Italien/-ne | un/e Mauricien/-ne |

● **im Restaurant einen Tisch/ein Essen bestellen**
Je voudrais réserver une table pour deux personnes pour 8 h, au nom de... S.V. P./Pouvez-vous me réserver... ?
Je voudrais/Pour moi, un poulet au curry, et pour mon ami/e, des moules avec des frites, s'il vous plaît !

B **1 Was sagen Sie in folgenden Situationen?**

1. Sie sagen, dass Sie als Aperitif ein Glas Champagner möchten. ..................................................................

..............................................................................................................................................................

2. Sie bestellen Muscheln als Vorspeise, ein Lammkotelett als Hauptspeise und eine Mousse au chocolat als Nachtisch. ...................................................................................................................................

..............................................................................................................................................................

3. Sie erzählen einem Freund, dass Sie im Mai 1999 nach Marokko gefahren sind. ............................................

..............................................................................................................................................................

**2 Complétez le poème à l'aide des mots. Puis vérifiez avec la cassette.**

POUR LE PLAISIR

Pour commencer la journée,
.............................................
En fin d'après-midi,
.............................................
Et le soir,
.............................................
Bonsoir !

Un verre de whisky.
Un grand café noir.
Un bon café au lait.

## J'ai appris

◆ **das *passé composé* mit *être*. Verben auf *-re* und *-ir***, vgl. S. 146, § 7.3
Nous **sommes descendues** dans la cuisine.
Ils **sont sortis** cet après-midi.

**J'ai écrit** à mes amis de Paris
On n'**a** pas encore **ouvert** le restaurant.

C

**1 Was sagen Sie in folgenden Situationen ?**

1. Sie erzählen, dass Ihre französischen Freunde zum Frühstück Croissants mit Butter oder Marmelade essen. ..................................................

..................................................

2. Sie sagen dem Kellner, dass Sie noch nicht Ihr Menu ausgesucht haben. ..................................................

..................................................

3. Sie bestellen einen Tee mit Milch. ..................................................

..................................................

4. Sie fragen den Kellner, ob er die Bankkarten annimmt. ..................................................

..................................................

**2 Ecoutez la cassette. Faites un poème avec les notes allemandes.**

POUR LE PLAISIR

Do, expresso
Ré, café au lait
Mi, chantilly
Do, ré, mi

Fa, moka
Sol, dans un bol
La, chocolat
Fa, sol, la

Si, whisky
Do, gâteaux
Si, do
Do, ré, mi, fa, sol, la, si, do

## J'ai appris

◆ **Präsensformen von *boire***, vgl. S. 163, 29
**Je bois** un jus de fruits et toi, qu'est-ce que **tu bois** ?
Et Gilles, **il boit** un café ?
Après, **nous buvons** un verre de champagne.
Vous, **vous buvez** un whisky.
Et eux, qu'est-ce qu'**ils boivent** ?

◆ **der Teilungsartikel**, vgl. S. 147, § 7.4
**du** jus d'orange ; **de la** bière ; **de l'**eau minérale
**des** toasts ; **des** céréales

◆ **Phonetik: die Laute [e] und [ɛ]**
[e] wie in Schn**ee**: Vous aim**ez** l**e** th**é** **et** l**e** caf**é** ?
[ɛ] wie in **ä**ndern: F**ai**re la f**ê**te, c'**est** tr**è**s franç**ais**.

• **eine vergangene Begebenheit erzählen**
L'année dernière/Le mois dernier, je suis allé/e au Maroc.
Avec mes amis, on a mangé du couscous et des fruits.
Hier, mes voisins ont fait la fête. J'ai passé une très mauvaise nuit.

• **über die eigenen Essgewohnheiten sprechen**
Au petit-déjeuner, les Allemands boivent du thé ou du café et mangent des petits pains ou du pain noir avec du beurre, du fromage ou de la confiture.

# 8 En route

## BON VOYAGE !

**Faites correspondre.**

- ☐ la voiture ☐ le tramway ☐ la bicyclette ☐ l'avion ☐ le train
- ☐ le métro ☐ la péniche/le bateau ☐ le cheval ☐ le bus
- ☐ à pied ☐ le ferry ☐ le chameau ☐ la mobylette

**Connaissez-vous d'autres moyens de transport typiques pour certains pays ?**
**Quel est votre moyen de transport préféré ?**

**A1** a. Ecoutez trois Parisiens parler de leur moyen de transport préféré.

b. Quels sont les moyens de transport cités par les personnes interviewées ?

c. Faites correspondre.

- ☐ la circulation
- ☐ le T.G.V.
- ☐ un embouteillage/un bouchon
- ☐ le stationnement
- ☐ le scooter
- ☐ le deux-roues
- ☐ être à l'heure
- ☐ être pressé/e
- ☐ faire du stop

**A2** a. Complétez en utilisant les mots suivants et discutez.

rapide – agréable – cher – pratique – ensoleillé

A Paris, le moyen de transport le plus ............................, c'est ..............................................
le moins ........................., c'est ..............................................
le plus ............................, c'est ..............................................
le moins........................., c'est ..............................................

En Europe, la ville la plus ..................................................., c'est ..............................................

Der Superlativ wird im Französischen mit *le/la plus* oder *le/la moins* + Adjektiv gebildet.

b. D'après vous, dans votre pays : quelle est la ville la plus belle ? Quel est l'écrivain le plus connu ? Quelle est la région la plus touristique ? et la moins touristique ?

**A3** a. Ecoutez les interviews de deux femmes à la campagne.
Quel moyen de transport utilisent-elles pour faire les courses ? pour voyager ?

b. Quel moyen de transport prenez-vous pour...

... aller au travail ?
... faire les courses ?
... sortir le soir ?
... venir au cours de français ?
... partir en week-end/en vacances ?

## A4 Ecoutez les haut-parleurs ou les bruits et numérotez.

- ☐ le métro
- ☐ la péniche
- ☐ l'aéroport
- ☐ la gare
- ☐ l'autoroute

## A5 Qu'est-ce qu'il faut faire avant de prendre l'avion, le train ou la voiture ?

*Quand on prend l'avion, il faut …*

réserver une place – faire le plein – acheter un billet – s'informer sur les horaires – prendre une carte routière – contrôler les pneus – composter le billet – être là une heure avant le départ – présenter son passeport

## A6 Choisissez votre destination et jouez le dialogue au guichet de la gare, à l'aide des éléments suivants.

Est-ce qu'il faut changer de gare ?

Vous voulez réserver ?

Est-ce qu'il y a un wagon-lit ?

Compartiment fumeurs ou non-fumeurs ?

Il y a une voiture-restaurant ?

C'est un train à supplément ?

Un aller-retour pour… s'il vous plaît.

Vous avez une réduction ?

Combien coûte la couchette ?

Le train arrive à quelle heure à … ?

Vous voulez partir à quelle heure ?

## B1 Quelles îles de la côte française connaissez-vous ?

## B2 a. Lisez le texte.

### *Passage vers les îles*

Il n'est pas toujours facile d'aller sur les îles... On peut prendre le bateau, mais en hiver, la mer est dangereuse, surtout en Bretagne, du côté des îles du Ponant, comme l'île d'Ouessant, l'île de Bréhat, l'île de Sein... De nos jours, on peut aussi prendre l'avion... si l'île est assez grande pour avoir un aéroport. Pour atteindre plus facilement les îles de la Côte Atlantique, on a construit des ponts : l'île de Noirmoutier, l'île d'Oléron et l'île de Ré sont maintenant accessibles en voiture. Mais, allez-vous penser, ce ne sont plus de vraies îles... Pour préserver l'environnement, on a interdit la voiture sur la petite île d'Aix, entre Ré et Oléron, et sur Bréhat, où on transporte les touristes en tracteur. Visiter les îles françaises, à pied ou à bicyclette, rester quelques jours en chambre d'hôte à Bréhat, regarder le retour des pêcheurs dans un port corse, bronzer sur la plage des coquillages d'Aix, admirer les roses trémières devant les maisons blanches de l'île de Ré... C'est aller à la découverte d'un autre rythme de vie et apprendre à prendre son temps.

b. Quelles îles sont citées dans le texte ? Repérez-les sur la carte. Quel moyen de transport peut-on prendre pour aller sur ces îles ? Connaissez-vous d'autres îles où les voitures sont interdites ?

## B3 Comparez.

| | |
|---|---|
| "On a construit des ponts." | Brücken wurden gebaut. |
| "On transporte les touristes en tracteur." | Touristen werden mit dem Traktor befördert. |

**Que remarquez-vous ?**

Wie kann man im Französischen das deutsche Passiv wiedergeben?

..........................................................................................................................................

## B4 a. D'après le texte, qu'est-ce qu'on peut faire sur ces îles ?

b. Imaginez : vous êtes sur une île, qu'est-ce que vous faites ?

**B5** **Remettez les mots dans l'ordre et comparez avec votre voisin/e. Attention : il y a plusieurs possibilités.**

1. sur la plage – on – bronzer – peut – à Oléron

 ..............................................................................................................................

2. beaucoup de vent – à Ouessant – toujours – il y a

 ..............................................................................................................................

3. regardent – souvent – dans le port – les touristes – les pêcheurs

 ..............................................................................................................................

4. aiment – les enfants – des coquillages – en général – ramasser

 ..............................................................................................................................

Welche Satzteile können an verschiedenen Stellen stehen?
Finden Sie Beispiele im Text, S. 51.

**B6** **a. Joueur A : complétez le texte sur Bréhat ; joueur B : complétez le texte sur la Corse, p. 123.**

**Joueur A : lisez et complétez avec les mots suivants.**
1,5 km – l'île rose – 250 – trois – bonjour – 6000 – Bar des Corsaires

## A Bréhat

Jardin secret délicieusement ouvert sur la mer, voici .........................................., un monde de silence, de calme, de sérénité.

Longue de 3,5 km et large de ......................, avec ses petites rues et ses maisons de poupées de granit rose, Bréhat est une île miniature. Loin des grandes villes, du bruit et du stress, on retrouve le charme des sonnettes de vélo et le plaisir de dire "..............................." tout simplement.

Au .........................................., Martial, le vieux marin, raconte : "La vie a bien changé sur l'île. Il reste seulement ......................... marins et une seule ferme. Mais il faut vivre avec son temps. Aujourd'hui, le touriste est roi. L'hiver, l'île compte environ ......................... habitants, pour ......................... en été."

**b. Echangez vos informations sur Bréhat et sur la Corse. Posez des questions pour savoir...**

le surnom de l'île – la grandeur de l'île – le nombre d'habitants – la situation géographique – ce qu'il faut aller voir – les bruits typiques.

**c. Imaginez : comment est la vie en été sur ces îles ? et en hiver ?**

## B7

a. Trouvez des expressions avec *en, à* et *sur* dans les textes B2 et B6.

| | | | | | |
|---|---|---|---|---|---|
| en | été | à | pied | sur | la mer |
| en | .................... | à | .................... | sur | .................... |
| en | .................... | à | .................... | sur | .................... |
| en | .................... | | | sur | .................... |
| en | .................... | | | sur | .................... |
| en | .................... | | | sur | .................... |

b. Faites attention : quelle préposition utilisez-vous : vous êtes sur le moyen de transport ? ou dans le moyen de transport ?

c. Regardez page 48 : quels moyens de transport avez-vous déjà utilisés ? pour aller où ?

*Moi, je suis allé/e à Prague en train.*

## B8

Ecoutez et notez les réponses données par des Français à la question : "Vous partez sur une île déserte, qu'est-ce que vous emportez ?"

Et vous, qu'est-ce que vous emportez ?

**BLOIS**
**CHATEAU ROYAL**

**NOUVEAU**

Afin de mieux vous accueillir, le Château ouvre ses portes jusqu'à 20 h du 15 juin au 31 août.

Visite du Château : 4 thèmes différents chaque jour

Visite de la vieille ville : circuits différents chaque jour.

Visite du haras les jeudis d'août et le 7/09.

## C1

Informez-vous sur la vallée de la Loire.
Cherchez les mots pour :

Auskünfte – Buchung – Halbpension – Doppelzimmer – voller Preis – Verleih – täglich

et soulignez-les dans le texte.

### A BICYCLETTE

**Découvrez la Vallée de la Loire et ses châteaux** – Circuit 6 nuits/7 jours : 2890 F (440 F). Circuit 4 nuits/5jours : 2010 F (306 F) (prix par personne en chambre double en hôtel** ou *** en demi-pension, un abri pour le vélo, transport des bagages d'une étape à l'autre, la location de la bicyclette et un dossier touristique). – **Circuit "Marguerite"** (hébergement dans un seul et même hôtel*** avec piscine, tennis, terrasse) – prix par personne en chambre double : à partir de 1 jour/2 nuits : 870 F (135 F) jusqu'à 7 jours/8 nuits : 3655 F (580 F). **Circuit cocktail "Vallée de la Loire, Sologne, Vallée du Cher"** 8 nuits/9 jours : 3455 F (530 F) avec hébergement en hôtel ** ou *** en demi-pension.

### SENTIERS PEDESTRES

Des centaines de kilomètres de sentiers pédestres balisés, à parcourir à pied, à cheval ou à vélo :
Week-ends-randonnée en **Vallée du Loir** : à partir de 295 F (45 F) (prix par personne en chambre d'hôte).
Week-ends-randonnée en **Vallée du Cher** : à partir de 355 F (55 F) (prix par personne en chambre d'hôte).

### EN HELICOPTERE

Découvrez les châteaux de la Loire vus du ciel.
Renseignements et réservations : Tél. (0) 2 54 74 06 49

### EN MONTGOLFIERE

Châteaux, villages, vallées et forêts... Toute la magie d'un vol en montgolfière. Possibilité de vol toute l'année tous les jours, matin et soir. Durée des vols : de 1 h à 1h30.
Plein tarif : 1300 F (198 F)/pers. Groupe (+ 6 pers.) : 1150 F (175 F)/pers.
Renseignements et réservations : Tél. (0) 2 54 71 75 40 – Fax (0) 2 54 71 75 78.

### 4 x 4

Randonnées-découvertes touristiques et gastronomiques du Loir-et-Cher en 4 x 4 pour particulier ou groupe, avec ou sans location de 4 x 4.
Renseignements et réservations : Concept Evasion – Tél. (0) 2 54 50 04 08 – Fax (0) 2 54 78 97 90.

### CIRCUIT EN AUTOCAR

Circuit Châteaux. Au départ de la gare S.N.C.F. de Blois, au choix : navette pour Chambord et Cheverny (plein tarif: 65 F (10 F)/pers.) ou circuit Chaumont-sur-Loire/Chenonceau/ Amboise (plein tarif : 110 F (17 F)/pers.). Renseignements et réservations : Tél. (0) 2 54 78 15 66.

## C2

a. Ecoutez la conversation à l'office de tourisme de Blois.
Quelles sont les activités proposées au couple de touristes ?

b. Formez deux groupes. Le groupe A se concentre sur la première moitié du texte jusqu'à "vous savez...", le groupe B écoute de : "Vous voulez réserver ?" à "...chaque fois la même chose." Chaque groupe note ensuite le plus de mots et de phrases possibles.

c. Chaque groupe essaye de reconstituer son texte.

d. Après une mise en commun des résultats, écoutez encore une fois la cassette.

## 3

**a. Faites correspondre.**

Wie sagen Sie, dass Sie noch überlegen wollen? → Nous allons réfléchir encore un peu.
dass es vom Wetter abhängt?
Wie fragen Sie, ob es Führungen gibt?
nach dem Preis?
nach der Dauer der Führung?
Wie können Sie auf *merci* antworten?

La visite guidée dure combien de temps ?
Quels sont les prix ?
Je vous en prie.
Il y a des visites guidées ?
Nous allons réfléchir encore un peu.
Ça dépend du temps.

**b. Imaginez un des dialogues suivants à partir des informations, p. 54, et jouez-le.**

- Vous êtes à l'office de tourisme de Blois. Joueur A se renseigne et joueur B donne des informations.
- Imaginez la discussion du couple à la sortie de l'office de tourisme et prenez une décision pour leur week-end.

## 4

**a. Quel verbe reconnaissez-vous dans les phrases suivantes ?**

"Attendez, je *vais* prendre la brochure."
"... nous *allons* rester dans la région."
"Ils *vont* commencer la visite dans dix minutes."

Das *futur composé* besteht aus der Verbform von ................................ und dem Infinitiv eines zweiten Verbs. Man benutzt diese Zeitform, um eine Absicht auszudrücken. Zum Vergleich übersetzen Sie diese Beispiele ins Deutsche.

**b. Demandez à votre voisin/e ce qu'il/elle va faire...**

demain ce soir dans dix ans pendant les vacances à Noël ce week-end après le cours

## 5

**a. Connaissez-vous toutes ces formules d'hébergement ?**

Où allez-vous si...
... vous voulez rencontrer des gens ?
... vous voulez loger chez des personnes de la région ?
... vous faites de la randonnée ?
... pour vous, le confort n'est pas le plus important ?
... vous voulez dépenser le minimum ?
... vous ne trouvez plus de chambre libre ?

GITES DE FRANCE

Fuaj
FEDERATION UNIE DES AUBERGES DE JEUNESSE

**b. Et vous, où logez-vous en général pendant vos vacances ? Pourquoi ?**

**C6** a. A tour de rôle, faites une réservation par téléphone pour le logement de votre choix, p. 55. Utilisez les expressions suivantes.

Je voudrais réserver une chambre/un emplacement/un gîte…

A quel nom ? | Ça coûte combien ? | Pour combien de personnes ?

Pour la période du ….. au …….. | Avec salle de bains ou douche ?

Une chambre simple ou double ? | Quel est votre numéro de fax ?

Vous pouvez confirmer par télécopie ? | Est-ce que le petit-déjeuner est inclus dans le prix ?

b. Complétez la télécopie pour confirmer la réservation.

**FAX**

votre adresse
de :

Nombre de pages: 1
date

adresse de l'hôtel/du gîte
à :

Monsieur, Madame,

Suite à mon appel, je confirme la réservation de …………………, pour ……………. personne(s), pour la période du ……………. au ……………. .

Merci de confirmer par retour.

Avec mes meilleures salutations.

votre signature

**C7** a. Ecoutez et soulignez le mot que vous entendez.

nous pouvons – nous buvons | pont – bon
le poisson – la boisson | le pain – le bain

b. Lisez les phrases ci-dessous et faites attention à la différence entre [p] et [b].

Je peux prendre le petit-déjeuner dans la chambre ?
Vous pouvez partir bientôt.
Je vais à Blois à pied.

## A destination de...

A l'aide des photos et des documents, racontez l'histoire d'un voyage. Où est-on ? Qu'est-ce qui s'est passé ? Qu'est-ce qui va se passer ?

## A

**1 Was sagen Sie in folgenden Situationen?**

1. Sie möchten zwei Plätze in einem Nichtraucherwagen im T.G.V. von 8 Uhr 35 nach Quimper reservieren und möchten wissen, ob Sie in Rennes umsteigen müssen. ..............................................................................

..............................................................................

2. Sie sagen einem Bekannten, dass für Sie das Fahrrad das angenehmste Verkehrsmittel ist.

..............................................................................

..............................................................................

**2 Ecoutez le poème et répondez aux questions. Discutez avec votre voisin/e.**

POUR LE PLAISIR

Le scooter,
C'est le moyen ...............................
Pour les hommes d'affaires ?
La bicyclette, c'est le moyen ..............................
pour traverser l'Atlantique ?

Le T.G.V.
C'est pour les gens .............................. ?
Les gens ......................................
Vont à pied ?
L'avion sans réduction,
Pas question !

## J'ai appris

- **der Superlativ**, vgl. S. 148, § 8.1
  le **plus** beau, la **plus** chère, les **plus**‿importants
  le **moins** beau, la **moins** chère,
  les **moins**‿importants
- **über Verkehrsmittel sprechen (1)**
  Dans les grandes villes, le moyen de transport le plus pratique, c'est le scooter/le deux-roues. Pour aller au travail je prends le métro/le bus/le tramway/mon vélo (ma bicyclette). Le soir, je préfère prendre la voiture/un taxi.
  Pour aller dans les îles, il faut prendre le ferry/le bateau.
  Le train et l'avion sont les moyens de transport les plus rapides.
- **Auskünfte über Zugverbindungen einholen**
  Vous pouvez me donner les horaires de Paris à Bordeaux en T.G.V., s'il vous plaît ?
  Le train arrive/part à quelle heure ? C'est un train à supplément ? Est-ce qu'il faut changer de gare/changer à Tours ?

## B

**1 Was sagen Sie in folgenden Situationen?**

1. Sie sagen jemandem, dass Sie nach Paris mit dem Zug gefahren sind. ..............................................................................

..............................................................................

2. Sie erzählen jemandem, dass Sie am Strand sehr gerne Muscheln sammeln, aber dass Sie nicht gerne braun werden: es ist schlecht für die Gesundheit. ..............................................................................

..............................................................................

3. Sie erzählen einem Freund/einer Freundin, dass Sie vergessen haben, Ihre Zahnbürste mitzubringen.

..............................................................................

**2 Trouvez la dernière rime.**

POUR LE PLAISIR

On peut boire une bière
A Hyères,
Ramasser des coquillages
Sur la plage,
Bronzer, pêcher,

Faire le tour de l'île de Ré
A pied, sans être pressé...
Pour aller en ferry à Jersey,
il faut réserver.
Pour aller à Oléron,

...................................... .

## J'ai appris

- **der Gebrauch der Präpositionen *à* und *en***, vgl. S. 148, § 8.3
  Nous allons/sommes **à** Paris/Oléron/**en** Bretagne/**à** la mer/plage/montagne.
  Je suis parti(e) **à** pied/**à** bicyclette/**à** moto.
  Je suis revenu(e) **en** train/**en** avion/**en** voiture/**en** bateau (ferry)/**en** métro/**en** bus.
  **En** été, il fait chaud. **En** hiver, on a froid. **En** automne, il pleut beaucoup. **Au** printemps, il y a des fleurs.
- ***on* als Passiversatz**, vgl. S. 148, § 8.2
  Pour aller dans les îles, **on** construit des ponts.
  Sur la petite île d'Aix, **on** a interdit les voitures.
- **die Wortstellung im Aussagesatz**, vgl. S. 149, § 8.5
  Je vais souvent à la mer en été.
  En hiver, je suis souvent allé à Cannes.
- **über Verkehrsmittel sprechen** (2)
  Chaque matin, je vais au travail en bus/métro/voiture/à vélo(bicyclette)/à moto.
  En France, j'aime bien prendre le T.G.V.
  Je déteste prendre l'avion/les voyages en avion.

C **1** **Was sagen Sie in folgenden Situationen ?**

1. Sie möchten ein Einzelzimmer mit Bad und W.C. mit Halbpension für die Zeit vom 15. bis zum 30. Juni reservieren. Was fragen Sie? ..................................................

..................................................

2. Sie sagen Ihrem Nachbarn/Ihrer Nachbarin, dass Sie nach dem Unterricht gleich nach Hause fahren werden, denn Ihre Kinder werden heute Abend ankommen. ..................................................

..................................................

3. Sie erzählen, dass Sie während der Ferien Bergtouren machen werden. ..................................................

..................................................

**2** **Ecoutez la cassette. Vous avez envie de faire la visite ?**

POUR LE PLAISIR

Attendez,
La visite guidée
Va commencer.
Quels sont les prix ?
Je vous en prie,

On ne parle pas de ça ici.
Il nous faut des touristes comme vous
Qui vont travailler comme des fous.
Pour visiter le château abandonné,
Il faut d'abord... le réparer.

## J'ai appris

- **das *futur composé***, vgl. S. 149, § 8.4
  **Je vais** loger dans une chambre d'hôte.
- **Phonetik: die Laute** [p] **und** [b]
  [p] wie in **P**olitik: Je **p**rends le **p**etit-déjeuner sous un **p**ont de **P**aris.
  [b] wie in **B**uch: Je **b**ois un **b**on **B**ordeaux.
- **sich im *office de tourisme* erkundigen**
  Est-ce qu'il y a une visite guidée (du château) toute l'année/tous les jours ? Quel est le prix ?
  A quelle heure ouvre le musée ?
  Combien de temps est-ce qu'elle dure ?
  Vous avez un/des prospectus/une brochure sur les activités proposées dans la région ?
  Il y a des sentiers pédestres ? Vous pouvez me recommander un hôtel/une chambre d'hôte pas trop loin ?
- **über Urlaubsaktivitäten berichten**
  Pendant les vacances, j'ai rencontré des gens intéressants. J'ai visité des monuments magnifiques. J'ai fait des randonnées On a eu une bonne voiture de location. On a traversé des villages très jolis.
- **ein Hotelzimmer bestellen (telefonisch und per Fax)**
  Avez-vous une chambre libre pour la nuit/la période du... au... ? Je voudrais réserver une chambre pour une personne/simple/deux personnes/double avec salle de bains et W.-C..
  Quel est le prix de la chambre en pension complète/en demi-pension ? Est-ce que le petit-déjeuner est inclus dans le prix ?

# ENTRACTE 2

## 1. Bilan

**Sie haben nun auf Ihrem Lernweg eine große Strecke zurückgelegt. Ziehen Sie Bilanz und ordnen Sie die französischen Sätze den angegebenen Lernzielen zu.**

Unter anderem haben Sie gelernt:

- ☐ nach dem Preis einer Sache zu fragen
- ☐ einen Vorschlag zu machen
- ☐ zu erzählen, was Sie getan haben
- ☐ einen Tisch im Restaurant zu bestellen
- ☐ jemanden (äußerlich und charakterlich) zu beschreiben
- ☐ nach dem Weg zu fragen
- ☐ anzugeben, wo sich etwas befindet
- ☐ jemanden zu beglückwünschen
- ☐ Bedauern auszudrücken
- ☐ einen (offiziellen) Brief zu beenden
- ☐ zu fragen, wie lange etwas dauert
- ☐ die Uhrzeit zu erfragen

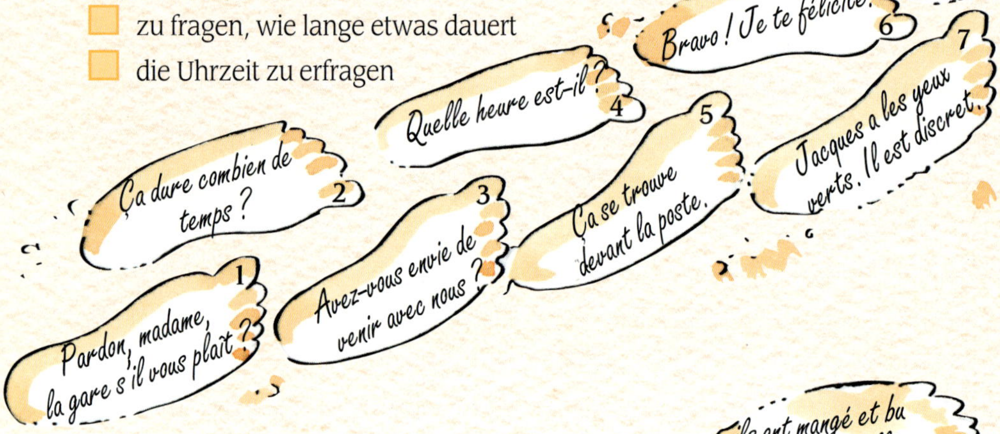

Was Sie außerdem gelernt haben:

- ☐ einige Ortsangaben
- ☐ die Zukunft mit *aller*
- ☐ Verben auf *-re* und *-ir*
- ☐ unbestimmte Mengenangaben
- ☐ Fragen mit Fragewörtern
- ☐ den Superlativ
- ☐ die Vergangenheitsform des *passé composé*
- ☐ die betonten Personalpronomen
- ☐ den Imperativ
- ☐ die Verneinung „kein"
- ☐ die Possessivpronomen

# ENTRACTE 2

## 2. Lire et agir : l'écrit dans la rue

Auf der Straße - in Frankreich und anderswo - begegnen uns verschiedene schriftliche Aufforderungen, Warnungen und Informationen. Es ist nicht nötig, jedes einzelne Wort zu verstehen, denn vieles erklärt sich aus dem Zusammenhang. Es kommt aber darauf an, gegebenenfalls das Richtige zu tun oder zu sagen.

**Suchen Sie sich eine/n Partner/in und sehen Sie sich die folgenden „Texte" an. Wählen Sie drei davon aus und finden Sie möglichst viele Äußerungen und Überlegungen, die dazu passen, z.B.:**

*Attention, il faut ralentir !* *Ce n'est pas cher, mais...*

**Die Äußerungen zu jedem einzelnen Text werden an der Tafel fest gehalten und miteinander verglichen.**

## 3. L'Amant

**Der folgende Textauszug ist dem Roman „L'Amant" der französischen Schriftstellerin Marguerite Duras (1914 – 1996) entnommen. Lesen Sie den Text und stellen Sie sich die Situation vor.**

L'homme élégant est descendu de la limousine, il fume une cigarette anglaise. Il regarde la jeune fille au feutre[1] d'homme et aux chaussures d'or. Il vient vers elle lentement. C'est visible, il est intimidé. Il ne sourit pas tout d'abord. Tout d'abord il lui offre une cigarette. Sa main tremble[2]. Il y a cette différence de race, il n'est pas blanc, il doit la surmonter[3], c'est pourquoi il tremble. Elle lui dit qu'elle ne fume pas, non merci. Elle ne dit rien d'autre, elle ne lui dit pas laissez-moi tranquille. Alors il le lui demande : mais d'où venez-vous ? Elle dit qu'elle est la fille de l'institutrice de l'école de filles de Sadec. Il réfléchit et puis il dit qu'il a entendu parler de cette dame[4], sa mère [...]

Il lui dit que le chapeau lui va bien, très bien même, que c'est... original... un chapeau d'homme, pourquoi pas ? elle est jolie, elle peut tout se permettre[5].

Elle le regarde. Elle lui demande qui il est. Il dit qu'il revient de Paris où il a fait ses études, qu'il habite Sadec lui aussi, justement sur le fleuve, la grande maison avec les grandes terrasses aux balustrades de céramique bleue. Elle lui demande ce qu'il est. Il dit qu'il est Chinois, que sa famille vient de la Chine du Nord, de Fou-Chouen. Voulez-vous me permettre de vous ramener chez vous[6] à Saigon ? Elle est d'accord. Il dit au chauffeur de prendre les bagages de la jeune fille dans le car et de les mettre dans l'auto noire.

*Szene aus dem gleichnamigen Film (1992)*

[1] Filzhut
[2] Seine Hand zittert.
[3] überwinden
[4] ... dass er von dieser Frau gehört hat.
[5] ... sie kann sich alles erlauben.
[6] Darf ich Sie nach Hause bringen ...?

## 4. Les cinq sens

**In der nächsten Lektion geht es um Wahrnehmung. Kennen Sie schon die französischen Bezeichnungen für unsere Sinnesorgane?**

**Ordnen Sie den Verben der Sinneswahrnehmung folgende Begriffe zu und ergänzen Sie diese durch Wörter Ihrer Wahl.**

lavande – chien – gaz – croissant – fleur – fromage – tableau – parfum – robe – téléphone – télévision – silence

sentir

goûter

voir/regarder

écouter/entendre

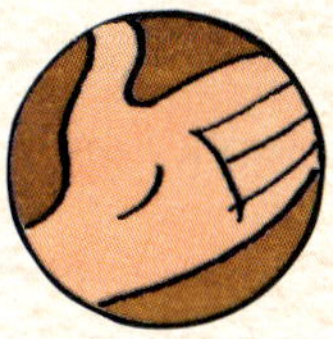
toucher

# 9 PLAISIR DES SENS

## LAISSONS-NOUS TENTER

Faites correspondre chaque verbe à une photo du collage.

sentir – goûter – regarder – écouter – toucher

Et vous, qu'est-ce que vous aimez manger, regarder, sentir, écouter et toucher ? Et qu'est-ce que vous détestez ? Formez cinq groupes (un par verbe) et associez le plus de mots possibles à ce verbe (voir modèle dans Pont NeuF entrée, p. 82). Echangez vos résultats.

**A1** Vous cherchez une recette. Quels sont vos critères de choix ? Mettez-vous d'accord avec votre voisin/e sur les trois critères les plus importants.

C'est facile à faire. C'est économique. Ce n'est pas long à préparer.
Ça plaît à ma famille. Les ingrédients sont faciles à trouver.
J'ai les ingrédients à la maison. Je peux préparer ce plat la veille.
C'est bon pour la santé. J'adore ça.

**A2** a. Lisez la recette.

## Fromage de chèvre chaud sur salade

pour 4 personnes

**Ingrédients :**

4 petits fromages de chèvre de 80 g

2 cuillères à café d'huile d'olive

poivre noir

Pour la vinaigrette :
4 cuillères à soupe d'huile de noix
1 cuillère à soupe de vinaigre
sel, poivre

300 g de salade verte mélangée (frisée, laitue, mâche)

4 tranches fines de baguette

**Préparation :**

La veille :
Mettez les fromages dans une assiette avec l'huile d'olive et le poivre. Retournez-les plusieurs fois et laissez reposer une nuit au frais.

Le jour même :
Préparez la salade. Faites la vinaigrette avec l'huile, le vinaigre, le sel et le poivre.
Mélangez-la à la salade et répartissez le tout sur quatre assiettes.

Faites griller les tranches de baguette. Mettez un fromage de chèvre sur chaque toast et mettez au four très chaud pendant cinq minutes. Disposez un fromage sur chaque assiette et servez avec une bouteille de muscadet ou de vin blanc sec.

b. Cette recette correspond-elle à vos critères ?

c. Quels sont les produits qui vous manquent pour réaliser la recette ? Etablissez votre liste de courses...

... puis dites ce qu'il vous faut :

*Il me faut un/une..., du..., de la..., des..., de l'...*

## A3 Avec votre liste, faites vos courses et utilisez les expressions suivantes.

*A la boulangerie*

*A l'épicerie*

*Au marché*

## A4 Complétez à l'aide de la recette, p. 65.

"300 g ....... salade"

"une bouteille ........ vin blanc sec"

"une cuillère à soupe ........ huile"

"4 tranches .......... baguette"

Im Französischen steht nach bestimmten Mengenangaben (wie *300 g, une bouteille, 4 tranches* usw.) immer ................
Was steht bei unbestimmten Mengenangaben?
Vergleichen Sie mit dem Teilungsartikel auf S. 43.

## A5 a. Complétez avec *du, de la, des, de l'* ou *de, d'*.

1. ○ Qu'est-ce qu'il faut pour faire un croque-monsieur ?
   ◆ Bon, alors, il faut deux tranches ....... pain de mie, une tranche ....... jambon, ....... fromage et ....... beurre.
2. ○ Alors, ton régime, c'est comment ?
   ◆ Le matin, j'ai droit à un verre ....... jus de fruits, ....... biscottes avec .............. margarine, et un bol ....... thé. Le midi, un peu ..... viande et ........... pommes de terre à l'eau ou ..... riz, et le soir, un bouillon ..... légumes.
   ○ Ce n'est pas trop dur ?

**b. Contrôlez avec la cassette.**

## A6

a. Relisez la préparation de la recette, p. 65, et numérotez les dessins dans l'ordre chronologique.

☐ ..............................

1 ..............................

☐ ..............................

☐ ..............................

☐ ..............................

☐ ..............................

☐ ..............................

☐ ..............................

☐ ..............................

☐ ..............................

☐ ..............................

☐ ..............................

b. Notez les verbes correspondants sous chaque dessin.

c. Retrouvez l'infinitif de ces verbes.

d. Voici les formes du verbe *répartir*. Complétez.

| | |
|---|---|
| RÉPARTIR | |
| je | répartis |
| tu | répartis |
| il/elle/on | répartit |
| nous | répartissons |
| vous | .................. |
| ils/elles | répartissent |
| *Passé composé :* | j'ai réparti |

Ebenso:
*finir* (beenden)
*réfléchir à* (nachdenken)
*remplir* (ausfüllen)
*choisir* (auswählen)

e. Ecrivez au tableau tous les verbes en *-ir* que vous connaissez. Mettez-vous en cercle et jouez avec une balle. Joueur A fait une phrase au présent ou au passé composé avec un des verbes et lance la balle à joueur B. B répète la phrase de A et ajoute une autre phrase. Puis B lance la balle à C...

## A7

Quelle est votre recette préférée ? Proposez une bonne recette et rédigez-la. Si nécessaire, cherchez le vocabulaire dans le dictionnaire ou demandez à votre professeur. Puis échangez vos recettes.

## B1 Discutez : selon vous, qu'est-ce qui doit être beau ? qu'est-ce qui doit être pratique ?

une ville – une maison – une voiture – des meubles – des lunettes – un chien – un manuel de français – des vêtements

## B2 Faites correspondre les mots aux vêtements et aux objets des valises.

- une robe
- un chemisier
- une jupe
- un collier
- un jean
- un parapluie
- un maillot de bain
- un foulard
- une ceinture
- un imperméable
- une trousse de toilette
- un tailleur

- des chaussettes
- une chemise
- une cravate
- des chaussures
- un pantalon
- un rasoir
- des bretelles
- un pyjama
- une brosse à dents
- un pull

## B3 Quels vêtements ou accessoires choisissez-vous dans ces valises pour les situations suivantes ?

un dîner à deux — un long voyage en train/en avion — un week-end au bord de la mer — un repas d'affaires — un cours de français — un dimanche à la maison

*Pour un repas d'affaires, je choisis le tailleur.*

## B4

a. Soulignez les mots français sur les étiquettes.

b. Quel type de vêtements aimez-vous porter ? Quelles matières préférez-vous ? et quelles couleurs ? Notez vos réponses sur une feuille de papier. Votre professeur ramasse les feuilles et les redistribue. Lisez la description à voix haute et devinez qui c'est.

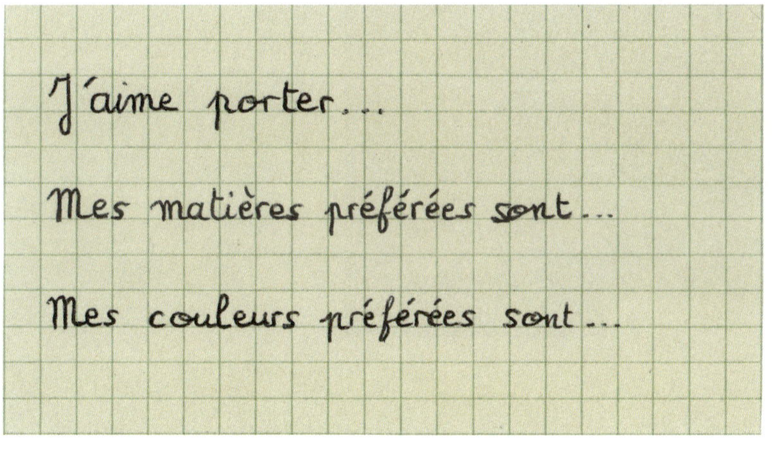

## B5 Ecoutez le dialogue dans le magasin et cochez les bonnes réponses.

La cliente veut acheter
- [ ] une robe bleue.
- [ ] des chaussures.
- [ ] un pantalon.

Comme pointure, elle fait du
- [ ] 38.
- [ ] 39.
- [ ] 40.

Il reste seulement
- [ ] des bleues.
- [ ] des noires.
- [ ] des rouges.

Elle trouve que le deuxième modèle
- [ ] est plus original.
- [ ] a un talon trop haut.
- [ ] est trop cher.

La cliente
- [ ] achète le deuxième modèle.
- [ ] n'achète rien.
- [ ] dit qu'elle va réfléchir.

## B6 La cliente compare deux modèles, elle utilise les expressions suivantes.

"Elles sont plus jolies."
"Ah, elles sont moins chères que les autres."

Welche Satzelemente drücken einen Vergleich aus?

Der Komparativ wird gebildet, indem man ........... oder ........... vor das Adjektiv stellt.

Das Bezugswort wird mit ........... angeschlossen.

## B7 Comparez vos chaussures à celles du tableau et utilisez les mots suivants.

*Vieux souliers aux lacets (1886). Vincent van Gogh*

le cuir
le talon
la pointure
la couleur
confortable
sportif
élégant
grand
classique
petit
ordinaire
joli
usé
foncé
clair

## B8

**a. Observez les phrases du dialogue dans le magasin et dites à quels mots se rapportent les pronoms *le* et *les*.**

◆ Voici un modèle italien.
○ Ah oui, je le trouve plus original.

◆ Ces chaussures coûtent combien ?
○ 389 Francs*.
◆ Alors je les prends.

* entspricht seit 2002 59,30 Euro.

**b. Lisez les phrases suivantes et soulignez les deux autres pronoms. Dites à quels mots ils se rapportent.**

◆ La cravate jaune est trop classique.
○ Non, moi, je la trouve bien.

◆ Ta jupe est très élégante, je l'aime bien.

**c. Complétez la règle.**

Die Pronomen .........., ............, ............ und ............. nennt man direkte Objektpronomen. Sie stehen für ein Substantiv, das schon erwähnt wurde. Sie stimmen mit diesem in Geschlecht und Zahl überein. Meistens stehen sie .......... dem Verb. Das gilt auch für verneinte Sätze: *Je les prends. / Je ne les prends pas.*

**d. Dans la recette, p. 65, retrouvez deux pronoms employés avec un verbe à l'impératif. Où se trouve le pronom par rapport au verbe ?**

## B9 Regardez les vitrines et discutez à l'aide des adjectifs suivants.

| | |
|---|---|
| cher | élégant |
| jeune | sportif |
| joli | "moche" |
| classique | original |
| foncé | clair |
| moderne | "vieillot" |
| bon marché | |

○ *Comment trouvez-vous la robe rouge ?*
◆ *Je la trouve moche.*

## B10 Circulez dans la classe et faites un compliment aux personnes que vous rencontrez.

J'aime bien votre cravate !

Votre collier me plaît beaucoup !

Elles sont jolies, vos lunettes !

Votre robe vous va très bien, je trouve.

## B11

**a. Entraînez-vous à prononcer les sons [wi] et [ɥi].**

La truite est trop cuite.
Ajoutez dix-huit cuillères d'huile d'olive.
Il y a du bruit au 108 !
La nuit, dans la cuisine, Louis écoute la pluie.
Oui, je veux bien un biscuit.
Ta jupe est en cuir ?
Et puis, le week-end, nous mangeons des sandwiches.

**b. Contrôlez avec la cassette.**

**C1** a. Associez les mots suivants aux cinq thèmes : sport (S), nature (N), alimentation (A), corps (C), âme (M).

☐ les légumes ☐ manger léger ☐ les fleurs ☐ la natation ☐ les saisons
☐ la musique ☐ le chien ☐ la douche ☐ les sports de plein air
☐ la piscine ☐ le massage ☐ la gymnastique ☐ le jogging ☐ les randonnées
☐ la marche ☐ les oiseaux ☐ le message de la nature ☐ le shampooing
☐ la dimension spirituelle ☐ l'eau

b. Discutez entre vous de vos résultats et complétez la liste avec d'autres mots que vous connaissez.

**C2** a. Ecoutez les réponses de trois Parisiens à la question : "Qu'est-ce que vous faites pour vous maintenir en forme ?"

b. Formez trois groupes – un par personne interviewée. Retrouvez en C1 les mots entendus dans les interviews et notez-les dans les bulles.

SABINE

JEAN

CLAIRE

c. Présentez vos résultats aux autres groupes. Qu'est-ce que Sabine, Jean et Claire font pour se maintenir en forme ?

**C3** a. Sur une feuille, écrivez votre prénom et autour les activités que vous faites pour vous maintenir en forme.

b. Trouvez les personnes qui ont noté les mêmes activités que vous et discutez de vos habitudes.

## c4 Ecoutez à nouveau les interviews et complétez les phrases suivantes.

"Je ........ occupe des plantes de mon balcon."
"Que faites-vous pour ........... maintenir en forme ?"
"Alors, pour ........... détendre, déjà, je ............. change."
"C'est vrai que j'aime bien ........ lever tranquillement [...], donc c'est vrai que ça ........... passe essentiellement le week-end."
"Qu'est-ce que tu fais pour ........... occuper de ta santé ?"
"Je ......... amuse à penser que..."
"Je ......... éveille à la nature."

Ergänzen Sie die Tabelle mit dem reflexiven Verb *s'amuser.*

| S'AMUSER | | |
|---|---|---|
| je | ..... | ...................... |
| tu | ..... | ...................... |
| il/elle/on | s' | ...................... |
| nous | nous | ...................... |
| vous | ..... | ...................... |
| ils/elles | s' | ...................... |

In der Lektion 1 von *Pont NeuF entrée* haben Sie bereits ein reflexives Verb kennen gelernt: *s'appeler*. Bilden Sie nun alle seine Formen und achten Sie auf die Aussprache.

## c5 Que faites-vous pendant l'année, pour votre santé ? Utilisez si possible les verbes pronominaux réfléchis et faites correspondre vos activités aux quatre saisons.

*en hiver*

*au printemps*

*en été*

*en automne*

## c6 Voici comment parler de la santé. Faites correspondre.

1. J'ai un rhume.
2. Tu as mal à la tête ?
3. Je suis bien dans ma peau.
4. Il est allergique aux fraises.
5. J'ai des problèmes de dos.
6. Elle a la grippe.
7. Je suis en pleine forme.
8. Il a le bras cassé.
9. J'ai mal au cœur.

- [ ] Er ist allergisch gegen Erdbeeren.
- [ ] Ich bin in Hochform.
- [ ] Sie hat die Grippe.
- [ ] Ich habe eine Erkältung.
- [ ] Er hat einen gebrochenen Arm.
- [ ] Hast du Kopfschmerzen?
- [ ] Ich habe Rückenprobleme.
- [ ] Mir ist übel.
- [ ] Ich fühle mich wohl in meiner Haut.

**c7** a. Voici le vocabulaire du corps humain.

*Le Baiser (1886). Auguste Rodin.*

b. Notez tous les mots sur des papiers et mélangez-les. Livre fermé, reconstituez la forme d'un corps avec les papiers.

**c8** Avez-vous des problèmes de santé ?
Faites-vous donner un conseil par votre voisin/e.

**c9** a. Ecoutez et relaxez-vous.

b. Racontez votre expérience.

## PARTAGER SES SENSATIONS

Faites correspondre des objets de la page 64 aux situations des photos ci-dessous.

Choisissez une situation et imaginez un dialogue.

## A

**1 Was sagen Sie in folgenden Situationen?**

1. Sie sagen, dass Sie gerne zwei Kilo Orangen und ein Päckchen Reis hätten. ..........

..........

2. Sie sagen, dass Sie eine Diät machen und dass Sie mittags eine Scheibe Schinken und zwei Pellkartoffeln essen dürfen. ..........

..........

3. Sie sagen, dass Sie zum Frühstück Brot und Marmelade brauchen. ..........

..........

**2 Ecoutez la cassette. Choisissez trois mots du poème et trouvez des rimes.**

POUR LE PLAISIR

300 grammes de santé
2 cuillères à soupe de bonne humeur
100 grammes de sourire
3 tranches de soleil
4 cuillères à café de surprise

Mélangez bien le tout.
Mettez au four très chaud.
Cinq minutes après,
Vous avez un joli Miam !

### J'ai appris

- **das partitive *de* nach bestimmten Mengenangaben**, vgl. S. 150, §9.1
  100 grammes **de** beurre
  4 cuillères à café **d'**huile
- **die Verben auf *-ir***, vgl. S. 151, §9.2
  Je répartis ; Nous répartissons
- **Lebensmittel kaufen**
  – Bonjour, vous désirez ?
  Δ Il me faut/Je voudrais une bouteille de vinaigre et un paquet de sel/un kilo de tomates et 5 tranches de jambon. Ça fait/coûte combien ?
  – Et avec ça ?
- **ein Kochrezept formulieren**
  Prenez 4 fromages, 2 cuillères à café/à soupe d'huile d'olive, 4 tranches de pain, 300 g de salade. Mettez les fromages sur une assiette avec l'huile et laissez reposer. Préparez la salade. Faites la vinaigrette. Mélangez bien. Faites griller les tranches de baguette. Mettez au four très chaud pendant 5 minutes. Servez le tout avec un vin blanc sec.

## B

**1 Was sagen Sie in folgenden Situationen?**

1. Sie fragen, wie viel die Leinenhose und der blaue Badeanzug kosten. ..........

..........

2. Sie fragen den Verkaüfer im Schuhgeschäft, ob Sie Socken haben können, um die Schuhe anzuprobieren.

..........

3. Sie sagen, dass der Rock Ihnen gut passt und dass Sie ihn nehmen. ..........

..........

4. Sie sagen, dass die Hose teuer ist und dass Sie es sich noch überlegen werden. ..........

..........

**2 Ecoutez la cassette. Décrivez la scène.**

POUR LE PLAISIR

Δ Votre robe classique est magnifique.
• Et vous, votre chapeau vieillot, il est très beau.
Votre pull rouge avec votre pantalon marron, très élégant !
Δ Merci pour le compliment !

## J'ai appris

◆ **der Komparativ**, vgl. S. 151, §9.3
Mes bretelles sont **aussi** chères **que** ta ceinture.
Mon pull est **plus** élégant **que** ta chemise.
La robe noire est **moins** jolie **que** la marron.

◆ **die direkten Objektpronomen der 3. Person**, vgl. S. 151, 152 §9.4
Je n'aime pas ton tailleur. Je **le** trouve vieillot.
Où est ma cravate ? Je veux **la** mettre.
La robe te va bien. Prends-**la**.
Ces chaussures sont chères, mais je vais **les** prendre quand même.

• **Kleidungsstücke kaufen**
J'ai vu une jolie paire de chaussures.
Comme pointure, je fais du 38./Je voudrais ces chaussures en 38.
Je vais les essayer./Je peux les essayer ?
Elles me vont bien./Elles me plaisent bien.
Elles sont trop petites/grandes.
Je les prends./Je vais réfléchir.
La robe est trop courte/longue.

• **über Geschmack und Vorlieben sprechen**
J'aime mieux/Je préfère les pantalons./J'aime porter/mettre des beaux vêtements.
Ma couleur préférée, c'est le vert./Je déteste le noir./Le noir, je trouve ça horrible.
Ma matière préférée, c'est la soie.
Et vous, quel type de vêtements aimez-vous porter ? Quelles sont vos matières préférées ?

• **etwas bewerten**
Je trouve la robe verte un peu moche.
Je trouve que c'est trop cher/moderne/foncé.
Votre foulard/collier me plaît beaucoup.
J'aime bien votre/jupe. Elle vous va bien.
Elles sont originales, vos lunettes/bretelles.

• **Vergleiche anstellen**
Pour moi, le vêtement **le plus confortable**, c'est le pyjama en soie.
Prends les chaussures **les moins chères**.

C **1** **Was sagen Sie in folgenden Situationen?**

1. Sie sagen, dass Sie morgens eine kalte Dusche nehmen, um in Hochform zu sein. ..........................................

..........................................................................................................................................

2. Sie sagen, dass Sie sich um Ihre Blumen kümmern, um sich zu entspannen. ..........................................

..........................................................................................................................................

3. Sie fragen jemanden, was er macht, um sich in seiner Haut wohl zu fühlen. ..........................................

..........................................................................................................................................

**2** **Ecoutez la cassette et donnez un titre à ce poème.**

POUR LE PLAISIR

Quand j'ai mal à la tête
Parce que j'ai fait la fête,
J'ai une recette parfaite.

Je m'occupe de mes fleurs
Pendant une petite heure,
Et c'est le bonheur !

## J'ai appris

◆ **die Präsensformen der reflexiven Verben**, vgl. S. 152, §9.5
Je **m'**amuse

• **Ratschläge erteilen**
Pour te/vous maintenir en forme, fais/faites de la gymnastique/relaxe-toi/relaxez-vous et bois/buvez beaucoup d'eau.
Un conseil pour tes/vos problèmes de dos :
Va/Allez à la piscine.

• **über seine Gesundheit sprechen**
J'ai un rhume/mal à la tête/mal au cœur/la grippe/le bras cassé/des problèmes de dos.
Je suis allergique à...
Je m'occupe de ma santé, je mange léger.
(Après mon régime,) je suis en pleine forme./Je me sens bien dans ma peau.
En automne, je suis souvent fatigué(e).

# 10 AUTREFOIS AUJOURD'HUI

## COMMENT VIVONS-NOUS AUJOURD'HUI ?

Regardez les photos et commentez-les.
Pouvez-vous trouver d'autres situations qui caractérisent la vie d'aujourd'hui ?

## A1

a. Lisez le slogan. De quoi s'agit-il ?

b. Inventez d'autres phrases sur le même modèle.

"Pour réussir un fils/une fille,
il faut un père/une mère ........
et beaucoup de ....................... ."

Et pour réussir un père/une mère ?

**"Pour réussir un fils, il faut un père exceptionnel et beaucoup de fromage."**

## A2

a. Ecoutez les interviews de quatre hommes au sujet de leur rôle de père. Notez les prénoms et les âges.

| | | | |
|---|---|---|---|
| ............................. | ............................. | ............................. | ............................. |
| ...................... ans | ...................... ans | ...................... ans | ...................... ans |

b. Formez quatre groupes (un par prénom). Ecoutez à nouveau les interviews et notez le plus de mots possibles.

c. Faites ensuite tous ensemble le portrait des quatre pères.

## A3

a. Faites correspondre une des idées suivantes à chacun des pères.

1. L'éducation des enfants, c'est le rôle de la mère.
2. La réussite des enfants à l'école est très importante.
3. Un père doit surtout donner beaucoup de tendresse à ses enfants.
4. Un père doit apprendre aux enfants les choses les plus importantes de la vie.

b. Etes-vous d'accord avec ces idées ? Pourquoi ?

**A4 Ecoutez deux phrases des interviews et complétez avec les pronoms *lui* ou *leur*. Dites à quels mots se rapportent ces pronoms.**

"Je veux donner à mes enfants tout l'amour et toute la tendresse que je peux.
[...] je .............. fais des bisous."
"Etre père, c'est être responsable de ma fille, je veux .......... transmettre ma culture et .......... montrer le monde."

Wie die direkten Pronomen *le*, *la*, *les* stehen auch die indirekten Pronomen *lui*, *leur* für ein bereits erwähntes Substantiv. Jedoch gebraucht man die indirekten Pronomen nur bei Verben mit der Präposition *à*, zum Beispiel:

*transmettre quelque chose à quelqu'un*
*montrer quelque chose à quelqu'un*
*demander quelque chose à quelqu'un*
*écrire/téléphoner à quelqu'un*

Wo stehen die indirekten Pronomen im Satz?

**A5 Complétez avec les pronoms *lui* ou *leur*.**

1. ○ Tu as écrit à Thierry ?
   ◆ Non, je ............... envoie une carte demain.
2. ○ On téléphone aux parents ?
   ◆ Oui, on peut ............... dire qu'on est bien arrivés.
3. ○ Dis bonjour à ta sœur de ma part.
   ◆ D'accord, je vais ................ transmettre tes salutations.
4. ○ Tu as dit à Pierre-François de venir ?
   ◆ Oui, je .............. ai demandé, mais il ne peut pas.

**A6 Lisez le texte du poète libanais Khalil Gibran et donnez votre avis.**

*Vos enfants ne sont pas vos enfants.*
*Ils sont les fils et les filles du désir de vie en lui-même.*
*Ils viennent par vous mais non de vous. [...]*
*Vous pouvez leur donner votre amour mais non vos pensées.*
*Car ils ont leurs propres pensées.*
*Vous pouvez loger leurs corps, mais non leurs âmes.*
*Car leurs âmes habitent la demeure de demain [...]*

B 1 Dans son livre "Le Voile noir", la comédienne Anny Duperey essaie de retrouver le souvenir de ses parents, morts tragiquement quand elle avait huit ans. Elle s'inspire des photos, réalisées par son père, Lucien Legras, dans les années cinquante.

Décrivez les photos.

1

2

3

4

5

## B2 Faites correspondre les textes aux photos, p. 81.

☐ C'est une toute simple, toute bête photo de famille, mais on sait dans toutes les familles combien elles sont difficiles à faire. [...] il manque toujours quelqu'un !

Ce jour-là, ma grand-mère avait avec elle ses deux filles, ses deux garçons, leurs conjoints et tous ses petits-enfants nés à ce jour. [...] Elle pouvait ainsi contempler tout son monde [...]

☐ Ma grand-mère maternelle à sa machine à coudre. C'est ainsi que je la trouvais sans doute – puisque ma mémoire opaque ne m'offre aucune image d'elle – en rentrant de l'école tous les soirs.

Et puis, derrière, à demi-fondue dans l'ombre, pas conquérante du tout, ma grande-tante Juliette, sa sœur, éternelle suivante à l'arrière-plan.

☐ Pépé Duperray était un homme formidable. Je sais que mon père adorait le photographier. [...] C'était un homme qui aimait jouer avec les enfants. Il était musicien. [...] Son instrument préféré était la mandoline. [...] Et puis, il inventait des choses, des jouets, avec des bouts de bois, des ficelles. Il nous apprenait à jouer aux dominos. [...] Vers le goûter, nous nous retrouvions tous, invariablement, autour d'un chausson aux pommes, spécialité de ma grand-mère.

☐ Ils étaient amoureux, ils étaient gais, c'était l'après-guerre. On faisait des choses amusantes sur les plages, on prenait des poses. Et puis on se mariait.

☐ La photo me dit qu'il faisait beau, qu'il y avait du vent dans mes cheveux, que la lumière de la côte normande devait être magnifique ce jour-là.

## B3 Retrouvez le vocabulaire de la famille dans les textes et complétez.

les grands-parents : le grand-père + la ...............................

les parents : le ............................... + la ...............................

les frères et sœurs : le ............................... + la ...............................

les ............................................. : le petit-fils + la petite-fille

les enfants : le fils + la ...............................

les cousins : le ............................... + la ...............................

les oncles et tantes : l'............................... + la ...............................

## B4 Trouvez dans la classe quelqu'un qui a...

... encore une grand-mère ou un grand-père

... un oncle en Amérique

... une fille qui fait de la musique

... un cousin ou une cousine à l'étranger

... plus de deux frères et sœurs

... une tante excentrique

## B5 a. Dans les textes, p. 82, vous avez rencontré une nouvelle forme du passé : l'imparfait. Relevez les verbes pour chaque pronom.

je/j'

il/elle/on

nous

ils

Zur Bildung des *imparfait* benötigen Sie den Stamm der 1. Person Plural Präsens (z. B.: *nous ador - ons*). Ergänzen Sie mit Hilfe der Beispiele in B5 a. die Endungen, die an den Stamm angehängt werden.

| | |
|---|---|
| j' | ador- ............. |
| tu | ador- ais |
| il/elle/on | ador- ............. |
| nous | ador- ............. |
| vous | ador- iez |
| ils/elles | ador- ............. |

Das *imparfait* dient dazu, Situationen, Zustände und Stimmungen in der Vergangenheit zu beschreiben oder gewohnheitsmäßige Handlungen wieder zu geben.

**b. Décrivez une personne de votre enfance ou de votre famille, à l'aide des verbes et des expressions suivants.**

être – aimer – faire – avoir – jouer – habiter – prendre – écouter – travailler – rire – voyager – aller – parler (de) – souvent – tous les jours – le matin – régulièrement – de temps en temps – tous les lundis – le dimanche

*Mon grand-père aimait beaucoup la musique. Le matin, il écoutait la radio.*

## B6 Parlez de votre enfance à votre voisin/e.

**Quand vous étiez enfant, où habitiez-vous ? Où passiez-vous souvent vos vacances ? Qu'est-ce que vous n'aimiez pas faire ? Qu'est-ce que vous rêviez de devenir ?**

**c1** a. Quand vous aviez 10 – 15 – 20 ans, quel était votre livre, votre auteur préféré ? Est-ce que vous aimiez les livres d'aventure ?

b. Faites correspondre les mots suivants aux quatre catégories : aventure (1), nature (2), art (3) et repas (4).

- ☐ avaler
- ☐ un avion
- ☐ un fauve
- ☐ tracer
- ☐ un peintre
- ☐ piloter
- ☐ un serpent
- ☐ dormir
- ☐ mâcher
- ☐ faire peur
- ☐ dessiner
- ☐ la digestion
- ☐ une proie
- ☐ abandonner
- ☐ la jungle
- ☐ voler
- ☐ la forêt vierge
- ☐ un chef-d'œuvre
- ☐ un crayon de couleur
- ☐ un dessin

**c2** Le livre préféré de beaucoup de Français était – et est encore – "Le Petit Prince" d'Antoine de Saint-Exupéry. Lisez le début du premier chapitre.

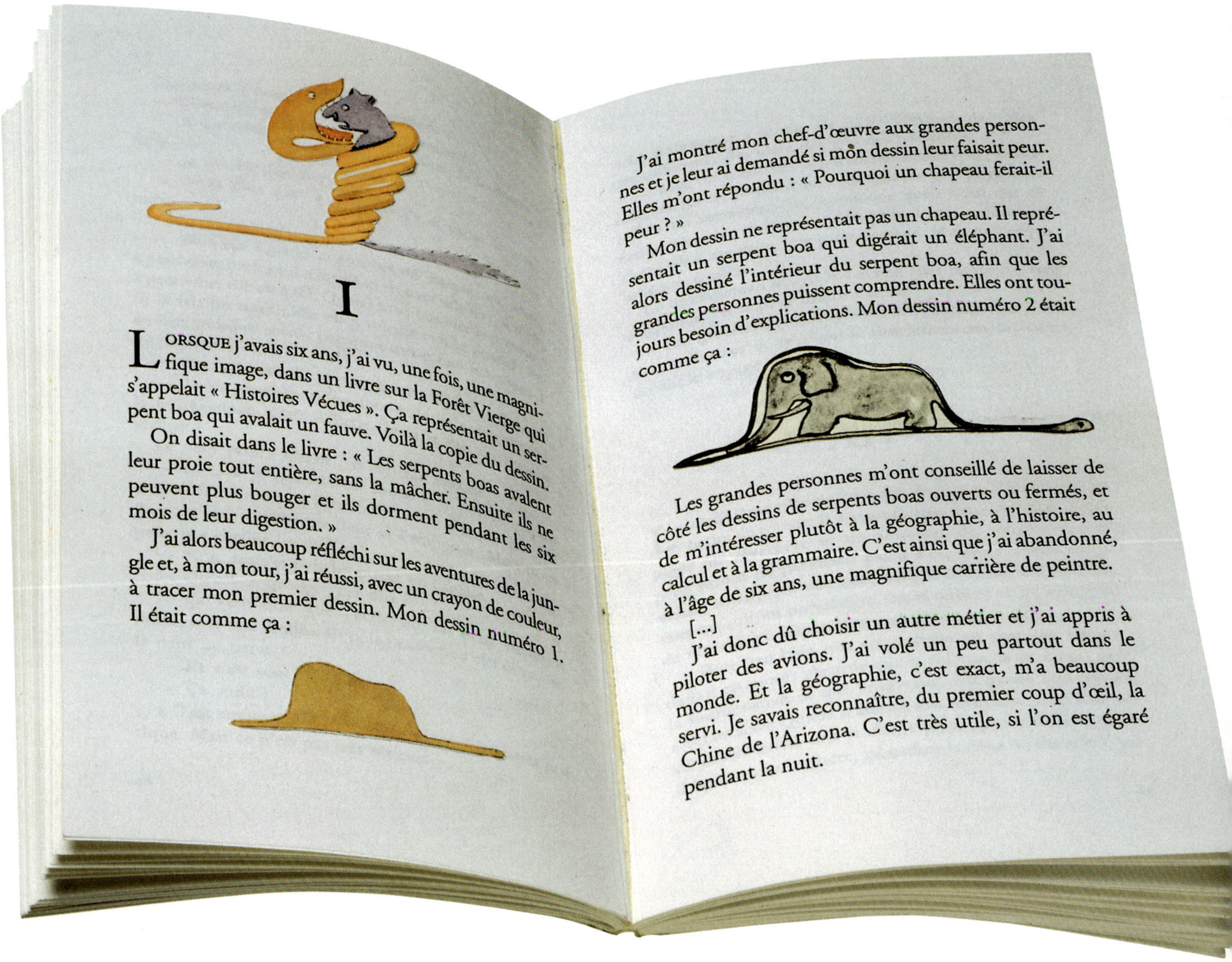

I

Lorsque j'avais six ans, j'ai vu, une fois, une magnifique image, dans un livre sur la Forêt Vierge qui s'appelait « Histoires Vécues ». Ça représentait un serpent boa qui avalait un fauve. Voilà la copie du dessin.

On disait dans le livre : « Les serpents boas avalent leur proie tout entière, sans la mâcher. Ensuite ils ne peuvent plus bouger et ils dorment pendant les six mois de leur digestion. »

J'ai alors beaucoup réfléchi sur les aventures de la jungle et, à mon tour, j'ai réussi, avec un crayon de couleur, à tracer mon premier dessin. Mon dessin numéro 1. Il était comme ça :

J'ai montré mon chef-d'œuvre aux grandes personnes et je leur ai demandé si mon dessin leur faisait peur. Elles m'ont répondu : « Pourquoi un chapeau ferait-il peur ? »

Mon dessin ne représentait pas un chapeau. Il représentait un serpent boa qui digérait un éléphant. J'ai alors dessiné l'intérieur du serpent boa, afin que les grandes personnes puissent comprendre. Elles ont toujours besoin d'explications. Mon dessin numéro 2 était comme ça :

Les grandes personnes m'ont conseillé de laisser de côté les dessins de serpents boas ouverts ou fermés, et de m'intéresser plutôt à la géographie, à l'histoire, au calcul et à la grammaire. C'est ainsi que j'ai abandonné, à l'âge de six ans, une magnifique carrière de peintre.

[...]

J'ai donc dû choisir un autre métier et j'ai appris à piloter des avions. J'ai volé un peu partout dans le monde. Et la géographie, c'est exact, m'a beaucoup servi. Je savais reconnaître, du premier coup d'œil, la Chine de l'Arizona. C'est très utile, si l'on est égaré pendant la nuit.

**c3** a. Qu'est-ce que le narrateur rêvait de devenir ?
Qu'est-il finalement devenu ?
Pourquoi a-t-il changé d'avis ?
Retrouvez dans le texte ce qui est important dans la vie pour les grandes personnes et pour les enfants.

b. Qu'est-ce qui était important pour vous quand vous étiez enfant ?
Et qu'est-ce qui est important pour vous maintenant ?

Antoine de Saint-Exupéry

**c4** **Comment traduisez-vous ces deux phrases du "Petit Prince" dans votre langue ?**

"Je leur ai demandé si mon dessin leur faisait peur."

..........................................................................................................................................

"C'est très utile, si l'on est égaré pendant la nuit."

..........................................................................................................................................

*Si* kann ................ oder .................... heißen.

**c5** a. Dans le texte du "Petit Prince", p. 84, soulignez d'une couleur les verbes au passé composé et d'une autre couleur les verbes à l'imparfait.

b. Dans un récit, quand utilise-t-on le passé composé ou l'imparfait ? Observez le texte et cherchez des exemples pour les catégories suivantes.

| description (Zustand, Beschreibung) | action accomplie (einmalige und abgeschlossene Handlung) |
| --- | --- |
| | |

**C6** **a. Voici un texte inspiré du deuxième chapitre du "Petit Prince" : la rencontre entre le pilote et le Petit Prince. Mettez les verbes entre parenthèses au passé composé.**

Il y a six ans, j'......... .................. (avoir) une panne dans le désert, avec mon avion. ♠

Le premier soir, j' ...... ....................... (dormir) sur le sable. ♥

Au lever du jour, une drôle de petite voix m'........ .............................. (réveiller). ♣

J'....... bien ..................... (regarder) et j'........ ........... (voir) un petit bonhomme tout à fait extraordinaire. ♦

**b. Pour donner plus d'intérêt au texte ci-dessus, ajoutez pour chaque symbole une phrase descriptive à l'imparfait, à l'aide des quatre dessins suivants.**

♣ La voix ..................................................................

♠ ......................................................................

♥ ......................................................................

♦ Il ......................................................................

**c. Relisez votre nouveau texte avec les quatre phrases à l'imparfait.**

**C7** **a. Ajoutez *j* ou *g*, puis lisez à voix haute.**

...isèle a fait un ...âteau ...énial.

La ...irafe a ...oué dans le ...ardin. C'est la ...ungle ici ?

Coura...e ! La vie n'est pas tou...ours ...aie, mais avec une ...uitare, tout s'arran...e.

En ...énéral, ...uliette et ...érard font le ména...e le ...eudi.

Pour ...agner de l'ar...ent, ...'enseigne la ...éo...raphie et la ...ymnastique.

Quelle ma...ie ! Prendre le ...oûter sur la pla...e !

**b. Contrôlez la prononciation à l'aide de la cassette.**

## COMMENT VIVIONS-NOUS AUTREFOIS ?

Regardez les photos : comparez-les aux photos, page 78.
Qu'est-ce qui a changé ? Comment trouvez-vous ces changements ?

Choisissez deux photos pour aujourd'hui et autrefois et trouvez trois points positifs et trois points négatifs sur la vie d'autrefois.

## A

**1 Was sagen Sie in folgenden Situationen?**

1. Sie erzählen jemandem, dass Ihrer Meinung nach die Erziehung der Kinder die Rolle der Mutter und des Vaters ist. ........................................................................................................

........................................................................................................................................

2. Sie fragen Ihren Nachbarn/Ihre Nachbarin, ob er/sie auch denkt, dass die Zärtlichkeit der Eltern die wichtigste Sache für die Kinder ist. ........................................................................................

........................................................................................................................................

3. Sie sagen, dass Sie eine Freundin in Frankreich haben und dass Sie ihr jedes Jahr eine Geburtstagskarte schicken. ........................................................................................................

........................................................................................................................................

4. Sie erzählen jemandem, dass Ihre Kinder in Kanada sind, aber dass Sie sie oft anrufen. ...............................

........................................................................................................................................

5. Sie sagen: „Wenn meine Kleider zu klein sind, gebe ich sie meiner Tochter.“..................................................

........................................................................................................................................

**2 Ecoutez la cassette. Qu'est-ce qu'un enfant exceptionnel ?**

POUR LE PLAISIR

Elle lui fait des bisous.
Il l'aime comme un fou.
Ils lui donnent leur amour
Pour toujours.

Tous les deux,
Ils sont heureux,
Avec lui, avec elle,
Leur enfant exceptionnel !

### J'ai appris

◆ **die indirekten Objektpronomen der 3. Person**, vgl. S. 153, §10.1
Votre voisin/e vous intéresse. Vous allez **lui** poser des questions, vous **lui** demandez...
– Vous avez des enfants ?
● Oui, et je **leur** donne tout mon amour.

● **über die Vater-/Mutterrolle diskutieren**
A mon avis, l'éducation des enfants, c'est le rôle des parents.
La chose la plus importante pour moi, c'est la réussite de mes enfants et leur bonheur.
Donner beaucoup de tendresse à un enfant, c'est lui apprendre à aimer.
Pour moi, le père et la mère doivent transmettre leur culture aux enfants et leur montrer le monde.
Je pense qu'être parents, c'est être responsables de ses enfants.

## B

**1 Was sagen Sie in folgenden Situationen?**

1. Sie erzählen, dass Ihre Großmutter damals mit Ihnen Bergtouren machte. ...............................................

........................................................................................................................................

2. Sie fragen Ihren Nachbarn/Ihre Nachbarin, was er/sie gerne tat, als er/sie ein Kind war. ...............................

........................................................................................................................................

3. Sie fragen jemanden, wo er/sie wohnte, als er/sie jung war. ............................................................

........................................................................................................................................

4. Sie fragen jemanden, wie viele Geschwister er hat. ........................................................................

**2** **Ecoutez la cassette et complétez le poème avec les parents Marion et José.**

POUR LE PLAISIR

Ma grand-mère Aline
Faisait de la bonne cuisine.
Mon grand-père Marcel
Etait très amoureux d'elle.
...

Mon frère Renaud
Détestait ses cours de piano.
Ma grande sœur Léa
Elle, elle ne partageait pas

Avec moi, Camille,
La préférée de la famille.
Ah, j'oubliais Martin !
C'était notre chien.

## J'ai appris

◆ **das *imparfait***, vgl. S. 154, §10.3,1.
Quand j'**étais** petit(e), j'**avais** un chat.
Dans les années cinquante, on **se mariait** et après, on **prenait** un appartement ensemble.

● **über die eigene Kindheit und Familie berichten**
Mon grand-père était un homme exceptionnel.
J'adorais ma grand-mère maternelle.
Dans ma famille, on se retrouvait à Noël.
Quand j'étais enfant, je passais mes vacances à la montagne.
J'ai de la famille à l'étranger.

C **1** **Was sagen Sie in folgenden Situationen?**

1. Sie fragen jemanden, was sich in seinem Land seit zwanzig Jahren geändert hat. ..........................................

..........................................

2. Sie erzählen jemandem: „Damals heiratete man jung, heutzutage lebt man zuerst zusammen." ..........................................

..........................................

3. Sie erzählen jemandem: „Ich schrieb einen Brief an dich, als du mich angerufen hast." ..........................................

..........................................

4. Sie erzählen: „Das Wetter war schön, wir nahmen unser Essen im Garten ein, aber etwas später hat das Wetter umgeschlagen." ..........................................

..........................................

**2** **Ecoutez la cassette. Qui est "il" dans le poème ?**

POUR LE PLAISIR

Avec sa petite voix,
Il demande : "Pourquoi ?"
Mais les grandes personnes

Abandonnent,
Ne trouvent pas d'explication
A ses questions.

## J'ai appris

◆ **der Gebrauch des *imparfait* und des *passé composé,*** vgl. S. 154, § 10. 3, 2.
J'**avais** une panne dans le désert quand il **est arrivé**.
Je leur **ai demandé** si mon dessin leur **faisait** peur.
J'**étais** dans mon avion, mais une heure après, le ciel **est devenu** noir.

◆ **Phonetik: die Aussprache von "j" und "g"**
journal [ʒuʀnal], génial [ʒenjal]
gâteau [gatɑ], guitare [gitaʀ]

● **Vergangenheit und Gegenwart vergleichen und kommentieren**
A votre avis, qu'est-ce qui a changé depuis les années cinquante ?
Quand j'étais petit, je rêvais de devenir pilote.
Autrefois, il n'y avait pas le téléphone. Aujourd'hui, le mail est un moyen de communication très pratique.
Quand mon grand-père était petit, beaucoup de gens allaient à cheval. Aujourd'hui, tout le monde a une voiture.

# 11 SE RENDRE UTILE

## AU BOULOT !

(1) TRAVAILLER POUR LA GLOIRE.

(2) SE TOURNER LES POUCES.

(3) AVOIR DU PAIN SUR LA PLANCHE.

(4) FAIRE LE PONT.

(5) SE TUER AU TRAVAIL.

(6) TUER LE TEMPS.

(7) AVOIR UN POIL DANS LA MAIN.

(8) METTRE LA MAIN À LA PÂTE.

**Faites correspondre les expressions aux définitions.**

- ☐ Ne pas aller au travail le vendredi ou le lundi quand le jeudi ou le mardi sont jours fériés.
- ☐ Ne rien faire.
- ☐ Etre paresseux.
- ☐ Travailler sans être payé.
- ☐ Travailler trop.
- ☐ Se mettre au travail.
- ☐ S'occuper de choses sans importance.
- ☐ Avoir beaucoup de travail en perspective.

**A1** **Début de carrière ! Mettez ces différentes actions dans un ordre chronologique et comparez avec votre voisin/e.**

- devenir responsable du service
- faire des petits boulots
- faire une formation
- s'inscrire à la faculté
- ne pas trouver de travail
- penser à l'avenir
- trouver du travail
- passer un examen
- faire des études
- avoir de l'expérience

**A2** **a. Lisez les deux textes sur Michel et Marie-José.**

J'ai d'abord fait plusieurs petits boulots. Puis je me suis décidé. J'ai fait une formation et à vingt-cinq ans, j'ai passé un examen pour conduire les taxis. Après, j'ai attendu quatre ans pour avoir mon taxi à moi. C'est vrai qu'au début, c'était plutôt difficile au point de vue financier. Et puis, le trafic dans Paris est vraiment impressionnant. Il faut avoir les nerfs solides... Mais parfois je tombe sur un client sympa qui engage la conversation, qui s'intéresse à mon métier. Je ne regrette rien, même si je travaille jusqu'à soixante-cinq heures par semaine.
Maintenant, j'ai trente-deux ans, et j'aimerais fonder une famille.

D'après : *Artisan – un métier en main,* Onisep/Les Dossiers, 1994

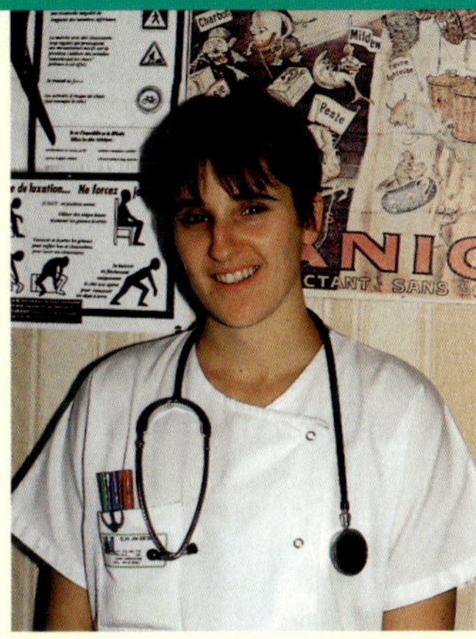

J'ai fait mes études à Nancy. Je me suis inscrite dans une école d'infirmières. C'était passionnant d'écouter les médecins qui nous donnaient les cours. Le plus agréable dans mon métier, c'est de pouvoir aider les malades, d'être utile aux autres. J'ai trouvé du travail à l'hôpital Broussais à Paris. Ce qui me plaît surtout, c'est la petite taille de l'hôpital. C'est très humain. Mon avenir ? Eh bien, je n'ai que vingt-huit ans. Je souhaite d'abord aller dans les autres services pour avoir plus d'expérience et, plus tard, peut-être devenir responsable de toutes les infirmières qui travaillent à l'hôpital.

D'après : *Profession Parents,* mai 1994

**b. Qu'est-ce qu'on apprend sur Michel et Marie-José ? Répondez aux questions.**

Michel

Quel âge a-t-il ?
Quel est son métier ?
Qu'est-ce qui lui plaît dans son métier ?
Quelles sont les difficultés de son métier ?
Comment voit-il son avenir ?

Marie-José

Quel âge a-t-elle ?
Quel est son métier ?
Quelle est sa formation ?
Quels sont les avantages de son métier ?
Comment voit-elle son avenir ?

**c. Comparez les résultats dans la classe.**

## A3 Que pensent Marie-José et Michel de leur travail ?

**Recherchez dans les textes les expressions qu'ils emploient pour exprimer des jugements, des regrets ou une satisfaction.**

jugements (Urteile)

regrets (Bedauern)

satisfaction (Zufriedenheit)

## A4 Observez les phrases de Michel et de Marie-José et complétez la règle.

"Mais parfois je tombe sur un client qui engage la conversation, qui s'intéresse à mon métier."
"C'était passionnant d'écouter les médecins qui nous donnaient des cours."

Wie lauten die deutschen Entsprechungen für das Relativpronomen *qui* ?

............, .............., .................

Zwischen dem deutschen und dem französischen Relativsatz mit *qui* gibt es einen Unterschied in der Satzstellung. Welchen?

## A5 a. Complétez, puis discutez.

Un bon chauffeur de taxi, c'est quelqu'un qui ..............................................................................................

Une bonne infirmière, ..............................................................................................

Un bon comptable, ..............................................................................................

Un bon professeur, ..............................................................................................

Un/e collègue sympathique, ..............................................................................................

Un/e ami/e, ..............................................................................................

Une bonne voiture, c'est une voiture qui ..............................................................................................

Une bonne formation, c'est une formation qui ..............................................................................................

Un travail intéressant, c'est un travail qui ..............................................................................................

**b. Comparez les résultats dans la classe.**

**A6** Qu'est-ce qui est important pour vous dans votre métier ? Parmi les exemples ci-dessous, choisissez trois priorités et donnez vos raisons. Laissez-vous inspirer par les photos.

voyager beaucoup – bien gagner sa vie – avoir des collègues sympathiques – travailler à l'extérieur – être son propre patron – être créatif – être en contact avec le public – avoir des responsabilités – avoir beaucoup de vacances – avoir la sécurité de l'emploi – avoir une bonne protection sociale – pouvoir travailler à temps partiel – travailler à la maison

1

2

3

4

5

**A7** Relevez dans les textes, p. 91, les deux phrases où sont employés les verbes *se décider* et *s'inscrire*. A quel temps sont ces verbes ? Que remarquez-vous ? Complétez la règle.

Das .................................... der reflexiven Verben wird mit dem Hilfsverb .................................... gebildet.

## A8 Complétez la B.D. avec les verbes suivants au passé composé.

s'amuser – se coucher – se détendre –s'inscrire – s'intéresser – se laver – se lever – s'occuper – se réveiller

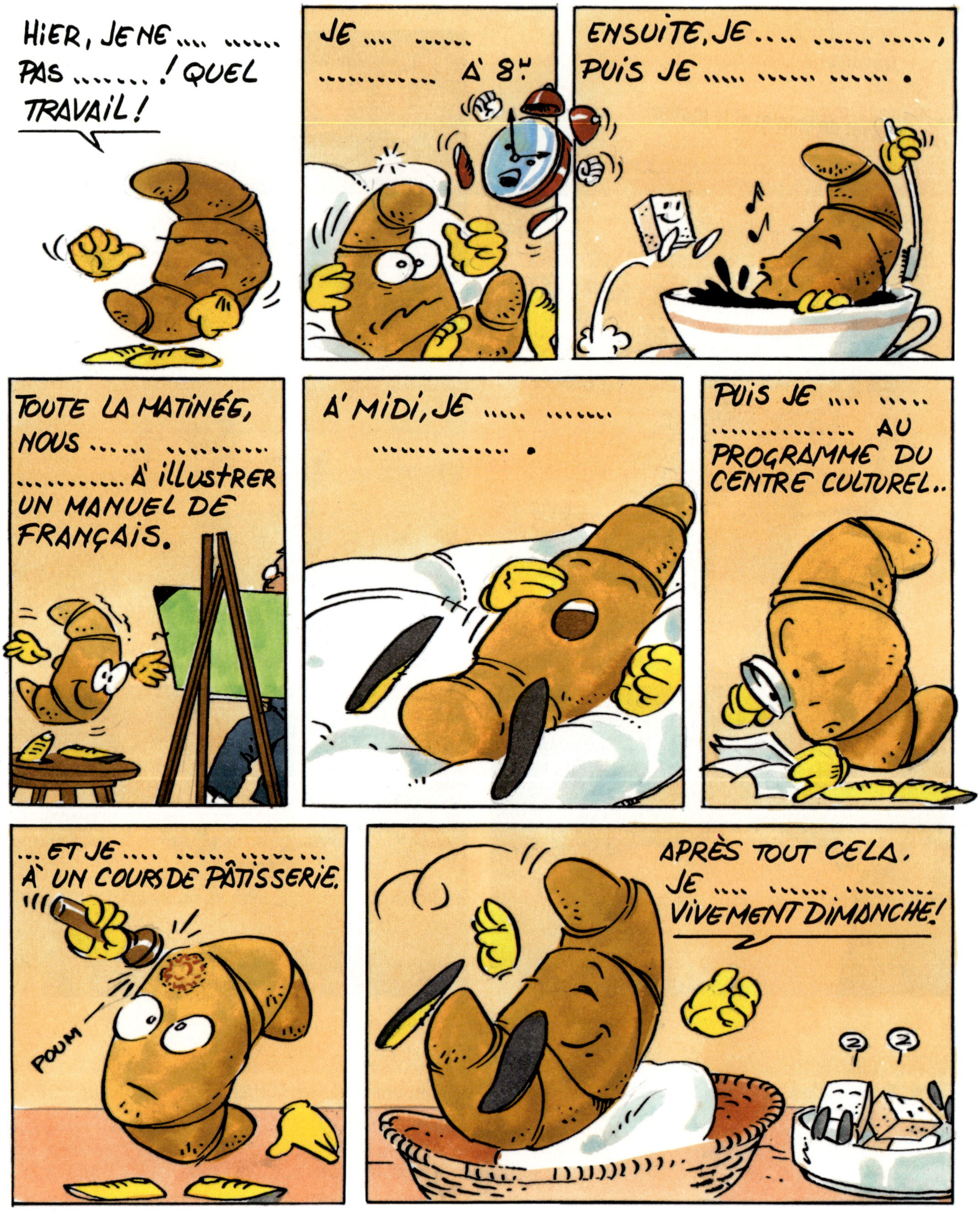

**A9** a. A l'aide des textes, p. 91, dites quels sont les avantages et les inconvénients de la profession de chauffeur de taxi ou d'infirmier/-ière ?

b. Choisissez une de ces douze professions et présentez ses avantages et ses inconvénients. La classe devine de quelle profession il s'agit.

garçon de café — cuisinier/-ère — ingénieur — coiffeur/-euse — chef de service
employé/e de bureau — homme/femme au foyer
instituteur/-trice — vendeur/-euse dans un hypermarché — pilote d'avion
conducteur/-trice de poids lourds — étudiant/e

c. Formez deux groupes, chaque groupe note les professions de ses membres. Les groupes échangent leurs listes. A tour de rôle, un groupe mime une des professions de la liste et l'autre groupe devine de quelle profession il s'agit.

**B1** A l'aide des expressions suivantes, dites ce que font ces personnes et si elles sont en train de travailler ou non.

- planter un arbre
- surveiller des enfants
- réparer un terrain de jeux
- faire la lecture à un aveugle
- rédiger une lettre pour quelqu'un

**B2** Lisez l'annonce et dites ce que propose l'association "Réseau d'Echanges de Savoirs". Comment trouvez-vous cette idée ?

## Chômage – Retraite – Solitude
## Vous voulez être utile ?

Venez nous voir, nous vous proposerons des activités qui sont
- utiles
- agréables
- échangeables contre les petits services dont vous avez besoin.

Vous savez faire des choses, d'autres aussi, alors pourquoi ne pas faire des échanges ?

Vous surveillerez des enfants, vous planterez des arbres, vous réparerez des terrains de jeux, vous lirez aux aveugles, vous rédigerez des lettres aux services publics, bref vous participerez à la vie des autres.

Vous aurez un "crédit" pour vos prestations, p. ex. une après-midi de baby-sitting, et vous en profiterez pour en "acheter" à d'autres, p. ex. une petite réparation chez vous. Et tout cela sans avoir un sou à dépenser !

Pas sûr ? Intéressé ? Curieux ?
Venez nous voir ou téléphonez-nous au

RÉSEAU D'ÉCHANGES DE SAVOIRS
7, rue Voltaire
03200 Vichy
☎ (0)4 70.31.83.21
permanence de 9 à 12h30

**Tous nos collaborateurs sont bénévoles !**

**B3** a. Ecoutez l'appel téléphonique. Qui parle ? De quoi s'agit-il ?

b. Quelles activités sont proposées ? Cochez.

- [ ] lire un conte à des enfants
- [ ] faire une conférence sur le yoga
- [ ] fabriquer des costumes de théâtre
- [ ] donner un cours de couture
- [ ] s'occuper du chien d'une dame
- [ ] soigner un vieux monsieur
- [ ] faire du baby-sitting
- [ ] enregistrer une cassette pour les aveugles
- [ ] préparer un buffet

**B4** a. De quoi avez-vous besoin et que savez-vous faire ? Rédigez une annonce comme ci-dessous.

b. Lisez les annonces du groupe et prenez contact pour échanger vos services.

**B5** a. Retrouvez dans l'annonce, p. 96, cinq verbes au futur.

| | | |
|---|---|---|
| nous proposerons | .................................... | .................................... |
| .................................... | .................................... | .................................... |

b. A l'aide des exemples, complétez le tableau suivant.

| | | |
|---|---|---|
| je participerai | nous participe........ | Das Futur (*je participerai*) drückt eine Vorhersage aus, das *futur composé* (*je vais participer*) eher eine Absicht; vgl. auch S. 55. |
| tu participeras | vous participe.......... | |
| il/elle/on participera | ils/elles participeront | |

**B6 Choisissez une situation future et dites ce que vous ferez.**

Que ferez-vous quand...

... vous aurez fini vos études/votre formation/votre cours de français ?

... vous serez à la retraite ?

... vous aurez 30, 50 ou 70 ans ?

... vous serez marié/e ?

... vous aurez des enfants ?

**B7 Voulez-vous être bénévole comme 20 % des Français ? Choisissez l'association française ou internationale qui vous correspond le plus et imaginez les futures activités de cette association.**

MVE ◆ MOUVEMENT POUR LES VILLAGES D'ENFANTS

Amnesty international
ÉCRIRE CONTRE L'OUBLI

sol en si
solidarité enfants sida

..1945 1995..
SECOURS POPULAIRE FRANÇAIS

LES RESTAURANTS DU COEUR
LES RELAIS DU COEUR

MEDECINS SANS FRONTIERES

**B8 a. Quelles phrases entendez-vous ? Cochez.**

| | |
|---|---|
| ☐ Ils ont treize amis. | ☐ Ils sont très amis. |
| ☐ C'est sur la Côte d'Azur. | ☐ C'est sûr, la côte est sûre. |
| ☐ Il n'hésite plus, il l'épouse mardi. | ☐ Il n'hésite plus, il les pousse mardi. |
| ☐ La première phase est terminée. | ☐ La première face est terminée. |
| ☐ Elles appellent Françoise. | ☐ Elle s'appelle Françoise. |
| ☐ Jacques vient ce soir. | ☐ Chacun vient s'asseoir. |
| ☐ Il a une Peugeot. | ☐ Il a un peu chaud. |

**b. Prononcez toutes les phrases.**

**c1** Ecoutez et lisez la chanson de Kent : "On fait ce qu'on peut." (1994).

**1**
Levé matin
La salle de bains tient dans l'évier[1],
Tient dans la main,
Petit-déjeuner y'a plus de pain
Café debout pour se mettre en train.
Dans le frimas[2] presser le pas
Dans l'autobus se mettre en tas.
C'est pas Tokyo ni Calcutta
On fait ce qu'on peut avec ce qu'on a.

**2**
Bonjour, collègue ! Ça va la forme ?
Moi ça va mais faudrait que je dorme.
Sur le bureau des dossiers énormes
A classifier selon les normes.
Les heures s'alignent sans éclat
Entre des chiffres et des cawa[3].
C'est pas le Goulag, c'est pas Zola
On fait ce qu'on peut avec ce qu'on a.

**3**
C'est l'heure de la pause
Ticket restau
Chez le Chinois ou chez Mario.
Excusez-moi les gars mais je ne suis pas du lot
J'ai un rencart dans un bistro.
J'ai rendez-vous avec une fleur
Qui m'a rencontré par erreur.
C'est pas Binoche ni Basinger
On fait ce qu'on peut avec son cœur.
[...]

**4**
Mais faut y aller quand faut y aller
Quatre heures encore et je partirai.
Avant de courir en faculté
Au cours du soir pour y arriver.
Combler le retard d'un mauvais choix
Cesser de s'en mordre les doigts.
J'suis pas Einstein ni Grand Lama
On fait ce qu'on peut avec ce qu'on a.

**5**
Rentré bercail[4] déjà la nuit
La solitude drague l'ennui.
Le frigo[5] manque d'appétit.
Je mets la télé en signe de vie.
Les chaînes[6] s'enchaînent sans choix
Des variétés qui ne varient pas.
Et puis parfois...
On fait ce qu'on peut avec ce qu'on vit.
On fait ce qu'on peut avec ce qu'on vit.

1 l'évier : Waschbecken
2 le frimas : Raureif
3 le "cawa" : Kaffee
4 le bercail : Heim
5 le "frigo" : Kühlschrank
6 les chaînes (de télévision) : Fernsehprogramme

**c2** a. Retrouvez dans le texte de la chanson les lieux de l'action et les différents moments de la journée du personnage.

b. Quelles personnes rencontre-t-il et comment se termine sa journée ?

**c3** **Voici les phrases-clefs des quatre strophes. De quoi parlent-elles ? Comment les comprenez-vous ?**

1re strophe : "C'est pas Tokyo ni Calcutta."
2e strophe : "C'est pas le Goulag, c'est pas Zola."
3e strophe : "C'est pas Binoche ni Basinger."
4e strophe : "J'suis pas Einstein ni Grand Lama."

**c4** **a. Faites correspondre les expressions suivantes aux dessins.**

- ☐ je ne suis pas du lot
- ☐ j'ai un rencart
- ☐ se mettre en train
- ☐ tenir dans la main
- ☐ draguer
- ☐ s'en mordre les doigts

**b. Retrouvez l'équivalent de ces expressions dans votre langue.**

**c. Comment peut-on dire autrement ?**

"J'ai un rencart." ........................................................

"Je ne suis pas du lot." ........................................................

**c5** **Faites le portrait du personnage de la chanson : décrivez son caractère, ses goûts, sa profession, sa formation, ses désirs. Imaginez quelle matière il étudie le soir, et dans quel but.**

## GAGNER SA VIE

A l'aide du dessin, imaginez un parcours professionnel et essayez d'utiliser dans votre récit quelques expressions de la page 90.

## A

**1 Was sagen Sie in folgenden Situationen?**

1. Sie sagen, dass Sie sich letztes Jahr an der Volkshochschule angemeldet haben, um Französisch zu lernen.
...................................................................................................................
2. Sie fragen jemanden, was ihm an seinem Beruf gefällt. ...................................................
3. Sie erzählen, dass Sie mit Kollegen arbeiten, die viel Erfahrung haben. ..............................
...................................................................................................................

**2 Ecoutez la cassette. Décrivez la personne.**

POUR LE PLAISIR

Quand j'étais petit,
Je voulais être chauffeur de taxi.
Mais à l'âge de 20 ans,
Je suis parti au Kazakstan.
Après, je me suis marié
Avec Dorothée.
Quand je suis revenu,
J'ai fait au début
Des petits boulots
Qui ne me plaisaient pas trop.
Quand les enfants sont arrivés,
J'ai décidé d'être homme au foyer.
Je sais, peu d'hommes le font.
Mais rester à la maison
Sans patron
C'est tout bon !

### J'ai appris

- **das Relativpronomen *qui***, vgl. S. 155, §11.1
  un client **qui** engage la conversation
- **das *passé composé* der reflexiven Verben**, vgl. S. 155, §11.2 ; Je me suis inscrit/e
  Nous nous sommes décidé(e)s
- **etwas beurteilen**
  (C'est vrai qu')au début, c'est/c'était difficile...
  Il faut avoir les nerfs solides.
  C'est/C'était passionnant de...
  Un bon chauffeur de taxi, c'est quelqu'un qui...
  Les avantages/Les difficultés de mon métier, c'est...
- **Zustimmung und Bedauern ausdrücken**
  Le plus agréable dans mon métier, c'est...
  Ce qui me plaît surtout, c'est...
  Je ne regrette rien, même si...
- **über Berufe und Arbeit sprechen**
  Je me suis décidé/e à apprendre le français/Je me suis inscrit/e à un cours de français/dans une école de langues.
  J'ai fait une formation/des études. J'ai passé un examen.
  Je suis devenu/e responsable de service. J'ai de l'expérience/des responsabilités/des contacts avec le public.
  Je travaille à temps partiel.
- **über die eigene Zukunft spekulieren**
  Mon avenir ?
  C'est avoir un travail à responsabilités.
  Je pense/J'espère/Je voudrais travailler dans une grande entreprise.
  Je souhaite d'abord aller dans les autres services et devenir responsable de...
  J'aimerais fonder une famille.

## B

**1 Was sagen Sie in folgenden Situationen?**

1. Sie fragen jemanden, was er/sie machen wird, wenn er/sie in Rente ist. ...............................
...................................................................................................................
2. Sie sagen Ihrem Nachbarn/Ihrer Nachbarin, dass Sie sicherlich nicht in der Gegend bleiben werden, wenn Sie nicht mehr arbeiten. ...................................................................

**2 Ecoutez la cassette et donnez trois mots-clés du poème.**

POUR LE PLAISIR

Vous pensez que vous ne savez rien faire ?
Nous sommes sûrs du contraire !
Les annonces sont à voir
Aux Echanges de Savoirs.
Toi, tu organiseras une soirée,
Elle, elle fera le marché,
Lui, il chantera des chansons,
Vous, vous servirez les boissons.
Et ensemble, vous partagerez !
Le plus agréable, c'est de participer !

## J'ai appris

- **das *futur simple*, vgl. S. 156, §11.3**
  Je participerai
- **Phonetik : Lautdiskrimination [z], [s], [ʃ], [ʒ]**
  die Laute [z] wie in **S**onne: Il a épou**s**é sei**z**e Chinoi**s**es san**s**‿hé**s**iter.
  [s] wie in wei**ß**: La conductri**c**e a pou**ss**é **s**on bus sans **s**'arrêter.
  [ʃ] wie in Fi**sch**: J'é**ch**ange **ch**aque **ch**aussure pour une **ch**aussette **ch**aude.
  [ʒ] wie in **J**ournalist: La **j**ournée, **j**e **j**oue avec les **j**eunes du villa**g**e.

- **über die Zukunft spekulieren**
  Que ferez-vous quand vous serez à la retraite ?
  Est-ce que vous continuerez les cours de français quand vous aurez fini Pont NeuF en route ?
- **über seine Fähigkeiten berichten**
  Je peux vous aider pour votre déclaration d'impôts.
  Je peux surveiller vos enfants/faire du baby-sitting.
  Je peux m'occuper de votre chien.
  Je peux vous donner un cours de grammaire.

C **1** **Was sagen Sie in folgenden Situationen?**

1. Sie sagen, dass Sie in der Mittagspause in ein kleines Restaurant essen gehen, das nicht sehr weit von Ihrem Büro ist. ..........................................................................................

..........................................................................................

2. Sie sagen, dass Sie morgens einen sehr starken Kaffee trinken, um sich wach zu machen. ..........................

..........................................................................................

3. Sie fragen jemanden, ob er ein Praktikum in einem Unternehmen gemacht hat, als er jung war. ..................

..........................................................................................

4. Sie fragen jemanden, wie Sie sich nützlich machen können. ..........................................................

..........................................................................................

**2** **Ecoutez la cassette et remettez le poème dans l'ordre.**

POUR LE PLAISIR

☐ Pour me mettre en train le matin,
Un café et une tartine de pain.

☐ A la pause de midi,
Mon travail : pas fini.
En plus, pas d'appétit.

☐ Je ne fais pas d'histoire,
Je mangerai mieux ce soir.

☐ Arrivé chez moi,
Je suis le roi.

☐ J'oublie le métro et le boulot,
Je regarde dans le frigo
Zut, que de l'eau !

## J'ai appris

- **Revision: der Tagesablauf**
  Avant de partir au bureau, je prends un bon petit-déjeuner pour me mettre en train.
  A la pause de midi, je fais un petit jogging dans le square.
  Après le repas du soir, ma femme et moi/mon mari et moi, on va boire un verre avec des amis.

- **über sein Berufsleben sprechen**
  J'ai fait un stage à l'étranger. Après mes études, j'ai été au chômage pendant six mois. Maintenant, je suis bénévole dans une maison de retraite. Quand j'ai commencé à travailler à temps partiel, j'ai mis mes enfants à la crèche. Je travaille à la maison, je suis mon propre patron.

# 12 Rêves et projets

## UN JOUR VIENDRA

A l'aide de ces illustrations, dites quels sont vos espoirs et vos craintes pour l'avenir.

*Un jour viendra où il y aura...* *Un jour viendra où il n'y aura plus de...*

## A1

a. Lisez les titres de journaux français et classez-les selon les catégories suivantes.

technologie – politique – économie – tourisme – communications – culture

**Eurotunnel : hausse du trafic en juillet**

**Le textile portugais en pleine mutation**

**L'EURO EN DIFFICULTÉ**

Si vous n'aimez pas votre job,
**changez-le.**

**MARCHÉ INTERNATIONAL DES CAPITAUX**
L'Irlande et la Belgique se font rares

La rétrospective consacrée à Claude Monet remporte un grand succès à Chicago

L'ÉVÉNEMENT
Exclusif : un entretien avec le candidat de la gauche
**Si je gagne...**

**Ariane joue son rythme**
*Elle doit placer sur orbite le lourd satellite de communications Panamsat 4.*

L'Allemagne ne veut plus être la vache à lait de l'Europe

Une « euro-identité » en langue anglaise ?

Le Maroc et l'Union européenne n'ont pas réussi à conclure un nouvel accord de pêche

**Un prix amical pour visiter l'Ecosse en famille.**

MONDE
Un entretien avec le Premier ministre turc
*« Si l'Europe nous rejette... »*

b. De quels pays et de quels problèmes particuliers parle-t-on dans ces titres de journaux ?

## A2

Faites correspondre les deux parties de ces phrases trouvées dans les journaux.

| | |
|---|---|
| 1. Si vous n'aimez pas votre job, ... | ☐ ...j'organiserai un référendum sur le quinquennat. |
| 2. Si je gagne, ... | ☐ ...nous ne pouvons pas sortir de la crise. |
| 3. Si l'Europe nous rejette, ... | ☐ ...changez-le. |

Welche Zeit steht im *si*-Satz? ..........................................

Und im Hauptsatz? ..........................................................

## A3

a. Ecrivez quatre phrases avec *si* sur l'avenir de l'Europe dans les domaines suivants : technologie – culture – tourisme – communications.
Coupez vos phrases en deux et mélangez tous les papiers. Essayez ensuite de construire des phrases cohérentes.

b. Lisez les meilleures phrases à voix haute. Etes-vous d'accord avec cette vision de l'Europe ?

**A4** a. Voici de grands journaux européens. De quels pays viennent-ils ?

b. Qui sont les habitants de l'Europe ? Retrouvez leurs nationalités.

**A5** Faites le portrait-robot de l'Européen de demain.
Où habitera-t-il ? Où travaillera-t-il ? Quelle(s) langue(s) parlera-t-il ?
Quels sports pratiquera-t-il ? Quels seront ses loisirs ? Où passera-t-il ses vacances ?
Quels seront les moyens de transport qu'il utilisera pour voyager en Europe ?

**B1** a. Ecoutez trois Français parler des changements qui ont bouleversé leur vie. Associez leurs prénoms – Huguette, Laurent et Michel – aux photos.

b. Notez leur âge, leur profession et leur état civil (marié/e – célibataire – veuf/-ve – divorcé/e).

c. Quels sont les changements qui ont bouleversé leur vie ? Cochez les bonnes réponses.

HUGUETTE
- ☐ Elle a perdu son mari.
- ☐ Elle est partie à la retraite.
- ☐ Elle a déménagé.
- ☐ Elle a pris des responsabilités dans une association.

LAURENT
- ☐ Il a changé de travail.
- ☐ Il est tombé amoureux et il s'est marié.
- ☐ Il a déménagé.
- ☐ Il a perdu son travail et il est au chômage.

MICHEL
- ☐ Il a déménagé.
- ☐ Il est tombé malade.
- ☐ Il a changé de profession.
- ☐ Il est devenu père.

**B2** a. Les expressions suivantes servent à placer les événements dans le temps. A quoi correspondent *vor*, *seit* et *nach* ?

Je travaille à Bruxelles **depuis** trois mois.
**Ça fait** un an et demi **que** je suis à la retraite.
J'ai arrêté de travailler **au bout de** huit ans.
J'ai rencontré ma femme **il y a** dix ans.

b. Racontez maintenant des événements de votre vie à l'aide de ces expressions.

## B3 a. Ecoutez quatre phrases des interviews et ajoutez les pronoms *y* ou *en*.

1. "Vous avez pris dernièrement une décision qui a changé votre vie. Pouvez-vous m'....... parler un peu ?"
2. "J'ai décidé de m'expatrier et de quitter mon pays, ma famille, mes amis, pour m'installer dans une ville [...] et en plus, je n'...... connaissais personne."
3. "[...] que j'ai pris des responsabilités au sein d'une association caritative [...] J'....... étais la vice-présidente."
4. "Ça m'a beaucoup manqué, j'...... pense encore parfois."

**b. Soulignez les groupes de mots auxquels se rapportent *en* et *y*.**

**c. Comparez aux phrases avec *y* ou *en* de B3 a.**

1. Vous pouvez me parler de votre décision ?
2. Je ne connaissais personne dans cette ville.
3. J'étais vice-présidente d'une association caritative.
4. Je pense à ça.

Das Pronomen ...... steht für Ausdrücke mit *de* (wie: *parler de..., vice-présidente de...*).
Das Pronomen ....... steht für Ausdrücke mit *à* oder Ortsangaben (wie: *penser à..., dans cette ville*).

## B4 Lisez et complétez avec *en* ou *y*.

Laurent
- Je travaillais à Paris, j'...... étais monté pour faire mes études.
- Je ne connaissais personne à Bruxelles quand je suis venu ......... vivre.
- La question de se sentir Européen ou Français ? J'...... discute souvent avec mes collègues.

Huguette
- Je suis née au Havre et j'....... passe ma retraite.
- Je faisais partie d'une association et j'....... parlais beaucoup autour de moi.

Michel
- Nous avons déménagé à Vichy et nous nous ........ plaisons beaucoup. Mon fils .......... a trouvé de nouveaux copains.
- Nous avons quitté la Côte d'Azur, mais nous ......... pensons encore souvent.

**B5** Ecoutez à nouveau Huguette, Michel et Laurent. Quels étaient leurs rêves d'enfant ? Les ont-ils réalisés ?

**B6** a. Vous rappelez-vous ? Imaginez la liste de vos rêves écrite à l'âge de sept ans.

b. Montrez votre liste à votre voisin/e. Avez-vous réalisé vos rêves ? Discutez-en.

○ *Je voulais devenir...*

◆ *Et vous l'avez réalisé ? Vous y êtes arrivé/e ?*

**C1** a. Connaissez-vous des gauchers/-ères ? Est-ce qu'il y en a dans votre groupe ?

b. A gauche ou à droite ? Comparez les différences entre la France et votre pays ou entre d'autres pays d'Europe.

A quelle main porte-t-on l'alliance ?
De quel côté se fait la circulation ?
Dans quelles villes y a-t-il une rive droite et une rive gauche ?

**c2** Lisez la description de "l'île des Gauchers", une île utopique dans le Pacifique Sud, d'après le roman (1995) d'Alexandre Jardin.

## ALEXANDRE JARDIN

### L'île des Gauchers

Dans un archipel du Pacifique Sud ignoré des géographes, l'île des Gauchers abrite une population où les droitiers sont une petite minorité. Mais ce n'est pas le plus important. Cette minuscule société, fondée par des utopistes français en 1885, a pour but de répondre à une colossale question : comment fait-on pour aimer ? Sur cette terre australe, le couple n'est plus un enfer. C'est l'endroit du monde où l'on trouve, entre les hommes et les femmes, les rapports les plus tendres.

Voilà ce que sont venus chercher, sur l'île des Gauchers, Lord Jeremy Cigogne, aristocrate anglais de trente-huit ans et sa femme Emily. Ils sont arrivés sur l'île en montgolfière et y ont découvert un monde différent.

Il n'y avait pas d'automobiles dans les rues, seulement des voitures à cheval, des chariots et des cavaliers qui circulaient à gauche, évidemment... Les Gauchers avaient refusé l'automobile pour deux raisons : les femmes avaient trouvé qu'un homme à cheval était plus désirable, plus sexy, qu'un conducteur tassé dans une voiture à moteur, la seconde raison était que les automobiles étaient très chères et les Gauchers ne voulaient pas perdre leur temps à travailler, ils voulaient d'abord aimer leur femme.

On avait aussi écarté l'installation du téléphone car les couples préféraient écrire des lettres. A Port-Espérance, chaque maison avait deux boîtes aux lettres, l'une pour l'épouse, l'autre pour le mari.

Dans ce pays, les hommes construisaient avec fierté une maison pour leur femme de leurs mains. Naturellement, l'architecture intérieure devait être à l'image de la maîtresse de maison et suivre les métamorphoses du couple.

Une chose était frappante : la beauté des gens de ce bout de France tropicale. Certes, leurs traits n'étaient pas plus fins que ceux des Parisiens ordinaires, mais leurs visages, leurs regards laissaient filtrer cette harmonie solaire des êtres qui aiment avec délectation et sont aimés en retour...

Quelques dates importantes de l'histoire de l'île des Gauchers :

1952 : Interdiction d'éclairer les restaurants de l'île autrement qu'à la bougie.
1968 : Instauration du mariage à durée limitée.
1969 : Instauration du divorce à durée limitée.
1988 : Les époux peuvent demander réparation devant les tribunaux si leur conjoint consacre un temps excessif à sa vie professionnelle (plus de 25 heures par semaine).
1992 : L'île demande sa réapparition sur les cartes officielles de l'Institut géographique français.
1994 : Suppression des timbres pour les lettres d'amour.

**C3** a. Pourquoi l'île s'appelle-t-elle "l'île des Gauchers" ? En quoi cette société est-elle différente ? Formez trois groupes et décrivez les moyens de communication, l'architecture sur l'île et le physique des Gauchers.

b. Chaque groupe résume son thème et le présente aux autres groupes.

**C4** a. Retrouvez dans le texte un ou deux exemples pour chaque point grammatical déjà connu.

| | |
|---|---|
| qui | questions |
| négation | adjectifs possessifs |
| comparatif | prépositions |
| y | passé composé |
| adjectifs | imparfait |

b. Comparez vos résultats avec un autre groupe.

**C5** a. Complétez la carte de l'île des Gauchers. Donnez des noms au fleuve, aux montagnes, aux villes et villages.

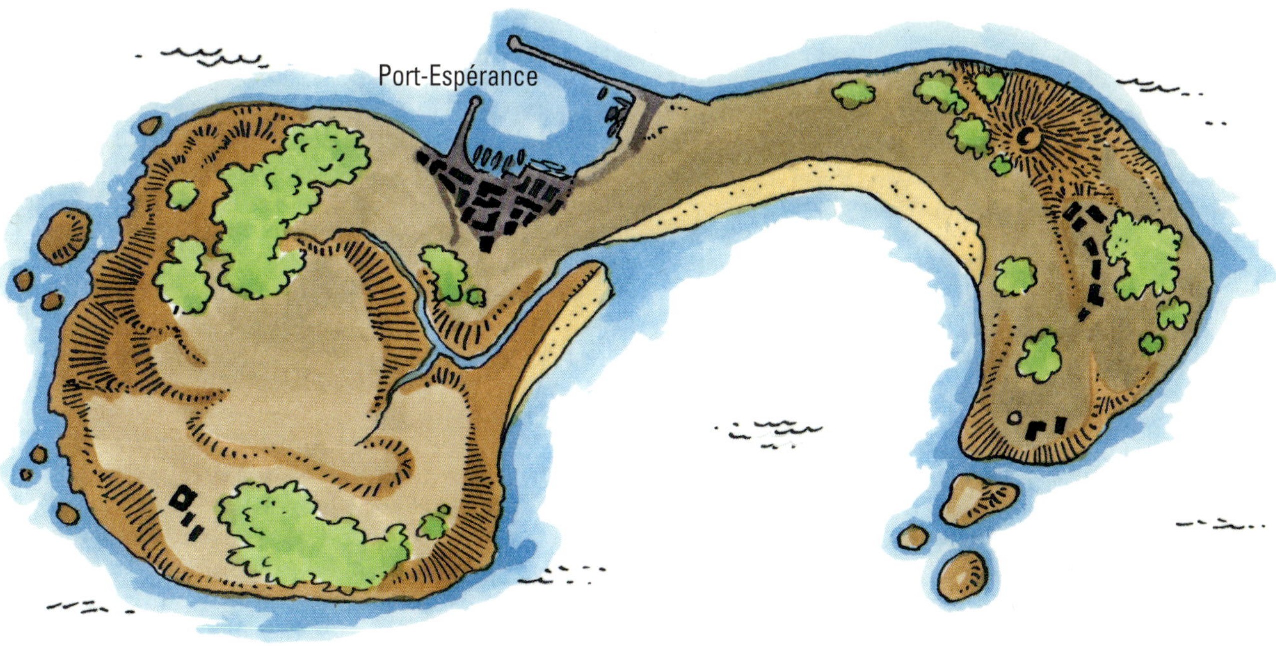


b. Imaginez la vie quotidienne des Gauchers.

## UN JOUR VIENDRA

*"Un jour viendra où la guerre vous paraîtra aussi absurde et aussi impossible entre Paris et Londres, entre Petersbourg et Berlin, entre Vienne et Turin, qu'elle serait impossible et paraîtrait aujourd'hui absurde entre Rouen et Amiens.*

**D'après vous, parmi les personnes ci-dessous, qui a écrit ce texte ? Que savez-vous sur ces personnes ?**

VICTOR HUGO
(1802 – 1885)
Ecrivain français
Auteur de
"Notre–Dame de Paris"

MARIE CURIE
(1867 – 1934)
Physicienne française

[1] les boulets : (Kanonen-) Kugeln
[2] les votes : Wahlen

*Un jour viendra où vous* ***France****, vous* ***Russie****, vous* ***Italie****, vous* ***Angleterre****, vous* ***Allemagne****, vous toutes nations du continent, sans perdre vos qualités distinctes et votre glorieuse individualité, vous vous fondrez étroitement dans une unité supérieure et vous constituerez la fraternité européenne [...]*

*Un jour viendra où les boulets[1] et les bombes seront remplacés par les votes[2]..."*

Coco Chanel
(1883 – 1971)
Créatrice française de haute-couture

Charles de Gaulle
(1890 – 1970)
Président de la République française
(1959 – 1969)

François Mitterrand
(1916 – 1996)
Président de la République française
(1981 – 1995)

Baudouin Ier
(1930 – 1993)
Roi des Belges
(1951 – 1993)

Ecrivez au tableau une phrase, un mot ou une expression sur l'avenir de l'Europe ou du monde. Pour vous aider, servez-vous aussi des phrases inventées, p. 104.

Tous ensemble, combinez ces éléments pour former un poème collectif qui commencera par :

*Un jour viendra...*

## A

**1 Was sagen Sie in folgenden Situationen?**

1. Sie sagen, dass Sie ein Auto kaufen werden, wenn Sie 10 000 Euro gewinnen.
2. Sie empfehlen jemandem: „Wenn Sie Zeit haben, lesen Sie eine französische Zeitung."
3. Sie fragen jemanden, wie der Europäer seiner Meinung nach in 20 Jahren sein wird.
4. Sie sagen jemandem: „Wenn du Lust hast, mit uns ins Kino zu gehen, kannst du um halb acht vor der Kirche auf uns warten."

**2 Ecoutez la cassette. Faites aussi des rimes avec les noms de pays et de nationalités. Vous pouvez reprendre le début et la fin du poème.**

POUR LE PLAISIR

Pour moi,
L'Europe, c'est quoi ?
C'est travailler en Irlande,
Conduire une voiture allemande,
Offrir des fleurs hollandaises
A son amie portugaise,
Apprécier une moussaka en Espagne,
Acheter des blinis en Grande-Bretagne.
Bref, partager ses spécialités
Dans une Europe à variétés !

## J'ai appris

- **der Bedingungssatz (der *si*-Satz)**, vgl. S. 156, §12.1
  Si vous n'aimez pas travailler, restez au lit.
  S'il n'y a plus de travail dans un pays, les gens le quittent.
  Si je suis au chômage, je chercherai un travail en France.
- **Ländernamen und Nationalitäten (2)**, vgl. S.145, §7.1

| | |
|---|---|
| L'Allemagne | les Allemands/-es |
| L'Angleterre | les Anglais/-es |
| L'Autriche | les Autrichiens/-nes |
| La Belgique | les Belges |
| Le Danemark | les Danois/-es |
| L'Espagne | les Espagnols/-es |
| La Finlande | les Finlandais/-es |
| La France | les Français/-es |
| La Grèce | Les Grecs/Grecques |
| La Hollande | les Hollandais/-es |
| L'Irlande | les Irlandais/-es |
| L'Italie | les Italiens/-nes |
| Le Luxembourg | les Luxembourgeois/-es |
| Le Portugal | les Portugais/-es |
| La Suède | les Suédois/-es |

- **über das zukünftige Europa sprechen**
  Si l'Europe se fait, on vivra en paix.
  Il n'y aura plus de frontières.
  On pourra faire ses études/travailler partout en Europe.
  Avec l'euro, ce sera plus facile de faire ses courses dans les pays européens.
  Il y aura plus d'échanges dans les domaines de la communication, du tourisme, de la culture et de la technologie.

## B

**1 Was sagen Sie in folgenden Situationen?**

1. Sie sagen, dass Sie oft daran denken.
2. Sie erzählen jemandem, wo und wann Sie geboren wurden.
3. Sie sehen Äpfel und sagen, dass Sie ein Kilo davon möchten.
4. Sie sagen, dass Sie umgezogen sind, weil Sie den Beruf gewechselt haben.

**2** Ecoutez la cassette. Commencer une nouvelle vie, qu'est-ce que ça veut dire pour vous ?

POUR LE PLAISIR

Déménager,
Tout quitter,
Découvrir un nouveau pays,
S'y faire de nouveaux amis,

Commencer une nouvelle vie,
S'en aller pour mieux recommencer.
Je laisse les amis en parler,
Moi, mon rêve, je l'ai réalisé !

## J'ai appris

- **die Präpositionen der Zeit**, vgl. S. 157, §12.2
  Je travaille à Bruxelles **depuis** trois mois.
  **Ça fait** trois ans **que** je suis à la retraite.
  J'ai arrêté de travailler **au bout de** dix ans.
  J'ai rencontré ma femme **il y a** trois ans.
  **Avant** mes études, je rêvais d'être ingénieur.
  **Après** un stage dans une grande entreprise, vous trouverez un travail intéressant.
- **die Adverbialpronomen** ***y*** **und** ***en***, vgl. S. 157, §12.3
  J'étais présidente **d'une association**.
  J'**en** étais présidente.
  Je suis déjà allé **à Bruxelles**. J'**y** suis déjà allé.
- **aus dem eigenen Leben erzählen**
  Je suis né(e) à Hambourg en 1942/le 15 janvier 1942.
  Je suis à la retraite/au chômage./J'ai changé de profession./J'ai démissionné.
  Je suis tombé(e) amoureux(-se) de.../Je me suis marié(e)./Je suis devenu(e) père/mère./J'ai perdu mon mari/ma femme. J'ai déménagé.

**C**

**1** Was sagen Sie in folgenden Situationen?

1. Sie sagen, dass man in Deutschland den Ehering an der rechten Hand trägt. ..............................................

.............................................................................................................................................

2. Sie fragen jemanden, was er auf eine Insel mitnimmt, wenn er dort einen Monat bleiben muss. ...................

.............................................................................................................................................

**2** Ecoutez la cassette. Imaginez où est cette île ?

POUR LE PLAISIR

La vie est belle sur mon île,
Loin de la circulation des villes.

Je m'y suis installé,
Par un beau jour ensoleillé.

Si vous aimez être dehors,
Venez à pied jusqu'au port.

Vous ne penserez plus aux embouteillages,
Car on n'y connaît que la beauté des plages.

Venez bronzer, pêcher, nager, rigoler
Et vous ne pourrez jamais l'oublier.

La vie est belle sur mon île,
Loin de la circulation des villes.

## J'ai appris

- Revision:
  - **das Relativpronomen** ***qui***, vgl. S. 155, §11.1 des cavaliers **qui** circulaient à gauche
  - **die Verneinung**, vgl. S. 141, §5.3 Les gauchers **ne** voulaient **pas** perdre leur temps. Il **n'**y avait **pas d'**automobiles.
  - **der Superlativ**, vgl. S. 148, §8.1 Ce n'est pas **le plus important**.
  - **der Komparativ**, vgl. S. 151, §9.3 Un homme à cheval était **plus** désirable **qu'**un conducteur.
  - **das Adverbialpronomen** ***y***, vgl. S. 157, §12.3 Ils **y** ont découvert un monde différent.
  - **die Adjektive**, vgl. *Pont NeuF entrée* S.118, 3.7 §2 un monde différent, des petites minorités
  - **die Frage**, vgl. *Pont NeuF entrée* S.119, 3.8 §1 Comment fait-on pour aimer ?
  - **die Possessivbegleiter**, vgl. S. 144, §6.3 **sa** femme, pour **leur** femme, de **leurs** mains
  - **die Präpositionen**, vgl. S. 142, 148, §5.6/§8.3 **dans** un archipel, **par** des utopistes, **pour** but **de**, **entre** les hommes **et** les femmes, **avec** fierté
  - **das** ***passé composé***, vgl. S. 145, 146, §6.4/§7.3 ils **ont découvert**, ils **sont arrivés**
  - **das** ***imparfait***, vgl. S. 154, §10.3 chaque maison **avait** deux boîtes aux lettres, les automobiles **étaient** très chères
- **Phonetik: die Laute [wi] wie in Sandwich und [ɥi] wie in Suisse.**
  [wi] – Louis, un sandwich ? • Oui, merci.
  [ɥi] Elle fait du bruit quand elle mange ses biscuits la nuit.

# ENTRACTE 3

## 1. Bilan

**Sie sind nun am Ende des Weges angelangt und haben das Ziel erreicht. Ziehen Sie noch einmal Bilanz und ordnen Sie zu.**

Sie haben unter anderem gelernt:

- ☐ ein Ereignis, eine Situation oder eine Sache zu bewerten
- ☐ über die eigene Vergangenheit/Kindheit zu sprechen
- ☐ eine vergangene Situation zu beschreiben
- ☐ jemandem ein Kompliment zu machen
- ☐ Einkäufe zu machen
- ☐ eine Erinnerung an eine Person wach zu rufen
- ☐ über Pläne und Vorhaben zu sprechen
- ☐ vergangene Ereignisse zeitlich einzuordnen
- ☐ eine Voraussage zu machen

Was Sie außerdem gelernt haben:

- ☐ die bestimmten Mengenangaben
- ☐ den Komparativ
- ☐ die direkten und indirekten Pronomen
- ☐ die reflexiven Verben
- ☐ das Relativpronomen *qui*
- ☐ das *imparfait*
- ☐ das Futur
- ☐ eine neue Gruppe von Verben auf *ir*
- ☐ die Pronomen *en* und *y*
- ☐ einige Zeitangaben

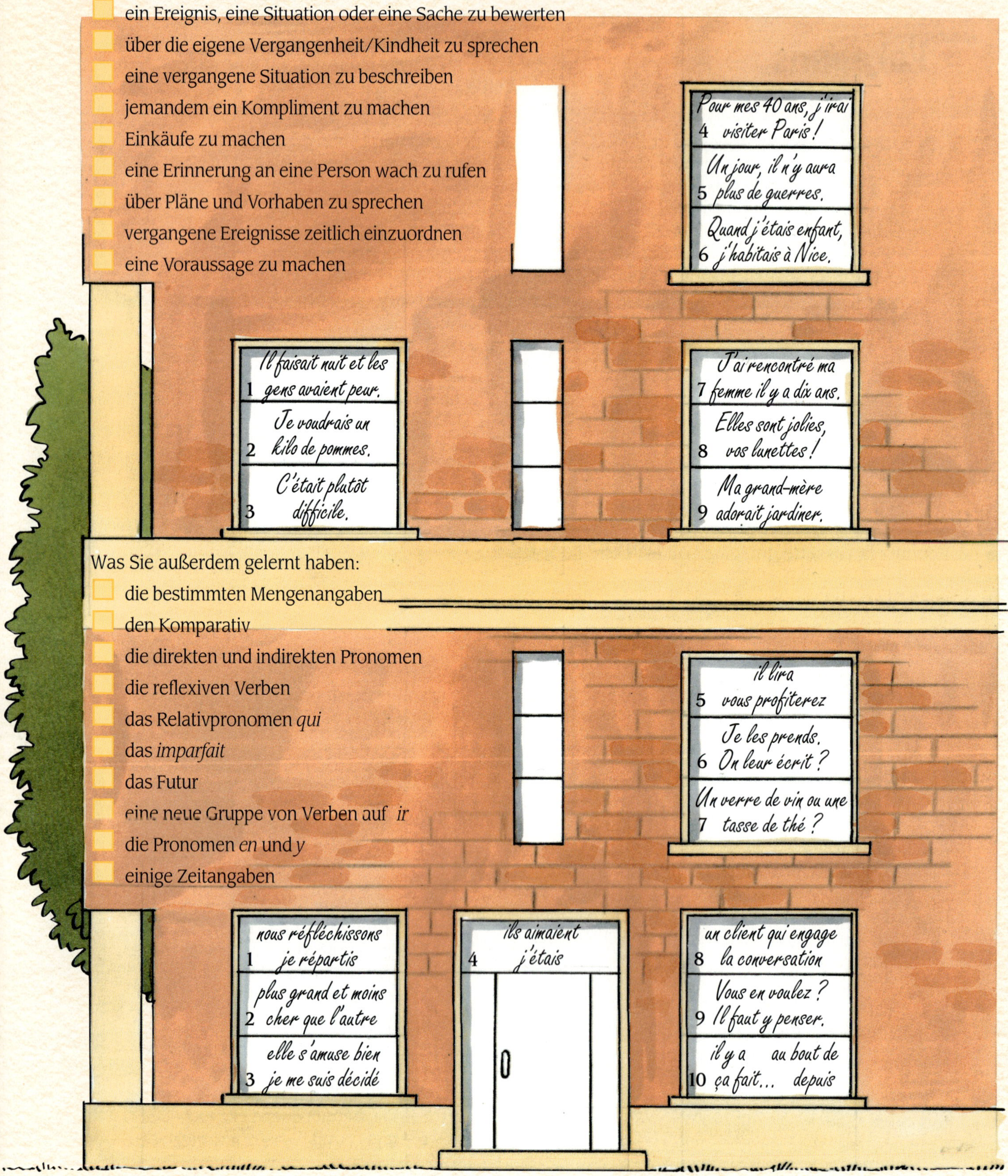

# ENTRACTE 3

## 2. Le langage du corps

**Auch der Körper hat seine Sprache. Die Franzosen verwenden eine Reihe von Gesten. Hier einige Beispiele. Können Sie sie richtig interpretieren? Schreiben Sie jeweils einen passenden französischen Satz darunter. Die deutschen Entsprechungen werden Ihnen dabei helfen.**

Wir haben gewonnen! – Nein, so nicht! – Es schmeckt ausgezeichnet! – Ich rufe dich an. – Das glaube ich dir nicht. – Da fällt mir etwas ein...

..............................

..............................

..............................

..............................

..............................

..............................

## 3. La mélodie de la phrase

**Auch mit einfachen Sätzen kann man viel ausdrücken. Dabei kommt es oft auf die Satzmelodie an. Hören Sie folgende Beispiele. Der gleiche Satz wird mehrmals gesprochen. Welches Gefühl wird dabei ausgedrückt? Nummerieren Sie.**

☐ neutre

☐ colère

☐ joie

☐ étonnement/surprise

☐ confidence

☐ demande d'information

**Nun sind Sie dran. Versuchen Sie, folgende Sätze mit einer passenden Satzmelodie zu sprechen. Sie dürfen ruhig etwas übertreiben.**

tu n'es pas d'accord — vous voulez du pain — il fait trop chaud

c'est l'automne — elles parlent espagnol

**Hören Sie die Kassette und vergleichen Sie.**

## 4. Le monde en poèmes

Lesen Sie folgende Gedichte.
Wovon träumen die Menschen?

### *L'Enfant anonyme*

*Dans dix ans j'aurai une barbe*
*et je serai capitaine.*
*Dans cinq ans*
*j'aurai des chaussures*
*et un costume de laine.*
*Dans cinq ans*
*je ne dessinerai plus la mer*
*sur la tôle[1] de notre chambre.*
*Mon père aura plus d'un cheval*
*et ma mère sera reine[2].*
*Ma petite sœur aura une île,*
*un diadème et des cerises.*
*[...]*

*Tahar Ben Jelloun (1944 – )*

*[1]la tôle : Blech(wand)*
*[2]la reine : Königin*

### *La Place de la Concorde*

*Il n'y avait ce jour-là*
*il n'y avait ce jour-là*
*que deux personnes dans Paris*
*dans Paris*
*un petit Monsieur à Montmartre*
*une petite dame à Montsouris*
*à Montsouris.*

*Du sud au nord du nord au sud*
*de bon matin ils sont partis*
*sont partis*
*sur la place de la Concorde*
*sur la place de la Concorde*
*ils se sont rencontrés à midi*
*à midi.*

*Bonjour Monsieur bonjour Madame*
*bonjour Madame bonjour Monsieur*
*ah je vois bien dit-il dit-elle*
*c'est pour ça que nous étions partis*
*étions partis.*

*Mais nom de nom dit-il dit-elle*
*mais où sont donc les habitants ?*
*les habitants ?*

*Elle lui répond il lui répond :*
*chacun mon bon, chacun ma belle,*
*chacun croit qu'il n'y a personne*
*sinon l'amour de lui pour elle*
*sinon l'amour d'elle pour lui,*
*d'elle pour lui.*

*C'est ainsi mon bon ma belle*
*c'est ainsi ma belle mon bon*
*c'est ainsi qu'il n'y a personne*
*c'est ainsi qu'on est des millions*
*des millions.*

*Jean Tardieu (1903 – 1994)*

## 5. Le grand jeu

**Zum Abschluss testen Sie, was Sie gelernt haben. Nehmen Sie es aber nicht zu ernst, es ist nur ein Spiel!**

REGLES DU JEU

1. Mettez les pions sur la case *Départ.*
2. Lancez le dé. Le 6 commence. Avancez les pions sur les cases, selon le chiffre indiqué par le dé.
3. Si vous arrivez sur une case verte ou rose, vous devez répondre aux questions correspondantes : cases vertes pour un test de communication, cases roses pour un test de grammaire ou de vocabulaire.
4. Les autres joueurs décident alors si vous avez répondu correctement à la question posée. Si oui, avancez sur la prochaine case jaune ; si non, reculez sur la case jaune précédente.
5. Si vous arrivez sur une case où un autre joueur se trouve déjà, saluez-le, puis avancez d'une case. Si c'est une case verte ou rose, répondez alors à la question.
6. Le premier joueur qui arrive directement sur la case *Arrivée* a gagné. Si vous n'y arrivez pas directement, avancez et reculez selon le chiffre indiqué par le dé.

QUESTIONS

1 La fille de votre père, c'est votre...

3 Vous téléphonez à un/e ami/e qui n'est pas à la maison. Vous lui laissez un message sur le répondeur. Vous avez 30 secondes à votre disposition.

4 Citez trois adjectifs qui désignent le caractère d'une personne.

5 Vous venez d'écrire une lettre ou une carte. Quelles formules de politesse connaissez-vous pour la terminer ? Citez au moins trois possibilités.

6 Citez trois noms ou adjectifs qui forment le pluriel masculin en *-x.*

8 Quelqu'un vous offre de vous emmener en voiture. Qu'est-ce que vous répondez si vous voulez accepter ? et si vous voulez refuser ?

9 Citez cinq prépositions ou adverbes de lieu.

10 Dites quelle heure il est.

12 Vous êtes sur le marché en France. Achetez trois produits de votre choix et indiquez bien les quantités.

14 Formez le futur d'*être.*

17 Un soir, vous rentrez chez vous et sur la table de votre salon, vous trouvez un grand couteau et une rose rouge. Racontez ce qui s'est passé.

19 Faites trois prophéties pour l'an 3000.

22 Imaginez : vous êtes au restaurant. Commandez un hors-d'œuvre, un plat principal, une boisson et un dessert.

23 Quels sont les contraires de *bon, facile* et *grand* ?

25 Vous voulez inviter quelqu'un chez vous ou à faire quelque chose ensemble. Formulez trois invitations différentes.

27 Décrivez la maison de votre enfance.

30 Indiquez les infinitifs des formes verbales suivantes : *j'irai, il a pris, on part.*

32 Donnez la définition d'une profession, p.ex. : *Un architecte, c'est quelqu'un...*

33 Donnez des conseils à un/e Français/e qui a trois jours pour visiter votre région.

35 53 + 42, ça fait...

DÉPART
3000 ?
19
20
21
18
33
34
17
32
ARRIVÉE
16
31
30
15
14
13

# ENTRACTE 3

# AU REVOIR

## Leçon 5, p. 15

**B10** b. Joueur B : échangez les informations sur Rouen et Toulouse.

ROUEN
1. La Seine-Maritime (76)
2. ..........................................
3. ..........................................
4. La métallurgie, le textile
5. La cathédrale, le monument à Jeanne d'Arc
6. ..........................................
7. La Seine
8. ..........................................

TOULOUSE
1. ..........................................
2. 550 000 habitants environ
3. Le Musée des Augustins
4. ..........................................
5. ..........................................
6. 700 km
7. ..........................................
8. Le cassoulet, le foie gras

## Leçon 8, p. 52

**B6** a. Joueur B : lisez et complétez avec les mots suivants.

Bastia – l'île de beauté – calme – Napoléon Bonaparte – 250 000 – 183 – plages

### En Corse

Découvrir la Corse par la mer est un plaisir rare. ............................ apparaît alors comme une haute montagne plantée dans l'eau cristalline de la Méditerranée. Longue de ...................... km et large de 75 km, avec ses falaises abruptes, ses ............. ensoleillées et la végétation sauvage du maquis, la Corse est une île de contrastes. La majorité des .................... Corses habite dans les trois principales villes de l'île : Ajaccio, .................... et Calvi. A Ajaccio, on peut visiter la maison natale du Corse le plus célèbre : ...................................... En été, à pied, loin des centres touristiques, on découvre une autre Corse : on apprécie le ...................... des villages de montagne. Ici, on dort comme une souche, bercé par le chant des grillons.

## Wie gehe ich mit einer Lernkartei um?

**Im *Entracte 1* (*Pont NeuF entreé* S. 82) haben Sie – vielleicht zum ersten Mal – etwas von einer Lernkartei gehört. Das Wiederholen und Lernen von Vokabeln oder grammatischen Strukturen mit Karteikarten ist keine neue Erfindung, es gehört zu den klassischen Lernhilfen und hat sich vielfach bewährt. Heutzutage gibt es bereits Computer-Programme, die auf dem gleichen Prinzip beruhen.**
**Wie aber arbeitet man konkret mit einer solchen „Lernmaschine"?**

Mitbringen sollten Sie lediglich etwas Ordnungssinn und Selbstdisziplin. Außerdem benötigen Sie Karteikarten (z.B. DIN A 7, 10,5 x 7,4 cm) oder entsprechend große Zettel, sowie einen passenden Kasten, der in fünf unterschiedlich große Fächer aufgeteilt wird.

Das Wiederholen mit einer Lernkartei ist denkbar einfach:
Schreiben Sie Wörter, Grammatikstrukturen oder auch Redewendungen, die Sie sich besonders gut merken wollen, auf die Karteikarten. Die Rückseite nutzen Sie für die deutsche Übersetzung und für Beispielsätze. Sprechen Sie nach Möglichkeit beim Schreiben laut mit, das unterstützt das Behalten.
Die Karten ordnen Sie in das erste, kleinste Fach Ihres Karteikastens ein. Spätestens wenn dieses Fach voll ist, beginnen Sie mit der ersten Wiederholungsphase: Versuchen Sie, alle Karten des ersten Fachs richtig zu beantworten. Stimmt die Antwort, wandert die Karte in das zweite Fach. Wenn sie nicht stimmt oder Ihnen die Lösung nicht einfällt, muss die Karte wieder zurück in das erste Fach. Sobald auch das zweite Fach voll ist, wiederholen Sie diese Karten und ordnen sie bei richtiger Antwort in das dritte, größere Fach ein usw., bis alle Karten im letzten Fach angekommen sind.
Nur Geduld: Das kann einige Wochen dauern. Natürlich können Sie auch laufend neue Karten in das erste Fach einsortieren.

Ist auch im letzten Fach kein Platz mehr – *Félicitations!* Sie haben eine Menge Wörter gelernt und wiederholt. Zum Abschluss bieten sich verschiedene Übungen an:
- Sortieren Sie alle Wörter nach Verben, Substantiven, Adjektiven usw.
- Fassen Sie die Wörter nach Oberbegriffen zusammen.
- Greifen Sie wahllos einige Karten heraus und schreiben Sie mit den Wörtern einen Text.

Sie sehen, Ihrer Fantasie sind keine Grenzen gesetzt.

**Faustregel 1:**

- Ein volles Fach → Wiederholen!

**Faustregel 2:**

- Alle nicht beantworteten Karten müssen grundsätzlich in das erste Fach zurück.

**Faustregel 3:**

- Arbeiten Sie nie länger als 10 – 15 Minuten.

# LERNTIPPS 6

## „Die sprechen zu schnell!" – oder: Wie trainiere ich das Hörverstehen?

**Erinnern Sie sich noch an Ihren ersten Urlaub im Ausland, vielleicht in Spanien oder Italien? Obwohl Sie nie Spanisch oder Italienisch gelernt hatten, gelang es Ihnen, den Verkäufer im Schuhgeschäft oder die Bedienung im Lokal zu verstehen. Zum Verständnis reichten oft wenige Wörter aus, mit deren Hilfe Sie den Sinn der Äußerungen irgendwie erschließen konnten. An diesem Beispiel wird deutlich, dass Sie für das sogenannte „globale Verständnis" im Gespräch meist nur wenige Wörter oder Strukturen verstehen müssen.**

**Faustregel 1:**

◆ Es ist nicht nötig, jedes einzelne Wort zu verstehen! Ausnahmen sind z.B. Wegbeschreibungen, Gebrauchsanleitungen, Kochrezepte im Radio, Durchsagen im Bahnhof oder auf dem Flughafen, wichtige Nachrichten für einen Dritten oder Terminabsprachen am Telefon. In diesen Fällen ist detailliertes Verstehen notwendig.

**TIPPs:**

◆ Setzen Sie sich der gesprochenen Sprache aus. Hören Sie bewusst hin, wenn im Radio französische Chansons oder Lieder gespielt werden. Erkennen Sie einzelne Wörter?

◆ Hören Sie (sofern in Ihrem Sendegebiet möglich) regelmäßig französische Radiosender. Selbst eine „Hintergrundberieselung" ist nützlich, denn: Ihr Gehirn schaltet nie ab!

**Faustregel 2:**

◆ Sie verstehen mehr, als Sie selbst sagen können! Zum Verständnis helfen Ihnen auch andere Dinge, die nichts mit der Fremdsprache selbst zu tun haben: die Situation, in der ein Gespräch stattfindet, das Thema, Ihre Erfahrungen, Gestik oder Mimik des Gesprächspartners (wenn Sie ihn sehen können), darüber hinaus aber auch die unerschöpfliche Kombinationsfähigkeit Ihres Gedächtnisses (vgl. **Lerntipps 10, S. 129**).

**TIPPs:**

◆ Über Kabel und Satellit können Sie den französischsprachigen Fernsehsender TV 5 empfangen. Schauen Sie sich regelmäßig Sendungen an. Es gibt z.B. Nachrichten, Serien, Spielfilme, oft mit Untertiteln, oder auch Kochkurse.

◆ Suchen Sie den Kontakt mit Muttersprachlern. Partnerschaftskomitees, Freundschaftskreise, Sprachzirkel und natürlich Urlaubsreisen bieten Ihnen hierzu reichlich Gelegenheit.

# Lerntipps 7

## „Der Kellner hat mich nicht verstanden." – oder: Wie übe ich das Sprechen?

**Denken Sie kurz über die folgende Frage nach und kreuzen Sie dann an, was am ehesten auf Sie zutrifft.**

Was empfinde ich, wenn ich Französisch spreche?

- ☐ a. Meine Aussprache soll möglichst perfekt sein.
- ☐ b. Mein Ziel ist es, verstanden zu werden.
- ☐ c. Die Aussprache ist mein größtes Problem.
- ☐ d. Ich fühle mich wie eine andere Person.
- ☐ e. Mir fehlt im Gespräch die Zeit nachzudenken.

Nur wenn Sie **b.** angekreuzt haben, machen Ihnen das Sprechen und die Aussprache wahrscheinlich kaum Probleme. Sie sind selbstsicher und aktiv, und Sie unterhalten sich gerne.
Haben Sie sich für andere Aussagen entschieden, kostet Sie freies Sprechen eine mehr oder weniger große Überwindung. Beschäftigen Sie sich regelmäßig mit geeigneten Übungen, wie Sie sie in den **TIPPs** unten finden.

**Faustregel:**

Ihr Gegenüber will Sie verstehen, nicht prüfen!

**TIPPs:**

- Gewöhnen Sie sich an, möglichst oft laut zu lesen. Konzentrieren Sie sich dabei z.B. auf bestimmte Eigenheiten der französischen Aussprache: die Nasale, die Satzmelodie (= Intonation), den Unterschied zwischen stimmhaften und stimmlosen Lauten sowie – ganz wichtig – die *liaison*, also das Verbinden der Wörter in der Aussprache.

- Nehmen Sie sich selbst auf Kassette auf und hören Sie sich ab.

- Lernen Sie einen kurzen Text, der Ihnen gefällt (z.B. ein Gedicht), auswendig, und tragen Sie ihn sich immer wieder vor.

- Wählen Sie ein Thema, denken Sie kurz darüber nach und sprechen Sie dann eine Minute frei.
Nehmen Sie Ihren kleinen Vortrag auf und hören Sie ihn ab. Achten Sie auf Aussprache, Unterbrechungen oder Denkpausen.

- Denken Sie an eine Situation, der Sie auf einer Frankreichreise häufig begegnen, und führen Sie in Gedanken Ihren Teil des Gespräches.

- Nutzen Sie jede Gelegenheit, um mit Muttersprachlern zu sprechen.

# Lerntipps 8

## Wie konzentriere ich mich besser?

**Haben Sie manchmal den Eindruck, Sie können sich nicht so richtig auf das Französischlernen konzentrieren? Versuchen Sie es doch einmal mit der folgenden kleinen Übung: Fixieren Sie etwa 30 Sekunden lang den Punkt in der Mitte dieser Seite, dann den daneben allmählich erscheinenden weißen Punkt, dann beide Punkte gleichzeitig.**
**Wiederholen Sie diese Übung mehrmals.**

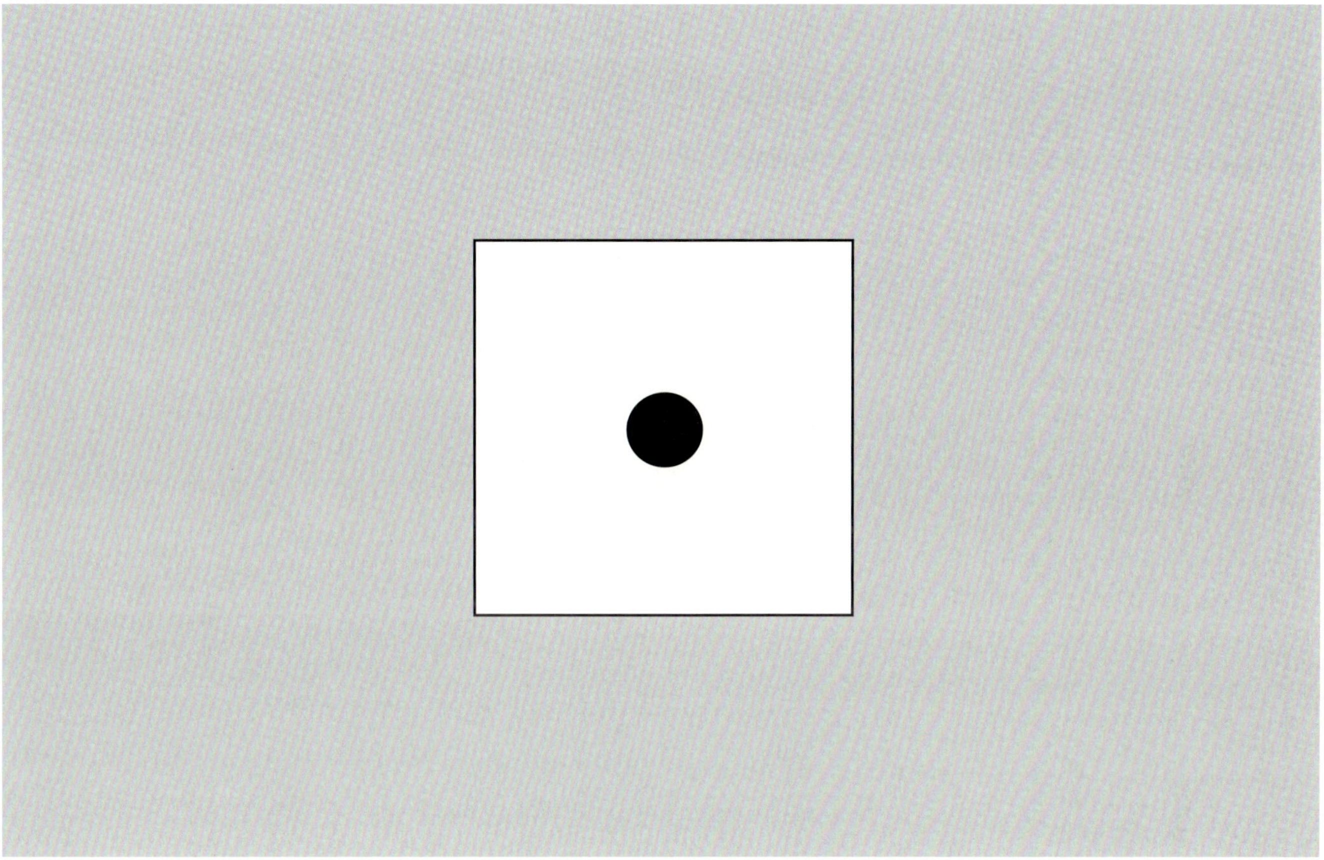

Fühlten Sie sich bei diesem Versuch wohl, oder brummte, bildlich gesprochen, Ihr Kopf von den Gedanken, die auf Sie einstürmten?
Schmerzte auf einmal Ihr Rücken, störte Sie ein bis dahin nicht bemerktes Geräusch, oder kam Ihnen Ihr Stuhl plötzlich besonders unbequem vor?
Empfanden Sie die Übung als anstrengend, oder fiel Ihnen diese kurze Konzentrationsphase leicht?

Diese Übung verdeutlicht einige der Faktoren, die für Ihre Konzentration wichtig sind bzw. Ihre Konzentrationsfähigkeit stören können. Sich konzentrieren bedeutet auch immer sich anstrengen. Schon allein um störende äußere und innere Einflüsse auszuschalten müssen Sie Energie aufbringen. Achten Sie daher auf eine ruhige und angenehme Umgebung und richten Sie Ihren „Lernplatz" entsprechend ein.
Es muss Ihnen klar sein, warum Sie sich bemühen. Machen Sie sich daher immer wieder Ihre persönliche Motivation zum Französischlernen bewusst.

Hier einige **TIPPs**, wie Sie Ihre Konzentrationsfähigkeit unterstützen können:

- Beschränken Sie Ihr tägliches Arbeitspensum auf ca. 15 bis 20 Minuten.

- Setzen Sie sich ein konkretes und überschaubares (Lern)Ziel.

- Achten Sie auf eine angenehme Lernumgebung.

- Versuchen Sie Stress, persönliche Probleme usw. abzulegen.

- Ordnen Sie das Lernen gedanklich der Freizeit zu.

- Abwechslung hilft! Wechseln Sie die Lernmethode (Lesen, Hören, Markieren usw.), gehen Sie auch einmal auf und ab, oder versuchen Sie, im Stehen zu arbeiten.

# Lerntipps 9

## Was kann ich gegen das Vergessen tun?

**Zweifeln Sie auch an Ihrem Gedächtnis, wenn Ihnen trotz aller Bemühungen das vorher so gut gelernte Wort nicht einfallen will?**

Schnell spricht man von einem „schlechten" Gedächtnis, ohne die großen Leistungen dieses Informationsspeichers zu würdigen. Wahrscheinlich „vergisst" Ihr Gedächtnis nie etwas, es findet nur manchmal nicht sofort den Weg zur gesuchten Information.
Sie können sich Ihr Gedächtnis als eine Kombination von verschiedenen Speichern vorstellen, die alle eine wichtige Rolle beim Lernen spielen. Diese Speicher haben jeweils bestimmte Aufgaben und können auf unterschiedliche Weise unterstützt werden.
Grundsätzlich sollte jede Information, die Sie behalten möchten, mit möglichst vielen anderen Informationen verknüpft werden.

Die folgenden **TIPPs** können diese Verknüpfungen fördern:

- Lernen Sie möglichst mit mehreren Sinnen, z. B. durch Lesen, lautes Sprechen, Schreiben oder Handeln, auch wenn Letzteres häufig nur in der Vorstellung möglich ist. Um zum Beispiel das Wort *les vacances* zu lernen, können Sie sich Bilder und Erlebnisse aus Ihrem letzten Urlaub vorstellen.
- Bemühen Sie sich um möglichst vielfältige Assoziationen. Stellen Sie sich z. B. bei Adjektiven passende Gegenstände oder Personen vor. Je auffallender oder typischer Ihr Bild ist, um so besser behalten Sie das Wort, das Sie lernen wollen.
- Verfolgen Sie Assoziationen, die sich bei einem Wort wie automatisch einstellen. Fällt Ihnen bei *l'addition* ein Erlebnis mit einem französischen Kellner ein, malen Sie sich in Gedanken diese Situation noch einmal kurz aus.
- Vermeiden Sie es, isolierte Einzelwörter zu lernen. Ihr Gedächtnis speichert die Wörter besser in kurzen Sätzen oder Ausdrücken, z. B. *composter* im Ausdruck *composter le billet*.
- Ordnen Sie Vokabeln in Sachgruppen oder Zusammenhängen, z. B. nach Thema, nur Verben, nur Substantive usw.
- Wenden Sie gelernte Wörter in immer neuen Zusammenhängen an. Dies ist gleichzeitig eine gute Wiederholung.
- Wiederholen Sie das zu lernende Wort wie ein Echo lautlos in Gedanken.

- Achten Sie auf abwechslungsreiche Wiederholungsphasen.

# Lerntipps 10

## Wie verstehe ich unbekannte Texte?

**Unbekannte französische Texte begegnen Ihnen schon beim Lernen immer wieder, aber auch auf Reisen stoßen Sie permanent auf schriftliche Informationen: Prospekte, Bedienungsanleitungen, Werbung, Formulare usw. Oft werden Sie nicht alles oder nur einen Teil der darin enthaltenen Informationen verstehen.**

In Ihrem Französischkurs lösen Sie Verstehensprobleme entweder mit Hilfe Ihres Nachbarn/Ihrer Nachbarin oder Sie fragen Ihren Kursleiter/Ihre Kursleiterin. Als letzte Rettung bleibt Ihnen immer noch der Blick in das Wörterverzeichnis des Lehrbuchs oder in ein Wörterbuch.
Wie aber kommt es, dass Sie viele, eigentlich unbekannte Wörter fast unbewusst verstehen? Durch Rückschlüsse auf das Thema, Vergleiche mit Wörtern aus der Muttersprache oder anderer Fremdsprachen, durch Kombinieren und Raten oder auch mit Hilfe der Aussprache erschließen sich Ihnen bisher unbekannte Wörter und Ausdrücke. Unser Gehirn bildet sozusagen eine „Verständnisbrücke" durch die Kombination verschiedener Gedächtnisinhalte. Genau diese Eigenschaft gilt es zu trainieren und optimal zu nutzen.

**a. Machen Sie einen Test: Lesen Sie den folgenden Textauszug aus einer französischen Fernsehzeitung mehrmals, wenn möglich laut, und markieren Sie dabei alle Wörter, die Ihnen bekannt sind oder Ihnen so vorkommen.**

A quarante-sept ans, il fêtait sa 2000e représentation. Le plus charismatique de tous les chanteurs d'opéra est d'une nature débordante d'énergie, qui s'adonne avec la même fougue au football qu'au chant. Le ténor espagnol a débuté sa carrière à seize ans, dans la troupe de ses parents, avant de s'imposer rapidement sur toutes les grandes scènes mondiales. Sa formation musicale est des plus complètes qui soient : piano, composition, et depuis 1973, il a entamé la carrière de chef d'orchestre. Il s'est lancé également dans la mise en scène, avant d'être nommé conseiller musical à l'opéra de Los Angeles.

**b. Können Sie schon einige Angaben zum Inhalt machen?**
**Erkennen Sie wichtige Schlüsselwörter, Eigennamen oder Zeitangaben?**
**Um wen geht es in der angekündigten Sendung?**

Lösung:
Placido Domingo

Folgende Fragen können dann zu einem genaueren Textverständnis führen:

- Was weiß ich über das Thema, dessen Hintergrund usw.?
- Kommen Fremdwörter vor, die es so oder so ähnlich auch in meiner Muttersprache gibt?
- Gibt es Ähnlichkeiten mit einer anderen Fremdsprache, die ich kenne?
- Gibt es typische Vor- oder Nachsilben (*anti-*, *re-*, *-ion*, *-eur* usw.)?
- Wie lauten die Infinitive (= Grundformen) der vorkommenden Verbformen?

Verstehen Sie jetzt schon mehr? Schlagen Sie nun alle Wörter nach, die Ihnen für das Verständnis des Textes noch wichtig erscheinen.

**TIPP:** Gewöhnen Sie sich an, ab und zu unbekannte kürzere Texte auf diese Weise zu bearbeiten. Sie erweitern dadurch Ihren Wortschatz und trainieren Ihre Kombinationsfähigkeit.

# Lerntipps 11

## Was tun, wenn ein Wort fehlt?

**Stellen Sie sich vor, Ihr Auto hat auf einer abgelegenen Landstraße in der französischen Provinz eine Reifenpanne und Sie benötigen dringend einen Kreuzschlüssel. Auf dem Weg in die nächste Ortschaft denken Sie darüber nach, wie Sie sich verständlich machen können, denn im Unterricht ist das französische Wort für „Kreuzschlüssel" nie vorgekommen oder aber Sie haben es vergessen. Auch in Ihrem Reisewörterbuch ist es nicht verzeichnet.**

*Welche Möglichkeiten haben Sie?*
*Überlegen Sie, welche der folgenden Vorschläge für Sie praktikabel wären.*

◆ Sie können ...

... ein Wort aus einer anderen Fremdsprache benutzen.

... ein Wort mit einer ähnlichen Bedeutung benutzen.

*C'est une sorte de tournevis.*

... ein neues Wort oder einen neuen Ausdruck erfinden, in dem Sie z. B. versuchen, wörtlich zu übersetzen.

*C'est une "clé-croisée".*

... ein Ersatzwort (wie das deutsche „Ding") benutzen.

*C'est quelque chose qui...*
*C'est un truc...*
*C'est un machin pour...*

... umschreiben, wozu der Gegenstand gebraucht wird.

*C'est pour changer la roue.*

... beschreiben, wie er aussieht und woraus er besteht.

*C'est un outil en métal, en forme de croix.*

◆ Außerdem können Sie ..............................................

..............................................................................................

... Gestik, Mimik, Geräusche oder ein Wörterbuch benutzen, oder versuchen, den Gegenstand zu zeichnen.

**TIPP:** Solche Situationen können Sie trainieren. Versuchen Sie einmal, die Begriffe „Büroklammer" oder „Heftpflaster" zu umschreiben oder darzustellen. Wählen Sie ein neues Wort und testen Sie Ihre Methode an Ihrem Kursnachbarn oder Ihrer Kursnachbarin.

# LERNTIPPS 12

## Wie gehe ich mit der Grammatik um?

**Gehören Sie auch zu denjenigen, die bei dem Wort „Grammatik" an Schule, Noten und Prüfungen, Ausnahmen, Fehler und Irrtümer denken? Würden Sie auch am liebsten eine Sprache ohne Grammatik lernen? Grammatik ist nichts anderes als der Versuch, die Regelmäßigkeiten einer Sprache zu beschreiben und zusammenzufassen. Die Übersicht von Formen und die Bildung von Regeln sollen dazu dienen, sprachliche Merkmale zu erklären und für die Speicherung im Gedächtnis aufzubereiten.**

**Faustregel:**

Begegnen Sie der Grammatik mit mehr Unbefangenheit! Sie ist immer ein Hilfsmittel, kein Selbstzweck!

**TIPPs:**

- Lassen Sie sich von vielleicht ungewohnten Fachausdrücken nicht verschrecken. Im Lehrbuch **Pont NeuF en route** finden Sie auf S. 136, 137 eine ausführliche Liste der grammatischen Bezeichnungen mit deutschen und französischen Beispielen, die Ihnen hilfreich sein kann.

- Bilden Sie sich mit Ihren eigenen Worten Regeln und schauen Sie erst hinterher zur Kontrolle in den grammatischen Anhang des Lehrbuchs oder in eine Grammatik.

- Verdeutlichen Sie sich grammatische Strukturen immer wieder an Textbeispielen, die nicht unbedingt nur aus dem Lehrbuch stammen müssen.
Vielleicht hilft es Ihnen, selbst Beispielgruppen zusammenzustellen. Sie können dann diese Strukturen wie Vokabeln lernen.

*Versuchen Sie es einmal am folgenden Beispiel: Sehen Sie sich die Werbung für die Köln-Düsseldorfer Schifffahrtslinie an. Schlagen Sie eventuell unbekannte Wörter nach und suchen Sie dann einige Beispiele für bekannte grammatische Formen oder Regeln heraus. Sie können noch nicht alles erklären.*

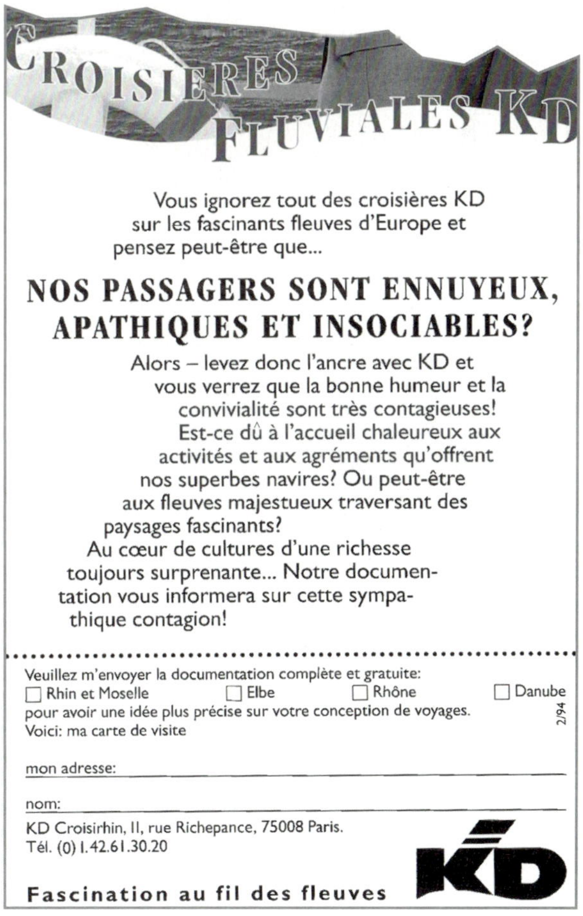

# SUPPORT TOURISTIQUE

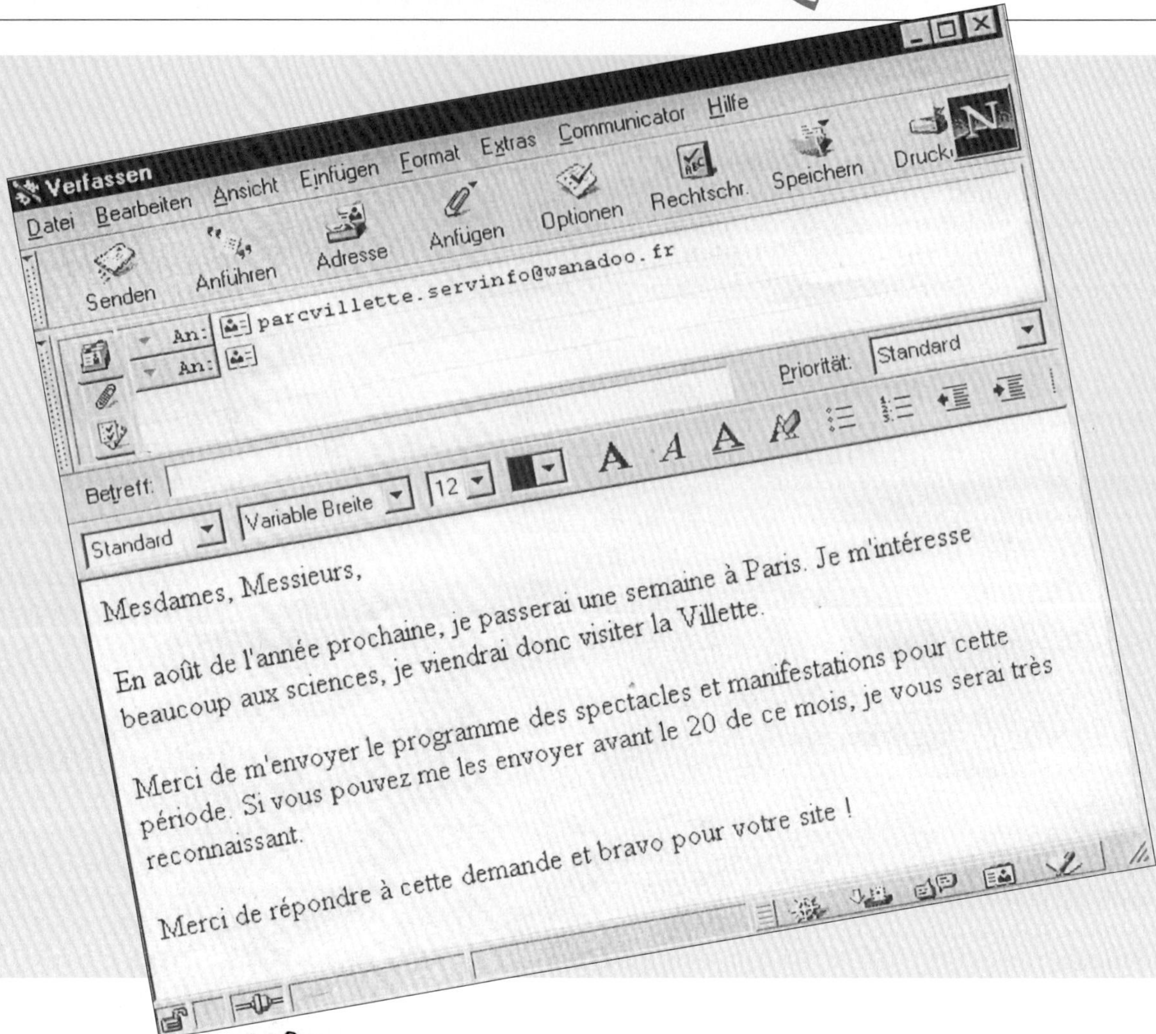


Mesdames, Messieurs,

En août de l'année prochaine, je passerai une semaine à Paris. Je m'intéresse beaucoup aux sciences, je viendrai donc visiter la Villette.

Merci de m'envoyer le programme des spectacles et manifestations pour cette période. Si vous pouvez me les envoyer avant le 20 de ce mois, je vous serai très reconnaissant.

Merci de répondre à cette demande et bravo pour votre site !

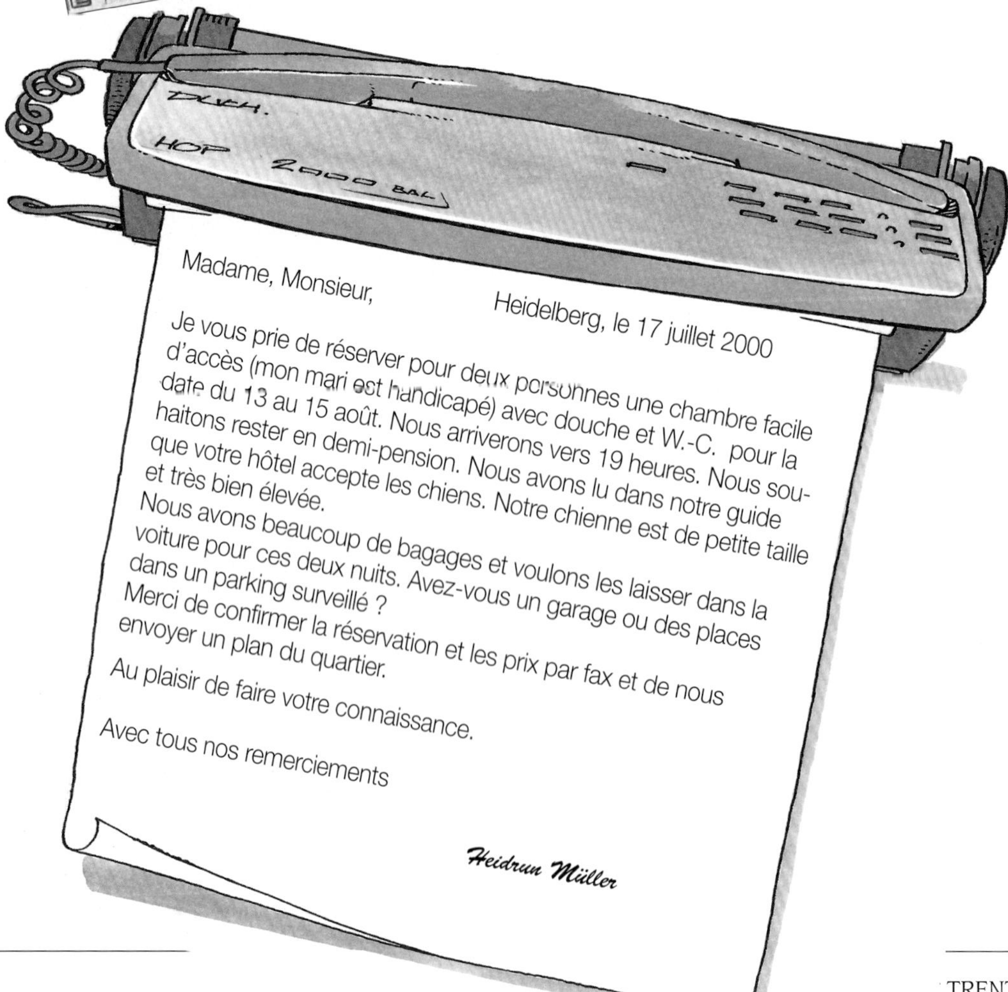


Madame, Monsieur,

Heidelberg, le 17 juillet 2000

Je vous prie de réserver pour deux personnes une chambre facile d'accès (mon mari est handicapé) avec douche et W.-C. pour la date du 13 au 15 août. Nous arriverons vers 19 heures. Nous souhaitons rester en demi-pension. Nous avons lu dans notre guide que votre hôtel accepte les chiens. Notre chienne est de petite taille et très bien élevée.

Nous avons beaucoup de bagages et voulons les laisser dans la voiture pour ces deux nuits. Avez-vous un garage ou des places dans un parking surveillé ?

Merci de confirmer la réservation et les prix par fax et de nous envoyer un plan du quartier.

Au plaisir de faire votre connaissance.

Avec tous nos remerciements

*Heidrun Müller*

# Support touristique

## Faire du shopping

### Vêtements

Un instant, s'il vous plaît, je regarde.
Qu'est-ce que vous avez comme cravates ?/Je voudrais voir vos foulards.
Je cherche un chemisier pour mettre avec une jupe verte.
Où sont les cabines d'essayage ?
Combien coûte ce pantalon en lin/ce maillot de bain ?
Vous l'avez dans une autre couleur ?/Vous avez une taille plus petite ?/Il me faut une taille plus grande ?
Vous avez ce modèle en 40/dans ma taille/en bleu ?
Vous pouvez me donner un conseil ? Ça va, la taille ?/ Il me va bien, ce costume ?
La robe est trop courte/longue.
Je le/la/les prends.
Je peux l'échanger ?
Je n'arrive pas à me décider. Je repasserai.

### Chaussures

J'ai vu une paire de chaussures rouges dans la vitrine./Je vais vous les montrer.
Vous avez ce modèle en marron ?/Je voudrais ces chaussures en 38./Je peux les essayer ?
Je peux avoir des chaussettes pour essayer les chaussures ?
On s'occupe déjà de moi. Merci.
Elles me vont bien./Elles me plaisent bien./Le cuir est très souple.
Le talon est trop haut./Le cuir est trop dur.
Ce n'est pas exactement ma pointure./Vous avez la demi-pointure au-dessous/au-dessus ?
Elles sont trop petites/grandes. Elles me font mal.
Je vais réfléchir.
Vous pouvez me donner un cirage pour les entretenir ?/ Il ne me faut pas de cirage. Merci.

## Aller au restaurant

Je voudrais réserver/J'ai réservé une table pour quatre/pour quatre personnes/au nom de...
Si on attend 5 minutes, on pourra avoir cette table près de la cheminée/la fenêtre ?
Fumeur/Non fumeur.
Je n'ai pas encore choisi.
Vous pouvez nous servir un apéritif ?
Quel est le plat du jour ?/Qu'est-ce que vous nous recommandez aujourd'hui ?
Vous avez des menus pour enfants ?/Vous avez une chaise haute pour enfant ?
Nous prendrons deux menus à 148 F./ Pour moi, en entrée une salade d'asperges et en plat principal un bœuf bourguignon. En dessert, une crème au caramel.
Comme boisson, une carafe de vin.
Il y a une erreur, je n'ai pas commandé ça./La viande est froide./Le poisson n'est plus très frais, je ne le mange pas.
On va prendre deux cafés/expressos.
Vous nous apportez l'addition, s'il vous plaît ?
Je peux payer par carte bancaire ?/Vous acceptez les cartes bancaires ?

## Rester à l'hôtel

Vous pouvez réserver une chambre pour deux personnes avec vue sur la mer/côté jardin pour la nuit du 17 au 18 ?/ Vous avez encore une chambre libre pour la semaine du 17 au 24 mai ?
C'est au nom de Schmidt.
Il y a un ascenseur pour les chambres à l'étage ?
Je peux mettre ma voiture au garage/parking ?
Vous pouvez monter mes bagages dans la chambre ?
Je vais prendre la demi-pension/pension complète.
Vous servez le petit-déjeuner à partir de/jusqu'à quelle heure ?
Jusqu'à quelle heure la porte d'entrée reste-t-elle ouverte ?/ Vous pouvez me donner une clé pour rentrer cette nuit ?
Est-ce qu'il y a un message pour moi ?
Est-ce que je peux envoyer un fax en Allemagne ?
Pour téléphoner en Allemagne, je fais quel numéro de ma chambre ?
Le chauffage ne marche pas/est mal réglé. Est-ce que quelqu'un peut venir voir ?
L'air conditionné est en panne./Comment on fait pour mettre la télévision en marche ?
Vous pouvez préparer la note ?/appeler un taxi, s'il vous plaît ?

## Demander des informations

Demander de l'aide dans la rue

Vous avez l'heure, s'il vous plaît ?
Vous pouvez me dire où est la station de métro la plus proche/l'arrêt de bus le plus proche ?
Pour aller à la cathédrale, c'est quelle ligne de bus ?/A quel arrêt est-ce que je dois descendre ?
Vous savez où il y a une banque/une poste ?
Je suis encore loin du musée/de la gare ?

## Entrer en contact

Il fait beau aujourd'hui./Il fait un temps de chien.
C'est la première/deuxième fois que je viens en France./Je viens tous les ans en Bretagne.
Ça me plaît beaucoup ici./J'adore ce pays.
On est venus en voiture. On a mis dix heures pour venir de Francfort.
On est là depuis une semaine.
On reste trois semaines/encore dix jours.
On part demain/dans une semaine.
Je suis là en vacances/pour le travail.
Vous pouvez répéter/parler plus lentement, s'il vous plaît ?
Je n'ai pas compris votre question.
Vous connaissez un restaurant sympa/un bon hôtel ?
Vous venez d'où ?/ Vous êtes d'ici/de la région ?
Qu'est-ce que vous faites dans la vie ?

# Support touristique

## Schuhe

Ich habe ein Paar rote Schuhe in der Auslage gesehen.
Darf ich sie Ihnen zeigen?
Haben Sie dieses Modell in Braun, Größe 38?/
Ich möchte sie anprobieren.
Haben Sie Strümpfe zum Anprobieren?
Ich werde bereits bedient. Danke.
Sie passen mir gut./Sie gefallen mir./Das Leder ist sehr weich.
Der Absatz ist zu hoch./Das Leder ist zu hart.
Das ist nicht ganz meine Größe./Haben Sie diesen Schuh auch eine halbe Nummer kleiner/größer ?
Sie sind zu klein/groß. Sie tun mir weh.
Ich werde mir das noch überlegen.
Können Sie mir ein Pflegemittel geben?/Ich brauche kein Pflegemittel, danke.

## Einkäufe machen

### Kleidung

Moment mal, bitte, ich sehe nach.
Was haben Sie an Krawatten?/Kann ich Ihre Seidentücher sehen?
Ich suche eine Bluse zu einem grünen Rock.
Wo sind die Anprobekabinen?
Was kostet diese Leinenhose/dieser Badeanzug?
Haben Sie sie/ihn in einer anderen Farbe?/ kleiner/größer?
Haben Sie dieses Modell in Größe 40/in meiner Größe/in Blau?/Können Sie mich beraten? Passt die Größe?/
Passt mir dieser Anzug?
Das Kleid ist zu kurz/lang.
Ich nehme es/ihn/sie.
Kann ich es/ihn/sie eventuell umtauschen ?
Ich kann mich jetzt nicht entscheiden. Ich komme später nochmals vorbei.

## Im Hotel übernachten

Könnten Sie ein Doppelzimmer mit Meerblick für die Nacht vom 17. auf den 18. reservieren?/Haben Sie für die Nacht vom 17. zum 18. noch ein gartenseitiges Zimmer frei?/Haben Sie noch ein Zimmer frei für die Woche vom 17. bis zum 24.Mai?/Auf den Namen Schmidt, bitte./Gibt es einen Aufzug?/Kann ich mein Auto in die Tiefgarage/auf den Parkplatz stellen?
Können Sie bitte mein Gepäck auf das Zimmer bringen lassen?/Ich nehme Halbpension/Vollpension.
Ab wann/Bis wann gibt es Frühstück?
Bis wann bleibt die Haustür geöffnet?/Können Sie mir einen Nachtschlüssel geben?
Ist eine Nachricht für mich da?
Kann ich ein Fax nach Deutschland schicken?
Welche Nummer muss ich vorwählen, wenn ich von meinem Zimmer aus nach Deutschland telefoniere?
Die Heizung funktioniert nicht/schlecht. Kann jemand nachsehen kommen?
Die Klimaanlage ist kaputt./Wie schaltet man den Fernseher ein?
Können Sie mir bitte die Rechnung ausstellen?/Rufen Sie mir bitte ein Taxi.

## Ins Restaurant gehen

Ich möchte einen Tisch für 4 Personen reservieren./
Ich habe einen Tisch auf den Namen ... reserviert.
Können wir den Tisch am Kamin/am Fenster haben, wenn wir ein wenig warten?
Raucher/Nichtraucher
Ich bin noch nicht so weit.
Können Sie uns einen Aperitif servieren?
Haben Sie ein Tagesgericht ?/Was können Sie uns heute besonders empfehlen?
Haben Sie Kindermenüs?/Haben Sie einen Kindersitz?
Wir möchten zwei Menüs zu 148 F./Für mich als Vorspeise Spargelsalat und als Hauptgericht Rindergulasch in Weinsauce. Zum Nachtisch eine Karamellkreme.
Zum Trinken ein Viertel Rotwein.
Entschuldigen Sie, hier muss ein Irrtum vorliegen: das habe ich nicht bestellt.
Entschuldigen Sie bitte, aber das Fleisch ist kalt!
Der Fisch ist nicht ganz frisch. Ich kann ihn nicht essen.
Bringen Sie uns bitte zwei Kaffee/Espressos.
Könnten wir bitte die Rechnung haben?
Kann ich mit Kreditkarte bezahlen?

## Erste Kontakte knüpfen

Heute ist herrliches Wetter./Heute haben wir scheußliches Wetter./Ich bin zum ersten/zweiten Mal in Frankreich./Ich komme jedes Jahr in die Bretagne.
Es gefällt mir hier sehr gut./Ich liebe dieses Land.
Wir sind mit dem Auto hier. Wir haben 10 Stunden von Frankfurt bis hierher gebraucht.
Wir sind seit einer Woche hier.
Wir bleiben noch 3 Wochen/10 Tage hier.
Wir reisen morgen/in einer Woche ab.
Ich mache hier Urlaub./Ich arbeite hier.
Könnten Sie bitte wiederholen, was Sie gesagt haben?/
Könnten Sie bitte etwas langsamer sprechen?
Ich habe Ihre Frage nicht verstanden.
Kennen Sie ein gutes Restaurant/ein gemütliches Hotel?
Woher kommen Sie? Sind Sie von hier/aus der Gegend?
Was machen Sie beruflich?

## Informationen einholen

Können Sie mir bitte sagen, wie spät es ist?
Entschuldigen Sie bitte, wo ist die nächste Metrostation/ Bushaltestelle?
Welcher Bus fährt zur Kathedrale?/Bei welcher Haltestelle muss ich aussteigen?
Können Sie mir sagen, wo es hier eine Bank/ ein Postamt gibt?
Ist es noch weit bis zum Museum/zum Bahnhof ?

Kaiserslautern, le 10 septembre 2000

Chère Madame Garrigou,

Nous voilà enfin rentrés en Allemagne ! Le voyage a été long pour tout le monde, et
surtout pour les enfants. Il faisait chaud sur la route et nous nous sommes souvent
arrêtés. On a perdu beaucoup de temps dans les bouchons entre Reims et Metz.
Ici, à Kaiserskautern, il ne fait pas beau. Nous rêvons encore de votre belle région
ensoleillée.
Mon mari est allé chercher les photos des vacances. Elles sont réussies.
Je vous en envoie deux avec les enfants devant votre maison. C'est un souvenir de
notre part.
Nous avons passé de très bonnes vacances dans votre gîte et nous aimerions vous
remercier pour ces trois semaines agréables et relaxantes.
Les enfants adorent votre chien, César. Ils en parlent encore souvent.
Nous espérons que vous pourrez nous réserver votre gîte pour l'année prochaine
parce que les enfants voudraient y revenir. Nous vous confirmerons
les dates un peu plus tard.
Merci pour la bonne bouteille de vin. Quand nous la boirons, nous
penserons à vous !

Un grand bonjour de la famille Schmidt à votre mari et à vous.
Si vous décidez de venir en Allemagne, vous serez les
bienvenus chez nous.

Au plaisir de vous revoir très bientôt

Bettina

# GRAMMATIKTERMINOLOGIE

## Erklärung der grammatischen Bezeichnungen

| Verwendete Bezeichnung | Weitere Bezeichnungen | Deutsches Beispiel | Französisches Beispiel |
|---|---|---|---|
| **Adjektiv** | Eigenschaftswort | *groß, klein* | *petit, grand* |
| **adverbiale Bestimmung** | Umstandsbestimmung (der Zeit, des Ortes) | *heute Abend, in Frankreich* | *ce soir, en France* |
| **Artikel**<br>**- bestimmter**<br>**- unbestimmter** | Geschlechtswort | <br>*der, die, das*<br>*ein, eine* | <br>*le, la, les*<br>*un, une, des* |
| **Aussagesatz** | — | *Er kommt.* | *Il vient.* |
| **Fragewort** | Fragebegleiter und Fragepronomen | *welcher? welche? wer?* | *quel ? quelle ? qui ?* |
| **Futur** | Zukunft | Er *wird kommen.* | Il *viendra.* Il *va venir.* |
| **Grundzahlen** | Kardinalzahlen | *eins, zwei, drei* | *un, deux, trois* |
| **Hilfsverb** | Hilfszeitwort | Er *ist* gekommen.<br>Sie *hat* gegessen. | Il *est* venu.<br>Elle *a* mangé. |
| **Höflichkeitsform** | Sie-Form | *Sie, Ihnen, Ihr* | *vous, votre* |
| **Imperativ** | Befehlsform | *Warte! Hören Sie zu!* | *Attends. Ecoutez.* |
| **Infinitiv** | Grundform (des Verbs), Nennform | *gehen, essen* | *aller, manger* |
| **Intonationsfrage** | Frage mit Hilfe der Satzmelodie | *Tu viens ?* | |
| **Inversionsfrage** | Frage durch Umkehrung | *Kommst du?* | *Viens-tu ?* |
| **Komparativ** | Steigerungsform (bei Adjektiven) | *größer, billiger* | *plus grand, moins cher* |
| **ein Verb konjugieren** | ein Verb beugen | (er) *geht*, (sie) *gehen* | (il) *va*, (ils) *vont* |
| **Konjunktion** | Bindewort | *und, aber, oder, dass, ob* | *et, mais, ou, que, si* |
| **Konsonant** | Mitlaut | *b, d, f, g, ...* | *b, d, f, g, ...* |
| **Lautschrift** | phonetische Umschrift | — | [paʀle] |
| **Neutrum** | sächliches Wort | *das Haus* | — |
| **Objekt**<br>**- direktes** | Ergänzung im Akkusativ (im Frz. ohne Präposition) | *jemanden* lieben,<br>*etwas* essen | aimer *quelqu'un*,<br>manger *quelque chose* |
| **Objekt**<br>**- indirektes** | Ergänzung im Dativ (im Frz. mit Präposition) | *jemandem* schreiben | écrire *à quelqu'un* |
| **Objektpronomen** | Stellvertreter einer Ergänzung | Er schreibt *ihr*.<br>Sie liebt *ihn*. | Il *lui* écrit.<br>Elle *l'*aime. |

| Verwendete Bezeichnung | Weitere Bezeichnungen | Deutsches Beispiel | Französisches Beispiel |
|---|---|---|---|
| **Ordnungszahlen** | — | *erste(r), zweite(r)* | *premier,-ère, deuxième* |
| **Partizip Perfekt** | Mittelwort der Vergangenheit | Ich habe *gegessen.* | J'ai *mangé.* |
| **Passiv** | Leideform | Ein Restaurant *ist eröffnet worden.* | wird oft mit *on* wiedergegeben: *On a ouvert un restaurant.* |
| **Personalpronomen**<br>**- verbunden (unbetont)**<br>**- unverbunden (betont)** | persönliches Fürwort | <br>*ich, du, Sie*<br>*ich, du, Sie* | <br>*je, tu, vous*<br>*moi, toi, vous* |
| **Plural** | Mehrzahl | *die Häuser, Autos* | *les maisons, des voitures* |
| **Possessivbegleiter** | besitzanzeigendes Fürwort | *mein* Garten, *euer* Hund | *mon* jardin, *votre* chien |
| **Prädikat** | Satzaussage | Er *ist groß.*<br>Der Tourist *schaut* dem Fischer *zu.* | Il *est grand.*<br>Le touriste *regarde* le pêcheur. |
| **Präposition** | Verhältniswort | *auf, in, unter* | *sur, dans, sous* |
| **Präsens** | Gegenwart | Du *schreibst.* | Tu *écris.* |
| **reflexive Verben** | rückbezügliche Verben | *sich waschen* | *se laver* |
| **Reflexivpronomen** | rückbezügliches Fürwort | Sie wäscht *sich.* | Elle *se* lave. |
| **Relativpronomen** | bezügliches Fürwort | die Frau, *die* mich liebt | la femme *qui* m'aime |
| **Singular** | Einzahl | *der Baum, ein Kind* | *l'arbre, un enfant* |
| **Subjekt** | Satzgegenstand | *Der Tourist* schaut dem Fischer zu. | *Le touriste* regarde le pêcheur. |
| **Substantiv** | Hauptwort, Nomen | die *Malerei* | la *peinture* |
| **Superlativ** | höchste Steigerungsform (beim Adjektiv) | der *stärkste* Mann | l'homme *le plus fort* |
| **Teilungsartikel** | — | — | *du* café, *de l'*eau, *de la* confiture |
| **Verb** | Zeit-, Tätigkeitswort | *essen, gehen* | *manger, aller* |
| **Vokal** | Selbstlaut | *a, e, i, o, u, y* | *a, e, i, o, u, y* |

# LAUTSCHRIFT

## Die Laute im Französischen

VOKALE

| Laut in phonetischer Umschrift | Deutsches Beispiel | Französische Beispiele |
|---|---|---|
| [a] | Mann | Madame, voilà, association, repas, plat, femme |
| [ɑ] | — | pâte, château, foie gras |
| [ɑ̃] | — | champignon, banque, grand, dans, restaurant, employé, temps, en, argent |
| [e] | Schnee | aimer, effectuer, répéter, freiner, les, et, écoutez, médecin |
| [ɛ] | ändern | faire, s'il vous plaît, monnaie, français, il fait, cher, chèque, crêpe, Seine, tu es, il est, billet |
| [ɛ̃] | — | faim, main, peinture, bien, important, intéressant, vingt, un, parfum |
| [ə] | bitte | je regarde, nous prenons, ne... pas de |
| [i] | viel | merci, île, gentil, j'écris, lit, riz, égoïste, y, Italie |
| [o] | Boden | aussi, chaud, il faut, faux, beau, Bordeaux, rose, allô, trop, gros, bistrot |
| [ɔ] | offen | offrir, hôpital, maximum |
| [ɔ̃] | — | nom, plomb, on, blond, pont |
| [ø] | böse | un peu, les yeux, les œufs |
| [œ] | Wörter | meuble, sœur |
| [u] | gut, Butter | ou, où, coûter, beaucoup, goût, août, vous |
| [y] | Mühe, süß | j'ai eu, rue, sûr, ne... plus, salut |

HALBVOKALE

| Laut in phonetischer Umschrift | Deutsches Beispiel | Französische Beispiele |
|---|---|---|
| [j] | Million | bien, travail, se réveiller, famille, il y a |
| [ɥ] | — | huile, nuit, je suis |
| [w] | — | week-end, jouer |
| [wa] | — | avoir, soie, trois, droit |
| [wɛ̃] | — | pointure |

## KONSONANTEN

| Laut in phonetischer Umschrift | Deutsches Beispiel | Französische Beispiele |
|---|---|---|
| [b] | Buch | beau, robe |
| [d] | Dose | dame, grande |
| [f] | Farbe | fille, photo |
| [g] | Garten | regarder, guitare, collègue |
| [ʒ] | Journalist | bonjour, les gens, nous mangeons |
| [k] | Kanne | cours, chorale, kilo, le coq au vin, qui |
| [l] | Liebe | livre |
| [m] | Mund | manger |
| [n] | Nase | nom, automne |
| [ɲ] | — | montagne |
| [ŋ] | lang | camping |
| [p] | Politik | partir, observer |
| [ʀ] | — | rose, porc, bord, nerf, corps, hors-d'œuvre, port |
| [s] | weiß | cinéma, français, sortir, scène, passage, nationalité, dix |
| [z] | Sonne | maison, zone piétonne |
| [ʃ] | Fisch | chercher |
| [t] | Tag | table, thé |
| [v] | Vitamin | vin, wagon |

# 5

## 5.1 Die Verben auf *-re* und *-ir*

### Verben auf *-re*

| | | | |
|---|---|---|---|
| | vend**re** | | |
| Je | vend**s** | [vɑ̃] | un journal. |
| Tu | vend**s** | [vɑ̃] | un journal ? |
| Il / Elle / On | vend | [vɑ̃] | le journal pour dix francs. |
| Nous | vend**ons** | [vɑ̃dɔ̃] | "Macadam". |
| Vous | vend**ez** | [vɑ̃de] | "Macadam" dans la rue ? |
| Ils / Elles | vend**ent** | [vɑ̃d] | le journal devant le cinéma. |

Für die Verben auf *-re* lauten die Personalendungen normalerweise:
*-s, -s, -t, -ons, -ez, -ent.*

Wenn der Infinitivstamm wie bei *vendre, attendre* und *entendre* auf *-d* endet, fällt das *-t* in der 3. Person Singular weg:
*il/ elle/ on vend.*

**Ebenso:**
*attendre* und *entendre*

### Verben auf *-ir*

| | | | |
|---|---|---|---|
| | part**ir** | | |
| Je | par**s** | [paʀ] | lundi. |
| Tu | par**s** | [paʀ] | mardi ? |
| Il / Elle / On | par**t** | [paʀ] | mercredi. |
| Nous | part**ons** | [paʀtɔ̃] | jeudi. |
| Vous | part**ez** | [paʀte] | vendredi ? |
| Ils / Elles | part**ent** | [paʀt] | samedi. |

Bei den Verben auf *-ir* fällt im Singular der letzte Konsonant des Infinitivstamms weg:

*par ~~t~~ s / s / t*

Im Plural hingegen ist dieser Konsonant vorhanden:

*par **t** ons / ez / ent*

**Ebenso:**
*sortir*

## 5.2 Besonderheiten bei den Verben auf *-er*

| | | | |
|---|---|---|---|
| | ache**ter** | | |
| J' | achète | [aʃɛt] | un journal. |
| Tu | achètes | [aʃɛt] | "Macadam" ? |
| Il / Elle / On | achète | [aʃɛt] | un livre. |
| Nous | achetons | [aʃtɔ̃] | une maison. |
| Vous | achetez | [aʃte] | une télévision ? |
| Ils / Elles | achètent | [aʃɛt] | des lunettes. |

Einige Verben auf *-er* haben stammbetonte Formen (1.–3. Person Singular und 3. Person Plural) und endungsbetonte Formen (1. und 2. Person Plural).

Vergleichen Sie die Aussprache:

| | | |
|---|---|---|
| j'achète | [ʒaʃɛt] | (stammbetont) |
| nous‿achetons | [nuz‿aʃtɔ̃] | (endungsbetont) |

## 5.3 *ne ... pas de* + Substantiv

Wird *un/ une/ des* + Substantiv verneint, so steht *ne ... pas de* + Substantiv. *Ne ... pas de* hat die Bedeutung von „kein":

| | | |
|---|---|---|
| Ils ont **un** ordinateur. | → | Ils **n'**ont **pas d'**ordinateur. |
| Sie haben einen Computer. | → | Sie haben keinen Computer. |
| Je mange **des** pommes. | → | Je **ne** mange **pas de** pommes. |
| Ich esse Äpfel. | → | Ich esse keine Äpfel. |

**Attention !**
*De* wird vor Vokal und „stummem h" zu *d'*. Aus dem gleichen Grund wird auch *ne* zu *n'*.

## 5.4 *il y a* und *il n'y a pas de*

*Il y a* entspricht dem Deutschen „ist/ sind/ es gibt" und steht oft mit Ortsbestimmungen.
Die Verneinung von *il y a* lautet *il n'y a pas de.*

A Concarneau, **il y a** un port, mais **il n'y a pas d'**aéroport.
In Concarneau gibt es einen Hafen, aber es gibt keinen Flughafen.

Dans le jardin, **il y a** des fleurs, mais **il n'y a pas d'**arbres.
Im Garten gibt es Blumen, aber es gibt keine Bäume.

## 5.5 Der Imperativ

Den Imperativ verwendet man, um einen Wunsch, eine Aufforderung oder ein Verbot auszudrücken, um einen Rat oder einen Befehl zu geben. Ein Imperativ-Satz kann sich entweder an eine Person (du-Form und Sie-Form) oder an mehrere Personen (Plural-Form, die mit der Sie-Form identisch ist) richten. Bei der Plural-Form wird nicht unterschieden, ob die Angesprochenen geduzt (ihr) oder gesiezt (Sie) werden.

| du-Form | | | Sie-Form/ Plural-Form | | |
|---|---|---|---|---|---|
| **Traverse** | la rue. | Überquere die Straße! | **Traversez** | la rue. | Überqueren Sie die Straße!<br>Überquert die Straße! |
| **Tourne** | à gauche. | Biege nach links ab! | **Tournez** | à gauche. | Biegen Sie nach links ab!<br>Biegt nach links ab! |
| **Viens** | ici. | Komm her! | **Venez** | ici. | Kommen Sie her!/ Kommt her! |
| **Fais** | attention. | Sei vorsichtig! | **Faites** | attention. | Seien Sie vorsichtig!<br>Seid vorsichtig! |
| **Attends.** | | Warte! | **Attendez.** | | Warten Sie!/ Wartet! |

1. Bei der du-Form des Imperativs ist die Endung nicht hörbar. Sie entspricht der 1. Person Singular: Die Verben auf *-er* enden auf *-e (je traverse →* ***Traverse.*** [tʀavɛʀs]; *je tourne → Tourne.* [tuʀn]), die übrigen Verben enden auf *-s (je viens → Viens.* [vjɛ̃]; *je fais attention → Fais attention.* [fɛ]).
2. Bei der Sie- bzw. Plural-Form steht die gleiche Verb-Endung wie bei der 2. Person Plural *(vous traversez → Travers**ez.**; vous venez → Venez.).*
3. Nach dem Imperativ kann im Französischen im Unterschied zum Deutschen an Stelle des Ausrufezeichens ein Punkt stehen. Vor allem in Briefen sollte das Ausrufezeichen unbedingt vermieden werden.

**Attention !**
*aller: Va.* (Geh!) und *Allez.* (Gehen Sie!/ Geht!)

## 5.6 *De* und *à* + bestimmter Artikel

Folgen in einem französischen Satz die Artikel *le* bzw. *les* direkt auf die Präposition *de*, so können *de + le* bzw. *de + les* nicht stehen bleiben. Es findet eine Verschmelzung beider Teile statt:

| | | | |
|---|---|---|---|
| Je cherche la rue **du** Marché. | ~~(de + le)~~ | Il parle **de la** femme allemande. | (de + la) |
| C'est la rue **des** Carrières. | ~~(de + les)~~ | Voilà l'impasse **de la** Maison Rouge. | (de + la) |
| Le cinéma est à côté **du** théâtre. | ~~(de + le)~~ | J'habite près **de l'**hôpital. | (de + l') |
| Le restaurant est près **des** feux. | ~~(de + les)~~ | Au milieu **de la** ville, il y a une zone piétonne. | (de + la) |

| | |
|---|---|
| ~~*de + le*~~ → *du* und ~~*de + les*~~ → *des* | *de + la* und *de + l'* bleiben erhalten |

Die gleichen Regeln gelten für *à* + Artikel:

| | | | |
|---|---|---|---|
| Aujourd'hui, je vais **au** théâtre. | ~~(à + le)~~ | Il va **à la** maison. | (à + la) |
| La voiture attend **aux** feux. | ~~(à + les)~~ | Vous allez tout droit jusqu'**à l'**Arc de Triomphe. | (à + l') |

| | |
|---|---|
| ~~*à + le*~~ → *au* und ~~*à + les*~~ → *aux* | *à + la* und *à + l'* bleiben erhalten |

Für die Präpositionen des Ortes vgl. *Pont NeuF entrée,* **S. 122, 4.12 §2.**

## 5.7 Der Fragebegleiter *quel*

Der Fragebegleiter *quel* entspricht dem deutschen „welcher/welche/welches“. *Quel* richtet sich in Geschlecht und Zahl nach dem Substantiv, das es begleitet.

| | **männlich** | **weiblich** |
|---|---|---|
| **Singular** | **Quel** est le département le plus connu ? | **Quelle** est la ville la plus connue ? |
| **Plural** | **Quels** sont les départements à voir ? | **Quelles** sont les villes à voir ? |

Beim Sprechen sind die Unterschiede des Schriftbildes normalerweise nicht hörbar. Man spricht in allen Fällen [kɛl]. Im Plural ist jedoch das *-s* bei nachfolgendem Vokal hörbar: *Quels‿apéritifs aimez-vous ?* [kɛlz‿apeʀitif].

Einige Wendungen mit *quel*:

| | |
|---|---|
| Quel est votre nom ? | Wie heißen Sie? |
| Tu as quel âge ? | Wie alt bist du? |
| Quel est votre numéro de téléphone ? | Wie lautet Ihre Telefonnummer? |
| Vous partez à quelle heure ? | Um wie viel Uhr fahren Sie ab/ fahrt ihr ab? |
| Quel jour sommes-nous ? | Welcher Tag ist heute? |
| Quelle heure est-il ? | Wie spät ist es? |

Die anderen neuen Verben der Lektion finden Sie in der Verbliste!

# 6

## 6.1 Die unverbundenen (betonten) Personalpronomen

| | | | |
|---|---|---|---|
| | Moi, | j' | aime le thé. |
| Et | toi, | tu | adores le café ? – Oui. |
| Et | lui, | il | aime la bière. |
| | Elle, | elle | ne mange pas de croissants ? – Non. |
| Mais | nous, | nous | mangeons des croissants. |
| | nous, | on | mange des croissants. |
| | Vous, | vous | aimez la France ? – Oui. |
| Mais | eux, | ils | adorent l'Italie. |
| Et | elles, | elles | restent toujours en Allemagne. |

Neben den verbundenen (unbetonten) Personalpronomen *(je, tu, il/ elle/ on, nous, vous, ils/ elles*; vgl. *Pont NeuF entrée*, **S. 115, 2.4.**) kennt das Französische die unverbundenen (betonten) Personalpronomen *moi, toi, lui/ elle, nous, vous, eux/ elles.*

Diese werden verwendet:

1. wie in den obigen Beispielen zur Verstärkung: eine Person wird vor anderen hervorgehoben. Das unverbundene Personalpronomen wird durch das verbundene wiederaufgenommen *(Moi, je ...).*
2. nach Präpositionen: *avec lui, à côté de nous, après moi, pour eux, compter sur toi ... .*
3. im Satz ohne Verb: *Tu pars. Et moi ?/ Qui parle français ? – Lui ! Pas moi.*
4. nach *c'est* und *ce sont*: *La famille Deneux, c'est vous ? – Non, les Deneux, ce sont eux.*
5. in Verbindung mit *et* und *ou*: *Luc et moi, Anne ou toi.*

## 6.2 *faire + de – jouer + à – jouer + de*

| | |
|---|---|
| **faire + de + Sportarten:** | faire du sport<br>faire du tennis<br>faire du jogging<br>faire de la gymnastique<br>faire du vélo<br>(weitere Wendungen mit *faire* vgl. S. 9 und 27) |
| **jouer + à + einige Sportarten:**<br>**+ Spiele:** | jouer au tennis<br>jouer aux cartes |
| **jouer + de + Musikinstrumente:** | jouer du piano<br>jouer de la clarinette<br>jouer de la guitare |

## 6.3 Die Possessivbegleiter

| **Besitzer** | **ein einziger Besitzgegenstand** | | **mehrere Besitzgegenstände** | |
|---|---|---|---|---|
| | **männlich** | **weiblich** | **männlich** | **weiblich** |
| 1. Pers. Singular | **mon** livre | **ma** maison | **mes** livres | **mes** maisons |
| 2. Pers. Singular | **ton** livre | **ta** maison | **tes** livres | **tes** maisons |
| 3. Pers. Singular | **son** livre | **sa** maison | **ses** livres | **ses** maisons |
| 1. Pers. Plural | **notre** livre | **notre** maison | **nos** livres | **nos** maisons |
| 2. Pers. Plural | **votre** livre | **votre** maison | **vos** livres | **vos** maisons |
| 3. Pers. Plural | **leur** livre | **leur** maison | **leurs** livres | **leurs** maisons |

1. Bei einem einzigen Besitzgegenstand *(un livre, une maison)* richten sich die Possessivbegleiter in der 1.–3. Person Singular in Geschlecht nach dem Besitzgegenstand: ***un** livre* → ***mon** livre*, ***une** maison* → ***ma** maison*. Im Plural sowie bei mehreren Besitzgegenständen (Singular und Plural) ist die Unterscheidung nach dem Geschlecht des Besitzgegenstandes nicht zu treffen. Hier richten sich die Possessivbegleiter nur in der Zahl nach dem Besitzgegenstand. Es heißt ***notre** livre/ **notre** maison*, weil wir ein Buch/ ein Haus besitzen, und ***nos** livres/ **nos** maisons*, weil wir mehrere Bücher/ mehrere Häuser besitzen.
2. In der Aussprache werden *mon, ton, son, mes, tes, ses, nos, vos* und *leurs* vor Substantiven gebunden, die mit einem Vokal oder mit „stummem h" beginnen (***nos**‿amis* [noz‿ami], ***leurs**‿habitudes* [lœʀz‿abityd]).
3. Vor weiblichen Substantiven, die mit Vokal oder mit „stummem h" beginnen, werden *ma, ta, sa* zu *mon, ton, son* *(**mon**‿amie, **son**‿horloge).*
4. *Votre* und *vos* werden (wie *vous*) auch als Höflichkeitsform verwendet:
   *Est-ce que vous aimez **votre** maison ?*
   Mögen Sie **Ihr** Haus?/ Mögt ihr **euer** Haus?

**Attention !**
Anders als im Deutschen unterscheidet das Französische in der 3. Person Singular nicht zwischen männlichem und weiblichem Besitzer. Der Possessivbegleiter richtet sich ausschließlich nach dem Geschlecht des Besitzgegenstandes: *son livre:* sein/ ihr Buch, *sa maison:* sein/ ihr Haus.

## 6.4 Das *passé composé* mit *avoir*

Das *passé composé* gibt Handlungen in der Vergangenheit wieder, die bereits geschehen und beendet sind:

Le week-end dernier, Anne **a joué** au tennis.
Letztes Wochenende hat Anne Tennis gespielt.

En 1990, nous **avons acheté** la maison.
1990 haben wir das Haus gekauft.

Das *passé composé* mit *avoir* setzt sich aus zwei Elementen zusammen:

Hilfsverb *avoir* + Partizip Perfekt des entsprechenden Verbs

Die Verben auf *-er* bilden das Partizip auf *-é*:

| | | |
|---|---|---|
| jouer | → jou**é** : | J'ai jou**é** du piano. |
| acheter | → achet**é** : | Paul a achet**é** une maison. |

Vgl. auch **S. 146, 7.3**

Die Verben *prendre, faire* und *rire* bilden ein unregelmäßiges Partizip:

| | | |
|---|---|---|
| prendre | → **pris** : | J'ai **pris** des vacances. |
| faire | → **fait** : | Il a **fait** un chèque. |
| rire | → **ri** : | On a bien **ri**. |

Die anderen neuen Verben der Lektion finden Sie in der Verbliste!

# 7

## 7.1 Ländernamen und Nationalitätsbezeichnungen

| **Ländernamen** | **Adjektive** männl. Sing. | weibl. Sing. | **Substantive** männl. Sing. | weibl. Sing. |
|---|---|---|---|---|
| la France | français | française | un Français | une Française |
| l'Allemagne | allemand | allemande | un Allemand | une Allemande |
| le Maroc | marocain | marocaine | un Marocain | une Marocaine |

1. Ländernamen stehen in der Regel mit dem bestimmten Artikel (***la** France, **l'**Allemagne*; vgl. *Pont NeuF entrée*, **S. 116, 117, 2.6,§1**.). Die meisten Länder sind weiblich.
2. Auf die Fragen „wo?" und „wohin?" steht:
   - ***au*** bei männlichen Ländernamen, die mit einem Konsonant beginnen (*Je vais **au** Maroc. Je suis **au** Maroc.*).
   - ***en*** bei weiblichen Ländernamen (*Nous allons **en** France. Nous sommes **en** France.*), bei männlichen Ländernamen, die mit einem Vokal beginnen (*Tu vas **en** Uruguay? Tu es **en** Uruguay?*), und bei fast allen weiblichen Inselnamen (*Vous allez **en** Corse?, Vous êtes **en** Sicile?*).
   - ***aux*** bei Ländernamen im Plural (*Ils vont **aux** Pays Bas. Ils sont **aux** Pays Bas.*).
3. Auf die Frage „woher?" steht:
   - ***de*** bei weiblichen Ländernamen (*Nous venons **de** France.*).
   - ***du*** bei männlichen Ländernamen (*Je viens **du** Portugal.*).
   - ***des*** bei Ländernamen im Plural (*Ils viennent **des** Etats-Unis.*).
4. Die Adjektive sind von den Namen der Einwohner und Völker des entsprechenden Landes abgeleitet. Wie alle Adjektive:
   - werden sie klein geschrieben.
   - richten sie sich in Geschlecht und Zahl nach dem Bezugswort (*un plat italien, des plats italien**s**, une spécialité italienn**e**, des spécialités italienn**es***).
5. Die Namen von Völkern und Einwohnern werden immer groß geschrieben. Sie sind veränderlich und richten sich in Geschlecht und Zahl nach der Person, die sie bezeichnen (*un Français, des Français, une Français**e**, des Français**es***).

## 7.2 Datum – Monatsangaben – Jahresangaben

1. Zur Angabe des Datums verwendet man die Grundzahlen (vgl. *Pont NeuF entrée,* **S. 120, 3.8, §2**) für den 2. bis 31. des Monats: *le 8 (huit) mai, le 2 (deux) juin*. Nach den Zahlen steht kein Punkt.
Beim „1." steht allerdings genau wie im Deutschen die Ordnungszahl:
*Aujourd'hui, c'est* ***le 1er (le premier)*** *octobre.*

On est le combien aujourd'hui? – **Le 10 (dix)** février.
Der Wievielte ist heute? – Der 10. Februar.

Il est chez nous **du 2 (deux) au 15 (quinze)** avril.
Er ist vom 2. bis zum 15. April bei uns.

2. Monatsnamen stehen normalerweise in Verbindung mit *en* oder *au mois de:*

Je suis arrivé à Toulouse **en** janvier 1993.
Ich bin im Januar 1993 in Toulouse angekommen.

Je suis parti **au mois d'**août 1995.
Ich bin im August 1995 abgereist.

Die Monatsnamen:

| | | |
|---|---|---|
| janvier | mai | septembre |
| février | juin | octobre |
| mars | juillet | novembre |
| avril | août | décembre |

3. Bei Jahresangaben steht die Präposition *en*:

**En** 1990, il a visité Paris.
(Im Jahr) 1990 hat er Paris besichtigt.

**Attention !**
1990 = Mil neuf cent quatre-vingt-dix
= Dix-neuf cent quatre-vingt-dix

(Werden Jahreszahlen in Worten ausgeschrieben, wird *mille* zu *mil.*)

## 7.3 Das *passé composé* mit *avoir* und *être*

1. Die Bildung des Partizip Perfekt

Das *passé composé* setzt sich – wie auf **S. 145, 6.4** dargestellt – aus einem Hilfsverb und dem Partizip Perfekt zusammen.
Das Partizip Perfekt hat folgende Endungen:

| Regelmäßige Formen | | | |
|---|---|---|---|
| -er | → | **é** | J'ai pens**é** à toi. |
| -re | → | **u** | Il a entend**u** le téléphone. |
| -ir | → | **i** | Aujourd'hui, il est part**i**. |

| Unregelmäßige Formen | | | |
|---|---|---|---|
| avoir | → | **eu** | J'ai **eu** des vacances. |
| décrire | → | **décrit** | Ils ont **décrit** les photos. |
| dire | → | **dit** | Anne a **dit** bonjour. |
| être | → | **été** | Elle a **été** en vacances. |
| faire | → | **fait** | Nous avons **fait** la cuisine. |
| ouvrir | → | **ouvert** | On a **ouvert** un musée dans la ville. |
| prendre | → | **pris** | Paul a **pris** des vacances. |
| rire | → | **ri** | On a bien **ri**. |

2. Das Hilfsverb *être*

Einige Verben bilden das *passé composé* nicht mit dem Hilfsverb *avoir*, sondern mit dem Hilfsverb *être*.
Es sind dies die nebenstehenden Verben.

| | | |
|---|---|---|
| aller | sortir | arriver |
| venir | entrer | retourner |
| devenir | rentrer | demeurer (bleiben) |
| revenir | rester | monter |
| partir | tomber | descendre |

**Attention !**
Im Unterschied zum Deutschen wird das *passé composé* des Verbs *être* mit *avoir* gebildet:
Elle **a été** formidable. Sie ist toll gewesen.

3. Die Veränderlichkeit des Partizip Perfekt

Il a mangé une escalope de veau.
Elle a mangé une côte d'agneau.

Partizipien, die das *passé composé* mit *avoir* bilden, sind normalerweise unveränderlich.

Je suis arrivé(e) le 10 mai.
Tu es arrivé(e) le 5 mai ?
Il est arrivé le 1^er^ mars.
Elle est arrivée en 1990.
Nous sommes arrivé(e)s en janvier.
Vous êtes arrivé(e)(s) en juillet ?
Ils sont arrivés au mois de juin.
Elles sont arrivées en 1994.

Partizipien, die das *passé composé* mit *être* bilden, sind hingegen veränderlich. Sie richten sich in Geschlecht und Zahl nach dem Subjekt.

Bei *on* und *vous* richtet sich das Partizip nach den Personen, die bezeichnet werden:

Anne et moi (= Paul), on est arriv**és** hier.
Anne et moi (= Jacqueline), on est arriv**ées** hier.

M. Duroc, vous êtes arriv**é** hier ?
Mme Duroc, vous êtes arriv**ée** hier ?
Les enfants, vous êtes arriv**és** hier ?

4. Die Verneinung

Elle n'a pas été en vacances.
M. Duroc n'est pas arrivé hier.

Beim *passé composé* stehen die Verneinungselemente *ne* und *pas* um das Hilfsverb. Das Partizip wird nicht durch die Verneinung umschlossen.

## 7.4 Der Teilungsartikel

On boit **du** café, **de la** bière et **de l'**eau.
Elle offre **du** pain, **du** beurre et **de la** confiture.

Der Teilungsartikel *(du, de la, de l')* steht im Französischen bei **nicht zählbaren** Dingen, um eine **unbestimmte Menge** auszudrücken. Er setzt sich zusammen aus den Elementen *de* + bestimmter Artikel.

Il mange **des** petits pains et **des** toasts.

Der Plural des unbestimmten Artikels *(des*; vgl. *Pont NeuF entrée,* **S. 121, 4.10, §1**) steht bei **zählbaren** Dingen und drückt eine unbestimmte Anzahl aus.

**Vergleichen Sie:**
Im Deutschen steht in beiden Fällen das Substantiv ohne Artikel:
Il boit **du** café et mange **des** toasts. Er trinkt Kaffee und isst Toasts.

Elle boit **du** café. – Elle **ne** boit **pas de** café.
Il mange **des** toasts. – Il **ne** mange **pas de** toasts.

Die Verneinung wird sowohl beim Teilungsartikel als auch beim Plural des unbestimmten Artikels mit *ne... pas de* gebildet (vgl. **S. 141, 5.3**).

→ Die anderen neuen Verben der Lektion finden Sie in der Verbliste!

# 8

## 8.1 Der Superlativ

Der Superlativ ist die höchste Steigerungsform des Adjektivs.

| | **männlich** | **weiblich** |
|---|---|---|
| **Singular** | Le moyen de transport **le plus cher,** c'est l'avion.<br>Le moyen de transport **le moins cher,** c'est le vélo. | La ville **la plus belle,** c'est Paris.<br>La ville **la moins belle,** c'est... |
| **Plural** | Ce sont les monuments **les plus importants.**<br>Ce sont les monuments **les moins importants.** | Ce sont les spécialités **les plus connues.**<br>Ce sont les spécialités **les moins connues.** |

Der Superlativ wird gebildet aus:

*le/ la/ les plus* + Adjektiv oder *le/ la/ les moins* + Adjektiv

## 8.2 *On* als Ersatz für das Passiv

Dans mon quartier, **on** a ouvert un restaurant chinois.
In meinem Stadtteil ist ein Chinarestaurant eröffnet worden.

En Belgique, **on** parle néerlandais, français et allemand.
In Belgien wird Niederländisch, Französisch und Deutsch gesprochen.

**On** a interdit la circulation sur l'île d'Aix.
Der Autoverkehr auf der Insel Aix wurde verboten.

Anders als im Deutschen findet man das Passiv im Französischen selten. Das gilt vor allem für die gesprochene Sprache, in der das Passiv häufig durch eine Umschreibung mit dem unpersönlichen *on* ersetzt wird.

## 8.3 Präpositionen

| **Präpositionen des Ortes** | | |
|---|---|---|
| Je vais<br>Nous sommes | **à** Paris.<br>**à** Noirmoutiers. | **à** bei Städten und kleineren Inseln |
| Paul travaille<br>Anne passe les vacances | **sur** l'île d'Oléron.<br>**sur** l'île d'Aix. | **sur** *l'île de* + Inselname |
| Quels sont les monuments à voir<br>On boit le calvados<br>Je suis souvent | **en** Bretagne ?<br>**en** Normandie.<br>**en** Corse. | **en** bei Regionen (weiblich) und größeren Inseln (weiblich) |

Für die Präpositionen bei Ländernamen vgl. **S. 145, 7.1.**

| Präpositionen bei Transportmitteln | | |
|---|---|---|
| Nous allons à Paris<br>Tu viens chez moi<br>Vous allez en France | **à** bicyclette.<br>**à** pied ?<br>**à** moto ? | **à:** auf einem Transportmittel |
| Paul va à Paris<br>Anne est allée à Londres<br>Je vais à Toulouse<br>Je suis allé sur l'île d'Aix<br>Nous allons à l'université<br>Ils arrivent | **en** train.<br>**en** avion.<br>**en** voiture.<br>**en** bateau.<br>**en** métro.<br>**en** bus. | **en:** in einem Transportmittel |

| Präpositionen bei Jahreszeiten | |
|---|---|
| Je vais à Paris | **au** printemps (im Frühjahr). |
| En Provence, il fait chaud | **en** été (im Sommer). |
| Je n'ai pas de vacances | **en** automne (im Herbst). |
| Nous faisons du ski | **en** hiver (im Winter). |

## 8.4 Das *futur composé*

| | **aller** | **Infinitiv** | |
|---|---|---|---|
| Qu'est-ce que tu | vas | faire | ce week-end ? |
| Je | vais | faire | du vélo. |
| Et ton copain, qu'est-ce qu'il | va | faire ? | |
| Demain, il | va | visiter | un musée et |
| dimanche, il | va | rester | à la maison. |

Das *futur composé* wird verwendet, um zukünftige Handlungen auszudrücken. Sätze mit dieser Zeitform lassen oft ein Vorhaben oder eine Absicht der betreffenden Person erkennen.

Das *futur composé* besteht aus zwei Elementen:

Präsensform von *aller* + Infinitiv des betreffenden Verbs

**Vergleichen Sie:**
Im Deutschen steht häufig Präsens, wenn das Französische das *futur composé* verwendet:
Qu'est-ce que tu vas faire ce week-end ? Was machst du dieses Wochenende?

## 8.5 Die Wortstellung im Aussagesatz

| Subjekt | Prädikat | Objekt |
|---|---|---|
| Le touriste | regarde | le pêcheur. |
| Le touriste | a regardé | le pêcheur. |
| Le touriste | aime regarder | le pêcheur. |
| Le touriste | va regarder | le pêcheur. |

Vergleichen Sie mit dem Deutschen:
Der Tourist beobachtet den Fischer.
Der Tourist hat den Fischer beobachtet.
Der Tourist liebt es, den Fischer zu beobachten.
Der Tourist wird den Fischer beobachten.

Im Französischen ist die normale Stellung der Satzglieder im Aussagesatz: Subjekt – Prädikat – Objekt. Da das Substantiv als Subjekt und als Objekt die gleiche Form hat, ist dessen Funktion nur durch die Stellung im Satz bestimmt (das Subjekt steht vor dem Verb, das Objekt folgt dem Verb).

| | | | | |
|---|---|---|---|---|
| Ce soir, | le touriste | a regardé | le pêcheur. | |
| | Le touriste | a regardé | le pêcheur | ce soir. |
| Ce soir, | le touriste | a regardé | le pêcheur | dans le port. |
| | Le touriste | a regardé | le pêcheur | dans le port ce soir. |
| adverbiale Bestimmung | Subjekt | Prädikat | Objekt | adverbiale Bestimmung |

Adverbiale Bestimmungen können am Anfang und am Ende des Satzes stehen. Wenn adverbiale Bestimmungen des Ortes und der Zeit nebeneinander in einem Satz vorkommen, so steht normalerweise Ort vor Zeit.

| | | | | | |
|---|---|---|---|---|---|
| Ce soir, | le pêcheur | a donné | des poissons | au touriste. | |
| | Le pêcheur | a donné | des poissons | au touriste | ce soir. |
| adverbiale Bestimmung | Subjekt | Prädikat | direktes Objekt | indirektes Objekt | adverbiale Bestimmung |

Enthält ein Satz zwei Objekte, so steht das direkte Objekt vor dem indirekten Objekt.

Die anderen neuen Verben der Lektion finden Sie in der Verbliste!

9

## 9.1 Das partitive *de* nach bestimmten Mengenangaben

| | | | |
|---|---|---|---|
| Il achète | un kilo | **de** | pêches, |
| | un paquet | **de** | biscottes, |
| | une bouteille | **d'** | eau, |
| | 10 tranches | **de** | jambon et |
| | 200 grammes | **de** | fromage. |
| Elle met | 4 cuillères à soupe | **d'** | huile de noix et |
| | 1 cuillère à café | **de** | vinaigre, du sel et du poivre. |

Mengenangabe + *de* + Substantiv ohne Artikel

Das partitive *de* steht nach **bestimmten Mengenangaben** (wie *un kilo, une bouteille, 200 grammes*). Das Substantiv, das dem *de* folgt, steht bei **zählbaren** Dingen im **Plural** *(un kilo de pommes)*, bei **nicht zählbaren** Dingen im **Singular** *(un kilo de fromage)*.

**Attention !**
Soll eine **unbestimmte Menge** bezeichnet werden, so steht bei **nicht zählbaren** Dingen der Teilungsartikel *(Il achète **du** lait.)*, bei **zählbaren** Dingen der unbestimmte Artikel *(Il achète **une** pomme.; Il achète **des** oranges.*; vgl. **S. 147, 7.4**).

## 9.2 Die Verben auf *-ir*

| | | |
|---|---|---|
| | choisi**r** | |
| Je | chois**is** | une robe. |
| Tu | chois**is** | un jean ? |
| Il / Elle / On | chois**it** | un tee-shirt. |
| Nous | chois**issons** | une valise. |
| Vous | chois**issez** | des sandales ? |
| Ils / Elles | chois**issent** | des chaussures. |

Einige Verben auf *-ir* erweitern wie *choisir* den Verbstamm im Plural um *-ss-*:

| Singularstamm: | Pluralstamm: |
|---|---|
| choisi- | choisiss- |
| fini- | finiss- |
| réfléchi- | réfléchiss- |
| réparti- | répartiss- |
| rempli- | rempliss- |

Diese Verben bilden das Partizip Perfekt wie alle regelmäßigen Verben auf *-ir* mit der Endung *-i (j'ai choisi*; vgl. **S. 146, 147, 7.3**).

**Attention !**
Die andere, Ihnen bereits bekannte Gruppe der Verben auf *-ir* wird nach dem Muster von *partir* konjugiert (vgl. **S. 140, 5.1**).

## 9.3 Der Komparativ

| | | |
|---|---|---|
| Ces vêtements sont | **plus** chers **que** | les autres. |
| La ville de Lyon est | **plus** importante **que** | la ville d'Amiens. |
| Les spécialités françaises sont | **plus** connues **que** | les spécialités allemandes. |
| Pascal est | **moins** sympa **que** | son frère. |
| L'île de Bréhat est | **moins** grande **que** | l'île d'Oléron mais plus jolie. |

Der Komparativ wird gebildet aus:

*plus* + Adjektiv *(+ que)* oder *moins* + Adjektiv *(+ que)*

Der Komparativ dient als Steigerungsform des Adjektivs dem Vergleich. Nach *plus* + Adjektiv bzw. *moins* + Adjektiv steht normalerweise das mit *que* eingeleitete Bezugswort, das jedoch fehlen kann, wenn der Vergleich nur gedacht, aber nicht vollständig versprachlicht wird *(Ces spécialités sont plus connues [que les autres].).*

Bei Gleichheit zwischen den beiden Elementen des Vergleichs steht *aussi* + Adjektiv + *que*:
Anne est **aussi** sympa **que** son ami.

## 9.4 Die direkten Objektpronomen der 3. Person

Die direkten Objektpronomen der 3. Person *le, la, les* vertreten ein bereits erwähntes Substantiv und stimmen mit ihm in Geschlecht und Zahl überein. Sie stehen in der Funktion des direkten Objekts, d. h. im Akkusativ.

| | |
|---|---|
| Tu as vu Jean ? – Non, je ne **le** connais pas. | (le = Jean) |
| Mais j'ai vu Jacqueline. Toi aussi ? – Non. – | |
| Appelle-**la** donc et invite-**la** avec Anne et Pierre. – | (la = Jacqueline) |
| D'accord. Je vais **les** inviter lundi pour le dîner. – | (les = Jacqueline, Anne et Pierre) |
| Tu as le temps de **le** préparer ? – Oui, bien sûr. | (le = le dîner) |

1. Die direkten Objektpronomen haben die gleichen Formen wie die bestimmten Artikel. Wie diese werden *le* und *la* vor Vokal und „stummem h" zu *l'* *(Je **l'**aime bien.)*.
2. In Aussagesätzen stehen die direkten Objektpronomen gewöhnlich vor dem konjugierten Verb. Werden die Sätze verneint, so umschließen *ne* und *pas* Objektpronomen und Verb *(Je **ne** le vois **pas**.)*. Beim *passé composé* umschließen die Verneinungspartikel das Pronomen und das Hilfsverb *(Je **ne** l'ai **pas** vu.)*.
3. In Imperativsätzen steht das Objektpronomen nach dem Imperativ. Es wird mit Bindestrich angeschlossen *(Appelle-**la**. Invite-**les**.)*.
4. In Sätzen, die mit *futur composé* (vgl. **S. 149, 8.4**) gebildet sind, steht das Objektpronomen vor dem Infinitiv *(Je vais **les** inviter.)*.

Für die direkten Objektpronomen der 1. und 2. Person vgl. **S. 153, 10.2**.

## 9.5 Die reflexiven Verben

Bei reflexiven Verben beziehen sich die Pronomen *me, te, se, nous, vous, se* auf das Subjekt.

| | | |
|---|---|---|
| Je | **me** | lève à 7 heures. |
| Et toi ? Tu | **te** | lèves à quelle heure ? |
| Il / Elle / On | **se** | lève à 9 heures. |
| Nous | **nous** | levons tard le dimanche. |
| Vous | **vous** | levez maintenant ? |
| Ils / Elles ne | **se** | lèvent pas avant 9 heures. |

**Ebenso:**
*s'amuser*
*s'appeler*
*s'occuper*
*se détendre*
*se réveiller etc.*

1. Vor Vokal und „stummem h" werden *me, te, se* zu *m', t', s'* *(Il **s'**amuse bien.)*.
2. Die Reflexivpronomen stehen gewöhnlich vor dem konjugierten Verb. In verneinten Sätzen werden Reflexivpronomen und Verb durch *ne* und *pas* umschlossen *(Je **ne** me lève **pas**.)*.
3. Wie die direkten Objektpronomen (vgl. **S. 151, 152, 9.4**) stehen auch die Reflexivpronomen beim *futur composé* vor dem Infinitiv *(Je vais **me** lever maintenant.)*.

Für das *passé composé* der reflexiven Verben vgl. **S. 155, 11.2**.

Die anderen neuen Verben der Lektion finden Sie in der Verbliste!

# 10

## 10.1 Die indirekten Objektpronomen der 3. Person

In einem Satz wird ein indirektes Objekt durch *à* eingeleitet. Im Deutschen fragt man nach diesem Satzteil mit „Wem?". Wird ein indirektes Objekt in einem nachfolgenden Satz wiederholt, so kann es durch ein Pronomen vertreten werden. Die Pronomen lauten in der 3. Person *lui* und *leur*.

| | | | | |
|---|---|---|---|---|
| Tu as écrit **à Paul** ? | – Oui, je | **lui** | ai écrit. | (lui = à Paul) |
| Tu as écrit **à Jacqueline** ? | – Non, je ne | **lui** | écris pas. | (lui = à Jacqueline) |
| Tu as écrit **à Pierre et Anne** ? | – Je | **leur** | écris maintenant. | (leur = à Pierre et Anne) |
| Tu as écrit **à Martine et Chantal** ? | – Non, je | **leur** | écris demain. | (leur = à Martine et Chantal) |

1. Anders als die direkten Objektpronomen *le, la, les* (vgl. **S. 151, 152, 9.4**) vertreten die indirekten Objektpronomen *lui* und *leur* ausschließlich Menschen und Tiere.
2. Für die Stellung der Pronomen und der Verneinungspartikel *ne* und *pas* gelten dieselben Regeln wie für die direkten Objektpronomen *le, la, les* (vgl. **S. 151, 152, 9.4**).
3. *Lui* verweist auf ein Substantiv im Singular, *leur* auf ein Substantiv im Plural. Eine Unterscheidung zwischen männlichen und weiblichen Wesen wird nicht getroffen.

   Vergleichen Sie mit dem Deutschen:

   Ich schreibe ihm. →
   Ich schreibe ihr. → *Je* ***lui*** *écris.*

**Attention !**
Anders als die Possessivbegleiter *leur (leur maison* = ihr Haus) und *leurs (leurs maisons* = ihre Häuser) ist das indirekte Objektpronomen *leur (Je leur écris.* = Ich schreibe ihnen.) unveränderlich.

Für die indirekten Objektpronomen der 1. und 2. Person vgl. **S. 153, 10.2**.

## 10.2 Die direkten und indirekten Objektpronomen der 1. und 2. Person

Die Objektpronomen der 1. und 2. Person *me, te, nous, vous* können direktes und indirektes Objekt sein.

Direktes Objekt:

| | | | |
|---|---|---|---|
| Pierre | **me** | regarde. | Peter beobachtet mich. |
| | **te** | | Peter beobachtet dich. |
| | **nous** | | Peter beobachtet uns. |
| | **vous** | | Peter beobachtet euch/ Sie. |

Indirektes Objekt:

| | | | |
|---|---|---|---|
| Anne | **m'** | écrit souvent. | Anne schreibt mir häufig. |
| | **t'** | | Anne schreibt dir häufig. |
| | **nous** | | Anne schreibt uns häufig. |
| | **vous** | | Anne schreibt euch/ Ihnen häufig. |

Vor Verben, die mit Vokal oder „stummem h" beginnen, werden *me* und *te* zu *m'* und *t' (Il m'aime.). Nous* und *vous* werden in der Aussprache gebunden *(Il nous‿adore.)*.

## 10.3 Das *imparfait*

Das *imparfait* gibt Situationen, Zustände, Stimmungen und gewohnheitsmäßige Handlungen in der Vergangenheit wieder.

| | | |
|---|---|---|
| J' | aim**ais** | jouer tous les jours avec les enfants. |
| Tu | aim**ais** | jouer aux dominos ? |
| Il / Elle / On | aim**ait** | jouer aux cartes régulièrement. |
| Le lundi, nous | aim**ions** | jouer du piano. |
| Vous aussi, vous | aim**iez** | jouer de la clarinette de temps en temps ? |
| Le soir, ils / elles | aim**aient** | jouer sur la plage. |

1. Die Bildung des *imparfait*
   a. Zur Bildung des *imparfait* hängt man die Endungen *-ais, -ais, -ait, -ions, -iez, -aient* an den Stamm der 1. Person Plural des Präsens *(nous aimons → j'aimais; nous voulons → je voulais).*
   Als einzige Ausnahme bildet *être* das *imparfait* nicht nach dieser Regel: *j'étais, tu étais, ....*
   b. Um die Aussprache zu erhalten, wird vor die *imparfait*-Endungen *-ais, -ais, -ait* und *-aient* bei den Verben mit der Endung *-ger* ein *-e-* eingefügt; bei den Verben auf *-cer* wird das *-c-* durch ein *-ç-* ersetzt *(Ils mang**e**aient vers six heures en hiver. Tous les soirs, ils commen**ç**aient avec des crudités.).*

2. Der Gebrauch des *imparfait* im Vergleich zum *passé composé*

| ***imparfait:* Situationsbeschreibung** | ***passé composé:* Handlungskette** |
|---|---|
| J'avais envie de vacances. | |
| | Je suis donc partie le 2 juillet à Paris. |
| Il faisait très chaud. | |
| | D'abord, j'ai pris un express dans un bar. |
| Il y avait beaucoup de gens. | |
| | Ensuite, j'ai cherché mon hôtel sur le plan. |
| C'était très difficile à trouver. | |
| | Enfin, je l'ai trouvé. |
| | J'ai acheté un ticket de métro. |
| Dans le métro, il faisait encore plus chaud.. | |
| | Je suis arrivée une demi-heure plus tard à l'hôtel. |
| L'hôtel était très calme. | |

**Attention !**
***Imparfait:*** insgesamt wird das Geschehen ohne feste zeitliche Begrenzung gesehen. Es interessiert nicht, wann etwas begonnen hat, bzw. wann etwas zu Ende ging.

Das *imparfait* steht:
a. bei Situationsschilderungen oder Beschreibungen von Gewohnheiten in der Vergangenheit (Beschreibung eines Zustandes; Frage: „Was war damals?", „Was war üblich?").
b. bei Hintergrundinformationen in der Vergangenheit, die nicht zu den aufeinander folgenden Ereignissen (Handlungskette) gehören, sondern die Begleitumstände der Ereignisse schildern (Frage: „Was war noch?", „Was war schon?").
c. bei Kommentaren und Erklärungen zu den Ereignissen der Vergangenheit.

***Passé composé:*** Die Ereignisse sind durch eine zeitliche Abfolge begrenzt und abgeschlossen. Anfang und Ende sind wichtig. Mehrere Ereignisse bilden eine Handlungskette, bei der ein Glied auf das andere folgt.

Das *passé composé* steht:
a. bei punktuellen Ereignissen, die nur einmal und zu einem bestimmten Zeitpunkt stattfanden (Frage: „Was geschah?").
b. bei den einzelnen Ereignissen einer Handlungskette, die zusammen das Handlungsgerüst bilden (Ereignisse im Vordergrund; Frage: „Was geschah nun?" „Und dann?" „Und dann?").

Die anderen neuen Verben der Lektion finden Sie in der Verbliste!

# 11

## 11.1 Das Relativpronomen *qui*

Das Relativpronomen *qui* ist das Subjekt des Relativsatzes. Es entspricht den deutschen Relativpronomen „der", „die", „das".

| | | |
|---|---|---|
| J'ai écrit une lettre à Anne | **qui** | vit à Paris. |
| Elle habite une maison | **qui** | me plaît beaucoup. |
| A Paris, elle a rencontré Pierre et Jacqueline | **qui** | passent les vacances chez un ami. |
| Ils ont dîné dans un restaurant | **qui** | est près du Louvre. |

1. Das Relativpronomen *qui* bezieht sich auf Personen und Sachen.
2. Im Unterschied zu den deutschen Relativpronomen ist *qui* in Geschlecht und Zahl unveränderlich.
3. Im Französischen steht das Verb auch in Nebensätzen – wie z. B. hier im Relativsatz – direkt hinter dem Subjekt und nicht wie im Deutschen am Satzende *(J'ai écrit une lettre à Anne qui* ***vit*** *à Paris.* Ich habe einen Brief an Anne geschrieben, die in Paris **lebt**.)

## 11.2 Das *passé composé* der reflexiven Verben

Das *passé composé* der reflexiven Verben (vgl. **S. 152, 9.5**) wird mit *être* gebildet.

| | | | | | | |
|---|---|---|---|---|---|---|
| Il | s'est | lavé. | Il | s'est | lavé | les mains. |
| Elle | s'est | lavée. | Elle | s'est | lavé | les mains. |
| Ils ne | se sont pas | lavés. | Ils ne | se sont pas | lavé | les mains. |
| Elles | se sont | lavées. | Elles | se sont | lavé | les mains. |

1. Das Reflexivpronomen steht vor dem Hilfsverb *être (Il* ***s'****est lavé.* Er hat sich gewaschen.).
2. Das Partizip Perfekt (*lavé*) richtet sich nur dann in Geschlecht und Zahl nach dem Subjekt, wenn es sich bei dem Reflexivpronomen um ein **direktes Objekt** handelt *(Ils* ***se*** *sont lavé****s****.* Sie haben sich gewaschen.).
3. Folgt dem Verb ein direktes Objekt *(les mains)*, dann handelt es sich bei dem Reflexivpronomen automatisch um ein **indirektes Objekt**. In diesem Fall bleibt das Partizip unverändert *(Ils* ***se*** *sont lavé les mains.* Sie haben sich die Hände gewaschen.).
4. In verneinten Sätzen umschließen *ne* und *pas* das Reflexivpronomen und das Hilfsverb *être (Elle* ***ne*** *s'est* ***pas*** *lavée.* Sie hat sich nicht gewaschen.).

## 11.3 Das *futur simple*

Neben dem *futur composé* (Präsensform von *aller* + Infinitiv; vgl. **S. 149, 8.4**) kennt das Französische mit dem *futur simple* eine zweite Zeitform, die zukünftige Ereignisse ausdrückt.

| | | |
|---|---|---|
| Je | parti**rai** | demain. |
| Tu | parti**ras** | en vacances? |
| Il / Elle / On | parti**ra** | la semaine prochaine. |
| Nous | parti**rons** | en train. |
| Vous | parti**rez** | en bus? |
| Ils / Elles | parti**ront** | après toi. |

1. Bei den Verben auf *-er* werden die Futur-Endungen *-rai, -ras, -ra, -rons, -rez, -ront* an die 1. Person Singular Präsens des betreffenden Verbs angehängt *(J'achète → j'achète**rai**)*.
   Ausnahme: Verben der Gruppe 12 (vgl. S. 160): Bei ihnen leiten sich die Formen des *futur simple* vom Infinitivstamm ab *(**répéter** → je répéte**rai**)*.

   Bei den regelmäßigen Verben auf *-ir* und *-re* sowie bei den meisten unregelmäßigen Verben fügt man die Futur-Endungen an den Stamm des Infinitivs an *(**partir** → je parti**rai**; **attendre** → j'attend**rai**; **vivre** → je viv**rai**)*.
2. Das *futur simple* drückt eher eine Vorhersage aus, das *futur composé* eher eine Absicht. Oft sind sie jedoch austauschbar. Beide Zeitformen kommen sowohl in der gesprochenen als auch in der geschriebenen Sprache vor. In der geschriebenen Sprache überwiegt allerdings das *futur simple*.

→ Die anderen neuen Verben der Lektion finden Sie in der Verbliste!

# 12

## 12.1 Der Bedingungssatz

Der Bedingungssatz besteht aus zwei Teilen. Er enthält einen durch die Konjunktion *si* eingeleiteten Nebensatz (*si*-Satz), der die Bedingung ausdrückt, und einen Hauptsatz, in dem die Folge der Bedingung formuliert wird.

| | |
|---|---|
| Restez à la maison, | **si** vous êtes malade. |
| **Si** j'ai le temps en juillet, | je partirai en vacances. |
| **S'**il pleut, | on ne peut pas bronzer. |

*si*-Satz = Präsens → Hauptsatz = Präsens oder Futur

1. Der Nebensatz mit *si* (= wenn, falls) kann vor oder nach dem Hauptsatz stehen.
2. Abweichend vom Deutschen steht im Nebensatz mit *si* nie Futur. Es wird durch Präsens wiedergegeben. Dies gilt auch für Bedingungen, die sich auf die Zukunft beziehen.

3. Steht im *si*-Satz Präsens, so kann im Hauptsatz Präsens oder Futur stehen.
4. *Si* + *il* verschmelzen zu *S'il*. *Si* + *elle* bleiben erhalten.

**Attention !**
Beim indirekten Fragesatz mit *si* (= ob) kann anders als beim Bedingungssatz das Verb im Futur stehen (*Je lui demande s'il partira demain.*).

## 12.2 Präpositionen der Zeit

| | |
|---|---|
| J'habite à Paris **depuis** deux ans. | Ich wohne seit zwei Jahren in Paris. |
| J'ai déménagé **il y a** trois mois. | Ich bin (heute) vor drei Monaten umgezogen. |
| **Ça fait** un mois que je suis à la retraite. | Ich bin seit einem Monat im Ruhestand. |
| **Au bout de** trois mois il a enfin donné de ses nouvelles. | Nach (Ablauf von) drei Monaten hat er endlich von sich hören lassen. |
| Il est arrivé **avant** minuit. | Er ist vor Mitternacht angekommen. |

## 12.3 Die Adverbialpronomen *y* und *en*

| | |
|---|---|
| La semaine dernière, j'étais à Bordeaux. Je m'**y** suis bien amusé. | (y = à Bordeaux) |
| A Bordeaux, Paul m'a appris une bonne nouvelle. Je t'**en** parlerai demain. | (en = de la nouvelle) |

1. Für *y* und *en* gelten dieselben Stellungsregeln wie für die direkten Objektpronomen *le, la, les* (vgl. **S. 151, 9.4**).
2. Das Adverbialpronomen *y* vertritt im Satz indirekte Objekte, die mit *à* an das Verb angeschlossen sind (z. B. *penser **à la lettre de Pascale***), und Ortsangaben, die mit *à, dans, en, sur, sous, près de, à côté de* und *chez* eingeleitet werden (z. B. *aller **à Paris**, habiter **dans une maison***). *En* steht für Ergänzungen mit *de (sortir **de l'école**)*.
   *Y* und *en* ersetzen somit Ortsbestimmungen (*à Bordeaux* → ***y***; *de Bordeaux* → ***en***) und Sachen (*penser au film* → ***y** penser; parler du film* → ***en** parler*).
3. Normalerweise werden Personen nicht durch *y* und *en* ersetzt. Statt dessen stehen *de* bzw. *à* + unverbundenes Personalpronomen (*penser aux amis* → *penser à eux; parler des amis* → *parler d'eux*; vgl. **S. 143, 6.1**) oder die Objektpronomen (z. B. *lui* und *leur*; vgl. **S. 153, 10.1**).

**Attention !**
Je vais **à Paris**. → J'**y** vais.
Je viens **de Paris**. → J'**en** viens.

→ Die anderen neuen Verben der Lektion finden Sie in der Verbliste!

# VERBTABELLE

## Konjugationsmuster der französischen Verben

In der Verbtabelle sind die Konjugationsmuster der in der alphabetischen Wortliste von *Pont NeuF entrée* und *en route* enthaltenen Verben dargestellt. Es werden 44 verschiedene Muster unterschieden. Darunter fallen auch die vier farbig unterlegten Grundmuster der Verben auf *-er* (3), *-ir* (13, 14) und *-re* (26).
Eine vollständige, alphabetisch geordnete Verbliste finden Sie auf S. 166. Jedes dort verzeichnete Verb ist durch eine Zahl einem der hier aufgeführten Konjugationsmuster zugeordnet.
In der Verbtabelle sind die unregelmäßigen Formen fett markiert. Für die regelmäßigen Ableitungen vgl. S. 146, 147, 7.3, S. 154, 155, 10.3 und S. 156, 11.3.

| Präsens | | *Passé composé* | | | *Imparfait* | | Futur | |
|---|---|---|---|---|---|---|---|---|

*ÊTRE* UND *AVOIR*

1 être

| | | | | | | | | |
|---|---|---|---|---|---|---|---|---|
| je | **suis** | j' | ai | **été** | j' | **étais** | je | **serai** |
| tu | **es** | tu | as | été | tu | étais | tu | seras |
| il | **est** | il | a | été | il | était | il | sera |
| nous | **sommes** | nous | avons | été | nous | étions | nous | serons |
| vous | **êtes** | vous | avez | été | vous | étiez | vous | serez |
| ils | **sont** | ils | ont | été | ils | étaient | ils | seront |

2 avoir

| | | | | | | | | |
|---|---|---|---|---|---|---|---|---|
| j' | **ai** | j' | ai | **eu** | j' | **avais** | j' | **aurai** |
| tu | **as** | tu | as | eu | tu | avais | tu | auras |
| il | **a** | il | a | eu | il | avait | il | aura |
| nous | avons | nous | avons | eu | nous | avions | nous | aurons |
| vous | avez | vous | avez | eu | vous | aviez | vous | aurez |
| ils | **ont** | ils | ont | eu | ils | avaient | ils | auront |

VERBEN AUF *-ER*

3 aimer

| | | | | | | | | |
|---|---|---|---|---|---|---|---|---|
| j' | aime | j' | ai | aimé | j' | aimais | j' | aimerai |
| tu | aimes | tu | as | aimé | tu | aimais | tu | aimeras |
| il | aime | il | a | aimé | il | aimait | il | aimera |
| nous | aimons | nous | avons | aimé | nous | aimions | nous | aimerons |
| vous | aimez | vous | avez | aimé | vous | aimiez | vous | aimerez |
| ils | aiment | ils | ont | aimé | ils | aimaient | ils | aimeront |

4 acheter

| | | | | | | | | |
|---|---|---|---|---|---|---|---|---|
| j' | **achète** | j' | ai | acheté | j' | achetais | j' | achèterai |
| tu | **achètes** | tu | as | acheté | tu | achetais | tu | achèteras |
| il | **achète** | il | a | acheté | il | achetait | il | achètera |
| nous | achetons | nous | avons | acheté | nous | achetions | nous | achèterons |
| vous | achetez | vous | avez | acheté | vous | achetiez | vous | achèterez |
| ils | **achètent** | ils | ont | acheté | ils | achetaient | ils | achèteront |

| | Präsens | | *Passé composé* | | | *Imparfait* | | *Futur* |
|---|---|---|---|---|---|---|---|---|
| **5** | **aller** | | | | | | | |
| je | **vais** | je | suis | allé(e) | j' | allais | j' | **irai** |
| tu | **vas** | tu | es | allé(e) | tu | allais | tu | iras |
| il | **va** | il | est | allé | il | allait | il | ira |
| nous | allons | nous | sommes | allé(e)s | nous | allions | nous | irons |
| vous | allez | vous | êtes | allé(e)(s) | vous | alliez | vous | irez |
| ils | **vont** | ils | sont | allés | ils | allaient | ils | iront |
| **6** | **commencer** | | | | | | | |
| je | commence | j' | ai | commencé | je | commençais | je | commencerai |
| tu | commences | tu | as | commencé | tu | commençais | tu | commenceras |
| il | commence | il | a | commencé | il | commençait | il | commencera |
| nous | **commençons** | nous | avons | commencé | nous | **commencions** | nous | commencerons |
| vous | commencez | vous | avez | commencé | vous | **commenciez** | vous | commencerez |
| ils | commencent | ils | ont | commencé | ils | commençaient | ils | commenceront |
| **7** | **essayer*** | | | | | | | |
| j' | **essaie** | j' | ai | essayé | j' | essayais | j' | essaierai |
| tu | **essaies** | tu | as | essayé | tu | essayais | tu | essaieras |
| il | **essaie** | il | a | essayé | il | essayait | il | essaiera |
| nous | essayons | nous | avons | essayé | nous | essa**yi**ons | nous | essaierons |
| vous | essayez | vous | avez | essayé | vous | essa**yi**ez | vous | essaierez |
| ils | **essaient** | ils | ont | essayé | ils | essayaient | ils | essaieront |
| **8** | **manger** | | | | | | | |
| je | mange | j' | ai | mangé | je | mangeais | je | mangerai |
| tu | manges | tu | as | mangé | tu | mangeais | tu | mangeras |
| il | mange | il | a | mangé | il | mangeait | il | mangera |
| nous | **mangeons** | nous | avons | mangé | nous | **mangions** | nous | mangerons |
| vous | mangez | vous | avez | mangé | vous | **mangiez** | vous | mangerez |
| ils | mangent | ils | ont | mangé | ils | mangeaient | ils | mangeront |
| **9** | **oublier** | | | | | | | |
| j' | oublie | j' | ai | oublié | j' | oubliais | j' | oublierai |
| tu | oublies | tu | as | oublié | tu | oubliais | tu | oublieras |
| il | oublie | il | a | oublié | il | oubliait | il | oubliera |
| nous | oublions | nous | avons | oublié | nous | oubl**ii**ons | nous | oublierons |
| vous | oubliez | vous | avez | oublié | vous | oubl**ii**ez | vous | oublierez |
| ils | oublient | ils | ont | oublié | ils | oubliaient | ils | oublieront |
| **10** | **rappeler** | | | | | | | |
| je | **rappelle** | j' | ai | rappelé | je | rappelais | je | rappellerai |
| tu | **rappelles** | tu | as | rappelé | tu | rappelais | tu | rappelleras |
| il | **rappelle** | il | a | rappelé | il | rappelait | il | rappellera |
| nous | rappelons | nous | avons | rappelé | nous | rappelions | nous | rappellerons |
| vous | rappelez | vous | avez | rappelé | vous | rappeliez | vous | rappellerez |
| ils | **rappellent** | ils | ont | rappelé | ils | rappelaient | ils | rappelleront |

* Die Verben auf *-ayer* können das „y" in allen Formen behalten (z.B. *j'essaye, j'essayerai*).

| Präsens | *Passé composé* | *Imparfait* | Futur |
|---|---|---|---|

11 rejeter

| | | | | | | | | |
|---|---|---|---|---|---|---|---|---|
| je | **rejette** | j' | ai | rejeté | je | rejetais | je | rejetterai |
| tu | **rejettes** | tu | as | rejeté | tu | rejetais | tu | rejetteras |
| il | **rejette** | il | a | rejeté | il | rejetait | il | rejettera |
| nous | rejetons | nous | avons | rejeté | nous | rejetions | nous | rejetterons |
| vous | rejetez | vous | avez | rejeté | vous | rejetiez | vous | rejetterez |
| ils | **rejettent** | ils | ont | rejeté | ils | rejetaient | ils | rejetteront |

12 répéter

| | | | | | | | | |
|---|---|---|---|---|---|---|---|---|
| je | **répète** | j' | ai | répété | je | répétais | je | **répéterai** |
| tu | **répètes** | tu | as | répété | tu | répétais | tu | répéteras |
| il | **répète** | il | a | répété | il | répétait | il | répétera |
| nous | répétons | nous | avons | répété | nous | répétions | nous | répéterons |
| vous | répétez | vous | avez | répété | vous | répétiez | vous | répéterez |
| ils | **répètent** | ils | ont | répété | ils | répétaient | ils | répéteront |

## VERBEN AUF *-IR*

13 **finir**

| | | | | | | | | |
|---|---|---|---|---|---|---|---|---|
| je | finis | j' | ai | fini | je | finissais | je | finirai |
| tu | finis | tu | as | fini | tu | finissais | tu | finiras |
| il | finit | il | a | fini | il | finissait | il | finira |
| nous | **finissons** | nous | avons | fini | nous | finissions | nous | finirons |
| vous | **finissez** | vous | avez | fini | vous | finissiez | vous | finirez |
| ils | **finissent** | ils | ont | fini | ils | finissaient | ils | finiront |

14 sentir

| | | | | | | | | |
|---|---|---|---|---|---|---|---|---|
| je | **sens** | j' | ai | senti | je | sentais | je | sentirai |
| tu | **sens** | tu | as | senti | tu | sentais | tu | sentiras |
| il | **sent** | il | a | senti | il | sentait | il | sentira |
| nous | sentons | nous | avons | senti | nous | sentions | nous | sentirons |
| vous | sentez | vous | avez | senti | vous | sentiez | vous | sentirez |
| ils | sentent | ils | ont | senti | ils | sentaient | ils | sentiront |

15 courir

| | | | | | | | | |
|---|---|---|---|---|---|---|---|---|
| je | cours | j' | ai | **couru** | je | courais | je | **courrai** |
| tu | cours | tu | as | couru | tu | courais | tu | courras |
| il | court | il | a | couru | il | courait | il | courra |
| nous | courons | nous | avons | couru | nous | courions | nous | courrons |
| vous | courez | vous | avez | couru | vous | couriez | vous | courrez |
| ils | courent | ils | ont | couru | ils | couraient | ils | courront |

### 16 dormir

| Präsens | | *Passé composé* | | | *Imparfait* | | Futur | |
|---|---|---|---|---|---|---|---|---|
| je | **dors** | j' | ai | dormi | je | dormais | je | dormirai |
| tu | **dors** | tu | as | dormi | tu | dormais | tu | dormiras |
| il | **dort** | il | a | dormi | il | dormait | il | dormira |
| nous | dormons | nous | avons | dormi | nous | dormions | nous | dormirons |
| vous | dormez | vous | avez | dormi | vous | dormiez | vous | dormirez |
| ils | dorment | ils | ont | dormi | ils | dormaient | ils | dormiront |

### 17 ouvrir

| Präsens | | *Passé composé* | | | *Imparfait* | | Futur | |
|---|---|---|---|---|---|---|---|---|
| j' | **ouvre** | j' | ai | **ouvert** | j' | ouvrais | j' | ouvrirai |
| tu | **ouvres** | tu | as | ouvert | tu | ouvrais | tu | ouvriras |
| il | **ouvre** | il | a | ouvert | il | ouvrait | il | ouvrira |
| nous | ouvrons | nous | avons | ouvert | nous | ouvrions | nous | ouvrirons |
| vous | ouvrez | vous | avez | ouvert | vous | ouvriez | vous | ouvrirez |
| ils | ouvrent | ils | ont | ouvert | ils | ouvraient | ils | ouvriront |

### 18 tenir

| Präsens | | *Passé composé* | | | *Imparfait* | | Futur | |
|---|---|---|---|---|---|---|---|---|
| je | **tiens** | j' | ai | **tenu** | je | tenais | je | **tiendrai** |
| tu | **tiens** | tu | as | tenu | tu | tenais | tu | tiendras |
| il | **tient** | il | a | tenu | il | tenait | il | tiendra |
| nous | tenons | nous | avons | tenu | nous | tenions | nous | tiendrons |
| vous | tenez | vous | avez | tenu | vous | teniez | vous | tiendrez |
| ils | **tiennent** | ils | ont | tenu | ils | tenaient | ils | tiendront |

## VERBEN AUF *-OIR*

### 19 devoir

| Präsens | | *Passé composé* | | | *Imparfait* | | Futur | |
|---|---|---|---|---|---|---|---|---|
| je | **dois** | j' | ai | **dû** | je | devais | je | **devrai** |
| tu | **dois** | tu | as | dû | tu | devais | tu | devras |
| il | **doit** | il | a | dû | il | devait | il | devra |
| nous | devons | nous | avons | dû | nous | devions | nous | devrons |
| vous | devez | vous | avez | dû | vous | deviez | vous | devrez |
| ils | **doivent** | ils | ont | dû | ils | devaient | ils | devront |

### 20 pleuvoir

| Präsens | | *Passé composé* | | | *Imparfait* | | Futur | |
|---|---|---|---|---|---|---|---|---|
| il | **pleut** | il | a | **plu** | il | pleuvait | il | **pleuvra** |

### 21 pouvoir

| Präsens | | *Passé composé* | | | *Imparfait* | | Futur | |
|---|---|---|---|---|---|---|---|---|
| je | **peux** | j' | ai | **pu** | je | pouvais | je | **pourrai** |
| tu | **peux** | tu | as | pu | tu | pouvais | tu | pourras |
| il | **peut** | il | a | pu | il | pouvait | il | pourra |
| nous | pouvons | nous | avons | pu | nous | pouvions | nous | pourrons |
| vous | pouvez | vous | avez | pu | vous | pouviez | vous | pourrez |
| ils | **peuvent** | ils | ont | pu | ils | pouvaient | ils | pourront |

| Präsens | | *Passé composé* | | | *Imparfait* | | Futur | |
|---|---|---|---|---|---|---|---|---|

## 22 recevoir

| Präsens | | *Passé composé* | | | *Imparfait* | | Futur | |
|---|---|---|---|---|---|---|---|---|
| je | **reçois** | j' | ai | **reçu** | je | recevais | je | **recevrai** |
| tu | **reçois** | tu | as | reçu | tu | recevais | tu | recevras |
| il | **reçoit** | il | a | reçu | il | recevait | il | recevra |
| nous | recevons | nous | avons | reçu | nous | recevions | nous | recevrons |
| vous | recevez | vous | avez | reçu | vous | receviez | vous | recevrez |
| ils | **reçoivent** | ils | ont | reçu | ils | recevaient | ils | recevront |

## 23 savoir

| Präsens | | *Passé composé* | | | *Imparfait* | | Futur | |
|---|---|---|---|---|---|---|---|---|
| je | **sais** | j' | ai | **su** | je | savais | je | **saurai** |
| tu | **sais** | tu | as | su | tu | savais | tu | sauras |
| il | **sait** | il | a | su | il | savait | il | saura |
| nous | savons | nous | avons | su | nous | savions | nous | saurons |
| vous | savez | vous | avez | su | vous | saviez | vous | saurez |
| ils | savent | ils | ont | su | ils | savaient | ils | sauront |

## 24 voir

| Präsens | | *Passé composé* | | | *Imparfait* | | Futur | |
|---|---|---|---|---|---|---|---|---|
| je | vois | j' | ai | **vu** | je | voyais | je | **verrai** |
| tu | vois | tu | as | vu | tu | voyais | tu | verras |
| il | voit | il | a | vu | il | voyait | il | verra |
| nous | **voyons** | nous | avons | vu | nous | vo**yi**ons | nous | verrons |
| vous | **voyez** | vous | avez | vu | vous | vo**yi**ez | vous | verrez |
| ils | voient | ils | ont | vu | ils | voyaient | ils | verront |

## 25 vouloir

| Präsens | | *Passé composé* | | | *Imparfait* | | Futur | |
|---|---|---|---|---|---|---|---|---|
| je | **veux** | j' | ai | **voulu** | je | voulais | je | **voudrai** |
| tu | **veux** | tu | as | voulu | tu | voulais | tu | voudras |
| il | **veut** | il | a | voulu | il | voulait | il | voudra |
| nous | voulons | nous | avons | voulu | nous | voulions | nous | voudrons |
| vous | voulez | vous | avez | voulu | vous | vouliez | vous | voudrez |
| ils | **veulent** | ils | ont | voulu | ils | voulaient | ils | voudront |

### VERBEN AUF *-RE*

## 26 attendre

| Präsens | | *Passé composé* | | | *Imparfait* | | Futur | |
|---|---|---|---|---|---|---|---|---|
| j' | attends | j' | ai | attendu | j' | attendais | j' | attendrai |
| tu | attends | tu | as | attendu | tu | attendais | tu | attendras |
| il | **attend** | il | a | attendu | il | attendait | il | attendra |
| nous | attendons | nous | avons | attendu | nous | attendions | nous | attendrons |
| vous | attendez | vous | avez | attendu | vous | attendiez | vous | attendrez |
| ils | attendent | ils | ont | attendu | ils | attendaient | ils | attendront |

| Präsens | | *Passé composé* | | | *Imparfait* | | Futur | |
|---|---|---|---|---|---|---|---|---|
| 27 atteindre | | | | | | | | |
| j' | **atteins** | j' | ai | **atteint** | j' | atteignais | j' | atteindrai |
| tu | **atteins** | tu | as | atteint | tu | atteignais | tu | atteindras |
| il | **atteint** | il | a | atteint | il | atteignait | il | atteindra |
| nous | **atteignons** | nous | avons | atteint | nous | atteignions | nous | atteindrons |
| vous | **atteignez** | vous | avez | atteint | vous | atteigniez | vous | atteindrez |
| ils | **atteignent** | ils | ont | atteint | ils | atteignaient | ils | atteindront |
| 28 battre | | | | | | | | |
| je | **bats** | j' | ai | battu | je | battais | je | battrai |
| tu | **bats** | tu | as | battu | tu | battais | tu | battras |
| il | **bat** | il | a | battu | il | battait | il | battra |
| nous | battons | nous | avons | battu | nous | battions | nous | battrons |
| vous | battez | vous | avez | battu | vous | battiez | vous | battrez |
| ils | battent | ils | ont | battu | ils | battaient | ils | battront |
| 29 boire | | | | | | | | |
| je | bois | j' | ai | **bu** | je | buvais | je | boirai |
| tu | bois | tu | as | bu | tu | buvais | tu | boiras |
| il | boit | il | a | bu | il | buvait | il | boira |
| nous | **buvons** | nous | avons | bu | nous | buvions | nous | boirons |
| vous | **buvez** | vous | avez | bu | vous | buviez | vous | boirez |
| ils | **boivent** | ils | ont | bu | ils | buvaient | ils | boiront |
| 30 conduire | | | | | | | | |
| je | conduis | j' | ai | **conduit** | je | conduisais | je | conduirai |
| tu | conduis | tu | as | conduit | tu | conduisais | tu | conduiras |
| il | conduit | il | a | conduit | il | conduisait | il | conduira |
| nous | **conduisons** | nous | avons | conduit | nous | conduisions | nous | conduirons |
| vous | **conduisez** | vous | avez | conduit | vous | conduisiez | vous | conduirez |
| ils | **conduisent** | ils | ont | conduit | ils | conduisaient | ils | conduiront |
| 31 connaître | | | | | | | | |
| je | **connais** | j' | ai | **connu** | je | connaissais | je | connaîtrai |
| tu | **connais** | tu | as | connu | tu | connaissais | tu | connaîtras |
| il | **connaît** | il | a | connu | il | connaissait | il | connaîtra |
| nous | **connaissons** | nous | avons | connu | nous | connaissions | nous | connaîtrons |
| vous | **connaissez** | vous | avez | connu | vous | connaissiez | vous | connaîtrez |
| ils | **connaissent** | ils | ont | connu | ils | connaissaient | ils | connaîtront |
| 32 coudre | | | | | | | | |
| je | couds | j' | ai | **cousu** | je | cousais | je | coudrai |
| tu | couds | tu | as | cousu | tu | cousais | tu | coudras |
| il | **coud** | il | a | cousu | il | cousait | il | coudra |
| nous | **cousons** | nous | avons | cousu | nous | cousions | nous | coudrons |
| vous | **cousez** | vous | avez | cousu | vous | cousiez | vous | coudrez |
| ils | **cousent** | ils | ont | cousu | ils | cousaient | ils | coudront |

| Präsens | | *Passé composé* | | | *Imparfait* | | Futur | |
|---|---|---|---|---|---|---|---|---|

### 33 croire

| | | | | | | | | |
|---|---|---|---|---|---|---|---|---|
| je | crois | j' | ai | **cru** | je | croyais | je | croirai |
| tu | crois | tu | as | cru | tu | croyais | tu | croiras |
| il | croit | il | a | cru | il | croyait | il | croira |
| nous | **croyons** | nous | avons | cru | nous | cro**yi**ons | nous | croirons |
| vous | **croyez** | vous | avez | cru | vous | cro**yi**ez | vous | croirez |
| ils | croient | ils | ont | cru | ils | croyaient | ils | croiront |

### 34 dire

| | | | | | | | | |
|---|---|---|---|---|---|---|---|---|
| je | dis | j' | ai | **dit** | je | disais | je | dirai |
| tu | dis | tu | as | dit | tu | disais | tu | diras |
| il | dit | il | a | dit | il | disait | il | dira |
| nous | **disons** | nous | avons | dit | nous | disions | nous | dirons |
| vous | **dites** | vous | avez | dit | vous | disiez | vous | direz |
| ils | **disent** | ils | ont | dit | ils | disaient | ils | diront |

### 35 écrire

| | | | | | | | | |
|---|---|---|---|---|---|---|---|---|
| j' | écris | j' | ai | **écrit** | j' | écrivais | j' | écrirai |
| tu | écris | tu | as | écrit | tu | écrivais | tu | écriras |
| il | écrit | il | a | écrit | il | écrivait | il | écrira |
| nous | **écrivons** | nous | avons | écrit | nous | écrivions | nous | écrirons |
| vous | **écrivez** | vous | avez | écrit | vous | écriviez | vous | écrirez |
| ils | **écrivent** | ils | ont | écrit | ils | écrivaient | ils | écriront |

### 36 exclure

| | | | | | | | | |
|---|---|---|---|---|---|---|---|---|
| j' | exclus | j' | ai | **exclu** | j' | excluais | j' | exclurai |
| tu | exclus | tu | as | exclu | tu | excluais | tu | excluras |
| il | exclut | il | a | exclu | il | excluait | il | exclura |
| nous | excluons | nous | avons | exclu | nous | excluions | nous | exclurons |
| vous | excluez | vous | avez | exclu | vous | excluiez | vous | exclurez |
| ils | excluent | ils | ont | exclu | ils | excluaient | ils | excluront |

### 37 faire

| | | | | | | | | |
|---|---|---|---|---|---|---|---|---|
| je | fais | j' | ai | **fait** | je | faisais | je | **ferai** |
| tu | fais | tu | as | fait | tu | faisais | tu | feras |
| il | fait | il | a | fait | il | faisait | il | fera |
| nous | **faisons** | nous | avons | fait | nous | faisions | nous | ferons |
| vous | **faites** | vous | avez | fait | vous | faisiez | vous | ferez |
| ils | **font** | ils | ont | fait | ils | faisaient | ils | feront |

### 38 lire

| | | | | | | | | |
|---|---|---|---|---|---|---|---|---|
| je | lis | j' | ai | **lu** | je | lisais | je | lirai |
| tu | lis | tu | as | lu | tu | lisais | tu | liras |
| il | lit | il | a | lu | il | lisait | il | lira |
| nous | **lisons** | nous | avons | lu | nous | lisions | nous | lirons |
| vous | **lisez** | vous | avez | lu | vous | lisiez | vous | lirez |
| ils | **lisent** | ils | ont | lu | ils | lisaient | ils | liront |

| Präsens | | *Passé composé* | | | *Imparfait* | | Futur | |
|---|---|---|---|---|---|---|---|---|

## 39 mettre

| | | | | | | | | |
|---|---|---|---|---|---|---|---|---|
| je | **mets** | j' | ai | **mis** | je | mettais | je | mettrai |
| tu | **mets** | tu | as | mis | tu | mettais | tu | mettras |
| il | **met** | il | a | mis | il | mettait | il | mettra |
| nous | mettons | nous | avons | mis | nous | mettions | nous | mettrons |
| vous | mettez | vous | avez | mis | vous | mettiez | vous | mettrez |
| ils | mettent | ils | ont | mis | ils | mettaient | ils | mettront |

## 40 plaire

| | | | | | | | | |
|---|---|---|---|---|---|---|---|---|
| je | plais | j' | ai | **plu** | je | plaisais | je | plairai |
| tu | plais | tu | as | plu | tu | plaisais | tu | plairas |
| il | **plaît** | il | a | plu | il | plaisait | il | plaira |
| nous | **plaisons** | nous | avons | plu | nous | plaisions | nous | plairons |
| vous | **plaisez** | vous | avez | plu | vous | plaisiez | vous | plairez |
| ils | **plaisent** | ils | ont | plu | ils | plaisaient | ils | plairont |

## 41 prendre

| | | | | | | | | |
|---|---|---|---|---|---|---|---|---|
| je | prends | j' | ai | **pris** | je | prenais | je | prendrai |
| tu | prends | tu | as | pris | tu | prenais | tu | prendras |
| il | **prend** | il | a | pris | il | prenait | il | prendra |
| nous | **prenons** | nous | avons | pris | nous | prenions | nous | prendrons |
| vous | **prenez** | vous | avez | pris | vous | preniez | vous | prendrez |
| ils | **prennent** | ils | ont | pris | ils | prenaient | ils | prendront |

## 42 rire

| | | | | | | | | |
|---|---|---|---|---|---|---|---|---|
| je | ris | j' | ai | **ri** | je | riais | je | rirai |
| tu | ris | tu | as | ri | tu | riais | tu | riras |
| il | rit | il | a | ri | il | riait | il | rira |
| nous | rions | nous | avons | ri | nous | riions | nous | rirons |
| vous | riez | vous | avez | ri | vous | riiez | vous | rirez |
| ils | rient | ils | ont | ri | ils | riaient | ils | riront |

## 43 suivre

| | | | | | | | | |
|---|---|---|---|---|---|---|---|---|
| je | **suis** | j' | ai | **suivi** | je | suivais | je | suivrai |
| tu | **suis** | tu | as | suivi | tu | suivais | tu | suivras |
| il | **suit** | il | a | suivi | il | suivait | il | suivra |
| nous | suivons | nous | avons | suivi | nous | suivions | nous | suivrons |
| vous | suivez | vous | avez | suivi | vous | suiviez | vous | suivrez |
| ils | suivent | ils | ont | suivi | ils | suivaient | ils | suivront |

## 44 vivre

| | | | | | | | | |
|---|---|---|---|---|---|---|---|---|
| je | **vis** | j' | ai | **vécu** | je | vivais | je | vivrai |
| tu | **vis** | tu | as | vécu | tu | vivais | tu | vivras |
| il | **vit** | il | a | vécu | il | vivait | il | vivra |
| nous | vivons | nous | avons | vécu | nous | vivions | nous | vivrons |
| vous | vivez | vous | avez | vécu | vous | viviez | vous | vivrez |
| ils | vivent | ils | ont | vécu | ils | vivaient | ils | vivront |

# Verbliste

## Liste der französischen Verben

In dieser Verbliste sind alle in der alphabetischen Wortliste (vgl. S. 192) vorkommenden Verben in alphabetischer Folge aufgeführt. Die Zahlen verweisen auf die in der Verbtabelle (vgl. S. 158) enthaltenen Konjugationsmuster. Hinter den Verben, die mit dem Hilfsverb *être* anstatt mit *avoir* konjugiert werden, finden Sie ein Sternchen (*). Beachten Sie, dass darüber hinaus alle reflexiven Verben (z.B. *se laver*) mit *être* konjugiert werden.

abandonner 3
abriter 3
accepter 3
accomplir 13
acheter 4
admirer 3
adorer 3
agir 13
aider 3
aimer 3
ajouter 3
s'aligner 3
aller* 5
s'amuser 3
apparaître* 31
s'appeler 10
apprécier 9
apprendre 41
s'arranger 8
s'arrêter 3
arriver* 3
arroser 3
atteindre 27
attendre 26
avaler 3
avoir 2
battre 28
bercer 6
boire 29
bouger 8
bouleverser 3
bronzer 3
camper 3
casser 3
cesser 3
(se) changer 8
chanter 3
chercher 3
choisir 13
classifier 9
combler 3
commander 3
commencer 6
communiquer 3
(se) composer 3
comprendre 41
compter 3
concerner 3
conclure 36
conduire 30
confirmer 3
connaître 31
se consacrer 3
conseiller 3
constituer 3
construire 30
contempler 3
continuer 3
contrôler 3
correspondre 26
se coucher 3
coudre 32
courir 15
coûter 3
crier 9
croire 33
cuisiner 3
danser 3
se décider 3
découvrir 17
demander 3
déménager 8
démissionner 3
dépenser 3
déranger 8
descendre* 26
désigner 3
désirer 3
dessiner 3
(se) détendre 26
détester 3
devenir* 18
devoir 19
digérer 12
dîner 3
dire 34
se diriger 8
discuter 3
disposer 3
donner 3
dormir 16
draguer 3
durer 3
écarter 3
échanger 8
éclairer 3
écouter 3
écrire 35
embrasser 3
emmener 4
employer 7
emporter 3
s'enchaîner 3
s'encourager 8
engager 8
enlever 4
enregistrer 3
enseigner 3
entendre 26
entrer* 3
épeler 10
épouser 3
espérer 12
essayer 7
être 1
s'éveiller 3
éviter 3
exclure 36
excuser 3
s'expatrier 9
fabriquer 3
faire 37
fermer 3
fêter 3
finir 13
fixer 3
fonder 3
fondre 26
formuler 3
freiner 3
fumer 3
gagner 3
garder 3
goûter 3
grandir 13
griller 3
habiter 3
hésiter 3
ignorer 3
s'informer 3
s'inquiéter 12
s'inscrire 35
(s')inspirer 3
s'installer 3
interdire 34
s'intéresser 3
interroger 8
inventer 3
inviter 3
jardiner 3
jouer 3
laisser 3
lancer 6
se laver 3
se lever 4
lire 38
loger 8
mâcher 3
maigrir 13
se maintenir 18
manger 8
manquer 3
marcher 3
se marier 9
mélanger 8
mettre 39
monter* 3
montrer 3
nager 8
neiger 8
s'occuper 3
offrir 17
organiser 3
oublier 9
ouvrir 17
paraître 31
parler 3
partager 8
participer 3
partir* 14
(se) passer 3
pêcher 3
penser 3
piloter 3
plaire 40
planter 3
pleuvoir 20
porter 3
poursuivre 43
pousser 3
pouvoir 21
préciser 3
préférer 12
prendre 41
préparer 3
se présenter 3
préserver 3
profiter 3
se promener 4
proposer 3
quitter 3
raconter 3
ralentir 13
ramasser 3
rappeler 10
(se) réaliser 3
rebondir 13
recevoir 22
reconnaître 31
reconstituer 3
rédiger 8
refaire 37
réfléchir 13
refuser 3
regarder 3
regretter 3
rejeter 11
(se) relaxer 3
relire 38
remarquer 3
remercier 9
remplir 13
remporter 3
remuer 3
(se) rencontrer 3
(se) rendre 26
se renseigner 3
rentrer* 3
réparer 3
répartir 13
repeindre 27
répéter 12
répondre 26
représenter 3
restaurer 3
rester* 3
résumer 3
retourner* 3
retrouver 3
réussir 13
(se) réveiller 3
revenir* 18
rêver 3
(se) revoir 24
rigoler 3
rimer 3
rire 42
rouler 3
savoir 23
sentir 14
séparer 3
servir 14
soigner 3
sortir* 14
souhaiter 3
souligner 3
sourire 42
suivre 43
supporter 3
surveiller 3
survenir* 18
survivre 44
tasser 3
téléphoner 3
tendre 26
tenir 18
tenter 3
(se) terminer 3
tomber* 3
toucher 3
tourner 3
tracer 6
transmettre 39
travailler 3
traverser 3
trembler 3
tremper 3
tricoter 3
trouver 3
tuer 3
utiliser 3
varier 9
vendre 26
venir* 18
visiter 3
vivre 44
voir 24
voler 3
vouloir 25
vouvoyer 7
voyager 8

# Wörterverzeichnis

## Französisch-deutsches Wörterverzeichnis nach Lektionen

- Sie finden hier die neuen Wörter und Ausdrücke der Lektionen in der Reihenfolge ihres Vorkommens. Dieses Wörterverzeichnis ist als Verstehenshilfe und zum Nachschlagen gedacht. Sie müssen nicht alles aktiv beherrschen, auch wenn alle Vokabeln (auch die leicht erschließbaren) wegen der Angabe des Geschlechtes und der Phonetik angegeben wurden.
- Eigennamen wurden in diesem Vokabular nicht aufgeführt.
- Die fett markierten Wörter entsprechen der Wortliste des revidierten VHS-Zertifikats (= *certificat européen de langues/du français*).
- Die Lautschrift richtet sich nach den Regeln *der Association Phonétique Internationale* (*API*), wobei auf Darstellung der Längen, Pausen etc. verzichtet wurde.

**Abkürzungen**

*adj* = adjectif
*adv* = adverbe
*conj* = conjonction
*inf* = infinitif
*f* = féminin
*m* = masculin
*pl* = pluriel
*fam* = familier (umgangssprachlich)
*arg* = argotique (vulgär)
*qn* = *quelqu'un* (jemand/en)
*qch* = *quelque chose* (etwas)

## 5 La vie en ville

| | |
|---|---|
| comme **les autres** [kɔm lez‿otʀ] | wie alle anderen |
| a. le collage [lə kɔlaʒ] | Collage |
| **faire** [fɛʀ] | machen, tun |
| faire la queue [fɛʀ la kø] | Schlange stehen |
| vous **savez** (*inf:* **savoir**) [vu save] | Sie wissen/ihr wisst |
| **savoir** [savwaʀ] | wissen |
| les gens qu'on appelle [le ʒɑ̃ kɔ̃n‿apɛl] | die Leute, die man ... nennt |
| le/la S.D.F. (**s**ans **d**omicile **f**ixe) [lə/la ɛsdeɛf] | Obdachloser,-e |
| le domicile [lə dɔmisil] | Wohnsitz |
| fixe [fiks] | fest |
| ils n'ont pas beaucoup d'argent [il nɔ̃ pa boku daʀʒɑ̃] | sie haben nicht viel Geld |
| **l'argent** *m* [laʀʒɑ̃] | Geld; Silber |
| ils vendent (*inf:* vendre) [il vɑ̃d] | sie verkaufen |
| **vendre** [vɑ̃dʀ] | verkaufen |
| **le journal**, *pl:* **les journaux** [lə ʒuʀnal, le ʒuʀno] | Zeitung |
| le macadam [lə makadam] | *hier: Name einer Zeitung*; Asphalt |
| **faire les courses** *f* [fɛʀ le kuʀs] | einkaufen |
| comme ça, je sors un peu de la maison [kɔm sa ʒə sɔʀ ɛ̃ pø də la mɛzɔ̃] | *hier:* so komme ich ein wenig raus |
| **sortir (de)** [sɔʀtiʀ (də)] | hinausgehen, herauskommen; ausgehen |
| Je pars travailler. [ʒə paʀ travaje] | Ich gehe arbeiten. |
| **partir** [paʀtiʀ] | weggehen/ -fahren; abreisen |
| b. **à votre avis** [a vɔtʀ‿avi] | Ihrer Meinung nach |
| **l'avis** *m* [lavi] | Meinung |
| **à quel moment ?** [a kɛl mɔmɑ̃] | wann? |
| **à mon avis** [a mɔ̃n‿avi] | meiner Meinung nach |
| **le matin** [lə matɛ̃] | Morgen; am Morgen, morgens |

### A1

| | |
|---|---|
| **le lieu** [lə ljø] | Ort |
| **l'homme** *m* [lɔm] | Mensch; Mann |
| le personnage principal [lə pɛʀsɔnaʒ pʀɛ̃sipal] | der Hauptdarsteller |
| le personnage [lə pɛʀsɔnaʒ] | Person; Figur |
| **principal/e** *pl:* **principaux/principales** [pʀɛ̃sipal, pʀɛ̃sipo] | Haupt-, hauptsächlich |
| l'action *f* [laksjɔ̃] | Handlung |
| **partir au travail** [paʀtiʀ‿o tʀavaj] | zur Arbeit gehen/ fahren |
| **Il ne s'arrête pas.** (*inf:* s'arrêter) [il nə saʀɛt pa] | *hier:* Er bleibt nicht stehen. |
| **la femme** [la fam] | (Ehe)Frau |
| **le/la vendeur/-euse** [lə vɑ̃dœʀ, la vɑ̃døz] | Verkäufer,-in |
| **acheter** [aʃte] | kaufen |
| Elle n'a pas d'argent. [ɛl na pa daʀʒɑ̃] | Sie hat kein Geld. |
| ne... pas de... [nə... pa də...] | kein,-e |

### A2

| | |
|---|---|
| a. **la personne** [la pɛʀsɔn] | Person |
| b. Combien coûte... ? [kɔ̃bjɛ̃ kut...] | Wie viel kostet ...? |
| **coûter** [kute] | kosten |
| c. Quelle somme... ? [kɛl sɔm...] | Wie viel ...? |
| **le porte-monnaie** [lə pɔʀt(ə) mɔnɛ] | Portemonnee |

### A3

| | |
|---|---|
| a. associer [asɔsje] | assoziieren; zusammenschließen, verbinden |

### A4

| | |
|---|---|
| a. le verbe irrégulier [lə vɛʀb iʀegylje] | unregelmäßiges Verb |
| à l'aide de [a lɛd də] | mit Hilfe von |
| c. chaque équipe [ʃak ekip] | jede Mannschaft |
| l'équipe *f* [lekip] | Mannschaft |
| mimer [mime] | nachahmen |

## A5

| | |
|---|---|
| a. la conjugaison [la kɔ̃ʒygɛzɔ̃] | Konjugation |
| **attendre** [atɑ̃dʀ] | (er)warten |
| **entendre** [ɑ̃tɑ̃dʀ] | hören |
| b. lancer [lɑ̃se] | werfen |

## A6

| | |
|---|---|
| a. **à la fin du mois** [a la fɛ̃ dy mwa] | am Ende des Monats |
| c. Quelle différence entendez-vous ? [kɛl difeʀɑ̃s ɑ̃tɑ̃de vu] | Welchen Unterschied hören Sie? |
| **la différence** [la difeʀɑ̃s] | Unterschied |

## A7

| | |
|---|---|
| dialoguer [djalɔge] | sich unterhalten |

## A8

| | |
|---|---|
| a. **traduisez** (*inf:* **traduire**) [tʀadɥize] | übersetzen Sie |
| Comment dites-vous... ? [kɔmɑ̃ dit vu...] | Wie sagen Sie ...? |
| b. **les lunettes** [le lynɛt] | Brille |
| la bicyclette [la bisiklɛt] | Fahrrad |

## A9

| | |
|---|---|
| **l'exemple** *m* [lɛgzɑ̃pl] | Beispiel |
| **l'usine** *f* [lyzin] | Fabrik |
| le pigeon [lə piʒɔ̃] | Taube |
| **la zone piétonne** [la zon pjetɔn] | Fußgängerzone |
| la discothèque [la diskɔtɛk] | Diskothek |
| **le club de sport** [lə klœb də spɔʀ] | Sportverein |
| **le port** [lə pɔʀ] | Hafen |
| le centre commercial [lə sɑ̃tʀ(ə) kɔmɛʀsjal] | Einkaufszentrum |
| **le supermarché** [lə sypɛʀmaʀʃe] | Supermarkt |
| **le magasin** [lə magazɛ̃] | Geschäft, Laden |
| **l'université** *f* [lynivɛʀsite] | Universität |
| le/la musicien/ne [lə myzisjɛ̃, la myzisjɛn] | Musiker,-in |
| **le fleuve** [lə flœv] | Fluss |

## B1

| | |
|---|---|
| a. **se présenter** [sə pʀezɑ̃te] | sich vorstellen |
| **la poste** [la pɔst] | Post/-amt |
| l'Arc de Triomphe *m* [laʀk də tʀijɔ̃f] | Triumphbogen |
| la cathédrale [la katedʀal] | Dom |
| le Théâtre Antique [lə teatʀ ɑ̃tik] | antikes Theater |
| **l'office de/du tourisme** [lɔfis də/dy tuʀism] | Verkehrsamt |
| le cousin/la cousine [lə kuzɛ̃, la kuzin] | Cousin/Cousine |
| **Je suis né/e...** [ʒə sɥi ne] | Ich wurde ... geboren. |
| **au début de...** [o deby də...] | zu Beginn, am Anfang von ... |
| **le siècle** [lə sjɛkl] | Jahrhundert |
| **l'Histoire de France** *f* [listwaʀ də fʀɑ̃s] | die Geschichte Frankreichs |
| **si** [si] | wenn, falls; ob |
| **n'oubliez pas** [nublije pa] | vergessen Sie nicht |
| aller visiter qch [ale vizite kɛlkə ʃoz] | etw besichtigen |
| conservé/e [kɔ̃sɛʀve] | erhalten; aufbewahrt |
| le temple [lə tɑ̃pl] | Tempel(Anlage) |
| romain/e [ʀɔmɛ̃, ʀɔmɛn] | römisch |
| Peut-être que... [pøt‿ɛtʀ(ə) kə...] | Vielleicht ... |
| le platane [lə platan] | Platane |
| **au centre-ville** [o sɑ̃tʀə vil] | in der Stadtmitte |
| **depuis** [dəpɥi] | seit |
| **quand même** [kɑ̃ mɛm] | dennoch, trotzdem |
| **rendre visite à qn** [ʀɑ̃dʀə vizit a kɛlkɛ̃] | jdn besuchen |
| **facile** [fasil] | einfach, leicht |
| **continuer** [kɔ̃tinɥe] | weitergehen, fortfahren |
| **jusqu'à la rue...** [ʒyska la ʀy] | bis zur ... Straße |
| **tourner** [tuʀne] | abbiegen; wenden |
| **aller tout droit** [ale tu dʀwa] | geradeaus gehen/-fahren |
| **le carrefour** [lə kaʀfuʀ] | Kreuzung |
| **traverser** [tʀavɛʀse] | über-/durchqueren; durchgehen durch |
| **le pont** [lə pɔ̃] | Brücke |
| **au bout de** [o bu də] | am Ende von; nach *(zeitlich)* |
| l'avenue *f* [lavny] | Avenue |
| Me reconnaissez-vous ? (*inf:* **reconnaître**) [mə ʀəkɔnɛse vu] | Erkennen Sie mich wieder? |
| b. Quels mots avez-vous entendus ? [kɛl mo ave vu ɑ̃tɑ̃dy] | Welche Wörter haben Sie gehört? |
| **neuf/neuve** [nœf, nœv] | neu(wertig) |
| d. **le plan** [lə plɑ̃] | Plan, Karte |

## B2

| | |
|---|---|
| **choisissez** [ʃwazise] | suchen Sie aus |
| **l'endroit** *m* [lɑ̃dʀwa] | (Stand)Ort, Stelle |
| **le chemin** [lə ʃ(ə)mɛ̃] | Weg |
| de votre choix *m* [də vɔtʀə ʃwa] | Ihrer Wahl |
| **le rôle** [lə ʀol] | Rolle |

## B3

| | |
|---|---|
| a. **aider qn** [ede kɛlkɛ̃] | jdm helfen |
| b. le panneau, *pl:* -x [lə pano] | Schild |
| **freiner** [fʀene] | bremsen |
| **l'entrée** [lɑ̃tʀe] | Einfahrt,-gang |
| **la direction** [la diʀɛksjɔ̃] | Richtung; Geschäftsleitung |
| **préparer** [pʀepaʀe] | vorbereiten |
| **Allumez vos feux.** [alyme vo fø] | Schalten Sie Ihr Licht *(Ihre Scheinwerfer)* ein. |
| **allumer** [alyme] | einschalten; anzünden |
| **le feu**, *pl:* -x [lə fø] | Feuer; Licht; Ampel |
| **le/la piéton/ne** [lə pjetɔ̃, la pjetɔn] | Fußgänger,-in |
| **pousser** [puse] | drücken, stoßen |
| le bouton [lə butɔ̃] | Knopf; Knospe; Pickel |
| **le ticket** [lə tikɛ] | Fahrkarte,-schein |
| c. **la consigne** [la kɔ̃siɲ] | Arbeitsanweisung; Gepäckaufbewahrung |

## B4

| | |
|---|---|
| a. **d'autres noms** [dotʀə nɔ̃] | andere Namen |
| **le nom** [lə nɔ̃] | Name |

| | |
|---|---|
| b. **comparer** [kɔ̃paʀe] | vergleichen |

## B5

| | |
|---|---|
| a. courant/e [kuʀɑ̃, kuʀɑ̃t] | häufig, geläufig |
| la combinaison [la kɔ̃binɛzɔ̃] | Kombination |
| **possible** [pɔsibl] | möglich |
| **le quai** [lə kɛ] | Kai, Ufer-; Bahnsteig |
| le boulevard [le bulvaʀ] | Boulevard |
| l'impasse *f* [lɛ̃pas] | Sackgasse |
| **la mairie** [la meʀi] | Rathaus |
| l'hôtel-de-ville *m* [lotɛl də vil] | Rathaus |
| le Palais [lə palɛ] | Justizpalast, Gerichtsgebäude |

## B6

| | |
|---|---|
| a. **à gauche de** [a goʃ də] | links von |
| **à droite de** [a dʀwat də] | rechts von |
| **en face de** [ɑ̃ fas də] | gegenüber von |
| **près de** [pʀɛ də] | bei, in der Nähe von |
| **à côté de** [a kote də] | neben |
| **au milieu de** [o miljø də] | in der Mitte von, mitten in |
| b. la description [la dɛskʀipsjɔ̃] | Beschreibung |
| **différent/e** [difeʀɑ̃, difeʀɑ̃t] | andere,-r,-s |
| **l'église** *f* [legliz] | Kirche |
| **la pharmacie** [la faʀmasi] | Apotheke |
| **prochain/e** [pʀɔʃɛ̃, pʀɔʃɛn] | nächste,-r,-es |
| **loin (de)** [lwɛ̃, lwɛ̃ də] | weit (von) |
| sur la droite [syʀ la dʀwat] | auf der rechten Seite |

## B7

| | |
|---|---|
| Reprenez le plan. [ʀəpʀəne lə plɑ̃] | Sehen Sie sich den Plan nochmals an. |
| **reprendre** [ʀəpʀɑ̃dʀ] | noch einmal (zur Hand) nehmen |
| **répondre à qch/qn** [ʀepɔ̃dʀ‿a kɛlkəʃoz, kɛlkɛ̃] | etw beantworten, jdm antworten |

## B8

| | |
|---|---|
| a. **le nombre** d'habitants [lə nɔ̃bʀ(ə) dabitɑ̃] | Einwohnerzahl |
| **l'habitant/e** *m/f* [labitɑ̃, labitɑ̃t] | Einwohner,-in |
| **important/e** [ɛ̃pɔʀtɑ̃, ɛ̃pɔʀtɑ̃t] | wichtig, bedeutend |

## B10

| | |
|---|---|
| a. **suivant/e** [sɥivɑ̃, sɥivɑ̃t] | folgend |
| le/la plus connu/e [lə ply kɔny, la ply kɔny] | der/die/das bekannteste |
| **connu/e** [kɔny] | bekannt |
| un monument à voir [ɛ̃ mɔnymɑ̃ a vwaʀ] | Sehenswürdigkeit |
| **la distance** [la distɑ̃s] | Entfernung |
| b. échanger [eʃɑ̃ʒe] | austauschen |
| l'aéronautique *f* [laeʀɔnotik] | Flugzeugbau |
| l'Airbus *m* [lɛʀbys] | *Flugzeugtyp* |
| le cassoulet [lə kasulɛ] | *weißer Bohneneintopf* |
| **environ** [ɑ̃viʀɔ̃] | ungefähr, zirka |
| la métallurgie [la metalyʀʒi] | Metallindustrie |
| le textile [lə tɛkstil] | Textilindustrie |

## B11

| | |
|---|---|
| le prospectus [lə pʀɔspɛktys] | Prospekt |
| le circuit [lə siʀkɥi] | Rundgang,-fahrt |

## C1

| | |
|---|---|
| a. le spectacle [lə spɛktakl] | Vorstellung, Aufführung |
| l'expo(sition) *f* [lɛkspo(zisjɔ̃)] | Austellung |
| la culture [la kyltyʀ] | Kultur |
| **étranger/-ère** [etʀɑ̃ʒe, etʀɑ̃ʒɛʀ] | ausländisch, fremd |
| **parmi** [paʀmi] | (mitten) unter; aus |
| **l'annonce** *f* [lanɔ̃s] | Anzeige |
| b. le jour de fermeture *f* [lə ʒuʀ də fɛʀmətyʀ] | Ruhetag |

## C2

| | |
|---|---|
| Faites-les correspondre à... [fɛt le kɔʀɛspɔ̃dʀ‿a...] | Ordnen Sie sie ... zu. |
| précédent/e [pʀesedɑ̃, pʀesedɑ̃t] | vorhergehend, vorig |
| **C'est combien ?** [sɛ kɔ̃bjɛ̃] | Was kostet das? |
| **le tarif** réduit [lə taʀif ʀedɥi] | Ermäßigung, ermäßigter Preis |
| réduit/e [ʀedɥi, ʀedɥit] | ermäßigt |
| **Ça fait 800 F.** [sa fɛ ɥi sɑ̃ fʀɑ̃] | Das sind dann 800 Francs. |
| **durer** [dyʀe] | dauern |
| une heure et demie [yn œʀ e d(ə)mi] | anderthalb Stunden; halb zwei |
| Bof ! [bof] | Ach Mensch ! |
| Je n'ai pas le moral. [ʒə nɛ pa l(ə) mɔʀal] | Ich bin nicht gut drauf. |
| le concert d'orgue [lə kɔ̃sɛʀ dɔʀg] | Orgelkonzert |
| l'orgue *m* [lɔʀg] | Orgel |
| à quelle heure [a kɛl‿œʀ] | um wie viel Uhr |
| **l'heure** *f* [lœʀ] | (Uhr)Zeit; Stunde |
| à huit heures et demie [a ɥit‿œʀ‿e d(ə)mi] | um halb neun |
| à huit heures et quart [a ɥit‿œʀ‿e kaʀ] | um Viertel nach neun |
| le tarif étudiant [lə taʀif etydjɑ̃] | Studentenermäßigung |
| gratuit/e [gʀatɥi, gʀatɥit] | umsonst, kostenlos, gratis |
| Bonne **journée !** [bɔn ʒuʀne] | Einen schönen Tag noch! |

## C3

| | |
|---|---|
| **le prix** [lə pʀi] | Preis |
| **la durée** [la dyʀe] | Dauer |

## C4

| | |
|---|---|
| a. les heures d'ouverture [lez‿œʀ duvɛʀtyʀ] | Öffnungszeiten |
| **la montre** [la mɔ̃tʀ] | Armbanduhr |
| b. Quelle heure est-il ? [kɛl‿œʀ‿ɛt‿il] | Wie spät ist es? |
| **minuit** [minɥi] | Mitternacht |

## C5

| | |
|---|---|
| a. neuf heures moins le quart [nœv‿œʀ mwɛ̃ l(ə) kaʀ] | Viertel vor neun |
| **rechercher** [ʀəʃɛʀʃe] | suchen nach |
| b. observer [ɔpsɛʀve] | beobachten |

## C6

| | |
|---|---|
| b. selon vous [səlɔ̃ vu] | Ihrer Meinung nach |

## C7

| | |
|---|---|
| a. **la profession** [la pʀɔfɛsjɔ̃] | Beruf |
| **le/la coiffeur/-euse** [lə kwafœʀ, la kwaføz] | Friseur,-euse |
| nous commençons [nu kɔmɑ̃sɔ̃] | wir beginnen |
| **commencer** [kɔmɑ̃se] | beginnen, anfangen |
| nous finissons (*inf:* **finir**) [nu finisɔ̃] | *hier:* wir schließen; wir (be)enden |
| le jour de **congé** [lə ʒuʀ də kɔ̃ʒe] | freier Tag |
| **les horaires** *m* [lez‿ɔʀɛʀ] | *hier:* Arbeitszeit; Fahrpläne |
| les heures de fermeture *f* [lez‿œʀ dəfɛʀmətyʀ] | Ladenschlusszeiten |
| l'hypermarché *m* [lipɛʀmaʀʃe] | Einkaufszentrum |
| **par cœur** [paʀ kœʀ] | auswendig |
| ouvrir en journée continue [uvʀiʀ ɑ̃ ʒuʀne kɔ̃tiny] | durchgehend geöffnet sein/haben |
| plus **tôt** [ply to] | früher |

## C8

| | |
|---|---|
| a. **intéresser** [ɛ̃teʀese] | interessieren |
| b. présenter qch/qn [pʀezɑ̃te kɛlkə ʃoz, kɛlkɛ̃] | etw/jdn vorstellen |
| (s')imaginer [(s)imaʒine] | sich vorstellen, ausdenken |

# 6 LES AMIS D'ABORD

| | |
|---|---|
| **amicalement** [amikalmɑ̃] | mit herzlichen Grüßen *(in Briefen)* |
| **tout le monde** [tu l(ə) mɔ̃d] | alle, jeder |
| **l'œil**, *pl:* **les yeux** *m* [lœj, lez‿jø] | Auge |
| **le cœur** [lə kœʀ] | Herz |
| vaut mieux (*inf:* **valoir**) [vo mjø] | ist mehr Wert |
| **les parents** *m, pl* [le paʀɑ̃] | Eltern; Verwandte |
| l'ennemi/e *m/f* [len(ə)mi] | Feind,-in |
| **l'amitié** *f* [lamitje] | Freundschaft |
| **le sentiment** [lə sɑ̃timɑ̃] | Gefühl |
| réciproque [ʀesipʀɔk] | gegenseitig |
| l'affection *f* [lafɛksjɔ̃] | Zuneigung |
| la sympathie [la sɛ̃pati] | Sympathie |
| **le besoin** [lə bəzwɛ̃] | Bedürfnis, Not |
| il n'y a que [il nija kə] | es gibt nur |
| ne... que [nə... kə] | nur |
| **le moment** [lə mɔmɑ̃] | Moment, Augenblick |
| entretenir [ɑ̃tʀət(ə)niʀ] | erhalten |
| le proverbe [lə pʀɔvɛʀb] | Sprichwort |
| l'équivalent [lekivalɑ̃] | Entsprechung |
| ci-dessous [si d(ə)su] | nachstehend, folgend; untenstehend |

## A1

| | |
|---|---|
| **décrire** [dekʀiʀ] | beschreiben |

## A2

| | |
|---|---|
| une photo que j'aime [yn fɔto kə ʒɛm] | ein Foto, das ich mag |
| mes **amis** *m, pl* [mez‿ami] | meine Freunde |
| mal **rasé** [mal ʀaze] | unrasiert |
| rigoler [ʀigɔle] | Witze machen, lachen |
| **tout le temps** [tu l(ə) tɑ̃] | die ganze Zeit |
| faire le clown [fɛʀ lə klun] | den Clown spielen |
| celui avec les superbes yeux bleus [səlɥi avɛk le sypɛʀbz‿jø blø] | der mit den wunderschönen blauen Augen |
| **superbe** [sypɛʀb] | wunderbar, -schön |
| réservé/e [ʀezɛʀve] | zurückhaltend, reserviert |
| terriblement [tɛʀibləmɑ̃] | schrecklich |
| **le cheveu**, *pl:* **-x** [lə, le ʃ(ə)vø] | Haar |
| mi-long/ue [mi lɔ̃, mi lɔ̃g] | halblang |
| sa copine [sa kɔpin] | seine/ihre Freundin |
| **le copain, la copine** [lə kɔpɛ̃, la kɔpin] | Freund,-in |
| je la **connais** (*inf:* **connaître**) [ʒə la kɔnɛ] | ich kenne sie |
| je **crois que** (*inf:* **croire**) [ʒə kʀwa kə] | ich glaube, dass |
| le pilote [lə pilɔt] | Pilot |
| **blond/e** [blɔ̃, blɔ̃d] | blond |
| compter sur qn [kɔ̃te syʀ kɛlkɛ̃] | auf jdn zählen |
| faire les boutiques [fɛʀ le butik] | einen Einkaufsbummel machen |
| avoir beaucoup de goût [avwaʀ boku d(ə) gu] | einen guten Geschmack haben |
| **le goût** [lə gu] | Geschmack |
| brun/e [bʀɛ̃, bʀyn] | braun(haarig) |
| le/la cuisinier/-ière [lə kɥizinje, la kɥizinjɛʀ] | Koch, Köchin; Herd *f* |
| la troupe [la tʀup] | Truppe |
| **le plat** [lə pla] | Gericht |
| exotique [ɛgzɔtik] | exotisch |
| le couscous royal [lə kuskus ʀwajal] | *marokkanisches Gericht* |
| je ne sais pas (*inf:* **savoir**) [ ʒə n(ə) sɛ pa] | ich weiß nicht |
| **avoir l'air** [avwaʀ lɛʀ] | so aussehen, als ob |
| **l'air** *m* [lɛʀ] | Anschein; Luft |
| **triste** [tʀist] | traurig |

## A3

| | |
|---|---|
| relever [ʀəl(ə)ve] | heraussuchen, auflisten; aufschreiben |

## A4

| | |
|---|---|
| caractériser [kaʀakteʀize] | charakterisieren; kennzeichnen |
| **le caractère** [lə kaʀaktɛʀ] | Charakter |
| le physique [lə fizik] | Aussehen, Äußeres |

## A5

| | |
|---|---|
| frisé/e [fʀize] | lockig |
| chauve [ʃov] | kahl(köpfig) |
| gai/e [gɛ] | fröhlich |

| | |
|---|---|
| la barbe [la baʀb(ə)] | (Voll)Bart |
| **court/e** [kuʀ, kuʀt] | klein; kurz |
| faire le portrait de qn [fɛʀ lə pɔʀtʀɛ də kɛlkɛ̃] | von jdm das Portrait anfertigen; jdn beschreiben |

## A6

| | |
|---|---|
| Qui est-ce ? [ki ɛs] | Wer ist das? |

## A7

| | |
|---|---|
| a. ces pronoms [se pʀɔnɔ̃] | diese Pronomen |
| b. **la fille** [la fij] | Mädchen; Tochter |
| **s'amuser** [samyze] | sich amüsieren, vergnügen |
| être de bonne humeur [ɛtʀ(ə) də bɔn‿ymœʀ] | guter Laune sein |
| l'humeur *f* [lymœʀ] | Laune; Stimmung |
| aller manger [ale mɑ̃ʒe] | essen gehen |

## A8

| | |
|---|---|
| Moi pas ! [mwa pa] | Ich *(betont)* nicht. |
| **Moi aussi.** [mwa osi] | Ich *(betont)* auch. |
| Moi non plus. [mwa nɔ̃ ply] | Ich *(betont)* auch nicht. |
| Moi si ! [mwa si] | Aber ich *(betont)* ! Ich *(betont)* schon! |
| le sujet [lə syʒɛ] | Thema; Subjekt |

## A9

| | |
|---|---|
| **le signe** [lə siɲ] | (Stern)Zeichen |
| le zodiaque [lə zɔdjak] | Tierkreis |
| communicatif/-ve [kɔmynikatif, kɔmynikativ] | mitteilsam, gesprächig |
| autoritaire [ɔtɔʀitɛʀ] | autoritär |
| **difficile** [difisil] | schwierig |
| studieux/-euse [stydjø, stydjøz] | fleißig; strebsam |
| sensible [sɑ̃sibl(ə)] | sensibel, feinfühlig; empfindlich |
| jaloux/-ouse [ʒalu, ʒaluz] | eifersüchtig |
| aventureux/-euse [avɑ̃tyʀø, avɑ̃tyʀøz] | abenteuerlustig |
| spontané/e [spɔ̃tane] | spontan |
| impatient/e [ɛ̃pasjɑ̃, ɛ̃pasjɑ̃t] | ungeduldig |
| fidèle [fidɛl] | treu |
| courageux/-euse [kuʀaʒø, kuʀaʒøz] | mutig |
| idéaliste [idealist] | idealistisch |
| le Capricorne [lə kapʀikɔʀn] | Steinbock |
| le Verseau, *pl:* -x [lə vɛʀso] | Wassermann |
| le Bélier [lə belje] | Widder |
| le Taureau, *pl:* -x [lə toʀo] | Stier |
| les Gémeaux *m, pl* [le ʒemo] | Zwillinge |
| le Cancer [lə kɑ̃sɛʀ] | Krebs |
| le Lion [lə ljɔ̃] | Löwe |
| la Vierge [la vjɛʀʒ] | Jungfrau |
| la Balance [la balɑ̃s] | Waage |
| le Scorpion [lə skɔʀpjɔ̃] | Skorpion |
| le Sagittaire [lə saʒitɛʀ] | Schütze |

## A10

| | |
|---|---|
| a. préciser [pʀesize] | genauer beschreiben |
| le jugement [lə ʒyʒmɑ̃] | Meinung; Urteil |
| pas du tout [pa dy tu] | überhaupt nicht |
| un peu [ɛ̃ pø] | ein wenig, ein bisschen; etwas |

## B1

| | |
|---|---|
| a. (aller) **danser** [(ale) dɑ̃se] | tanzen (gehen) |
| (se) détendre [(sə) detɑ̃dʀ] | (sich) entspannen |
| faire du sport [fɛʀ dy spɔʀ] | Sport treiben |
| par **exemple** [paʀ ɛgzɑ̃pl] | zum Beispiel |
| **jouer** au tennis [jwe o tenis] | Tennis spielen |
| **(se) rencontrer** [(sə) ʀɑ̃kɔ̃tʀe] | (sich) begegnen/treffen |
| regarder la télé(vision) [ʀəgaʀde la tele(vizjɔ̃)] | fernsehen |
| faire la cuisine [fɛʀ la kɥizin] | kochen |
| jouer aux cartes [jwe o kaʀt] | Karten spielen |
| la cassette vidéo [la kasɛt video] | Videokassette |
| de temps en temps [də tɑ̃z‿ɑ̃ tɑ̃] | manchmal; hin und wieder |
| ce qui m'intéresse [sə ki mɛ̃teʀɛs] | was mich interessiert |
| le sport collectif [lə spɔʀ kɔlɛktif] | Mannschaftssport |
| **courir** [kuʀiʀ] | laufen |
| **le bois** [lə bwa] | Wald; Holz |
| en fait [ɑ̃ fɛ(t)] | *hier:* also; in der Tat, tatsächlich; eigentlich |
| jouer de la musique [jwe d(ə) la myzik] | Musik machen |
| **autrefois** [otʀəfwa] | früher, einst |
| **chanter** [ʃɑ̃te] | singen |
| la chorale [la kɔʀal] | Chor |
| Il m'arrive encore de le faire. [il maʀiv‿ɑ̃kɔʀ də lə fɛʀ] | Es kommt immer noch vor, dass ich es mache. |
| la soirée de jeux [la swaʀe də ʒø] | Spielabend |
| **le jeu**, *pl:* -x [lə ʒø] | Spiel |
| faire une balade [fɛʀ yn balad] | spazieren gehen |
| **la balade** [la balad] | Spaziergang |
| cuisiner [kɥizine] | kochen |
| prendre un verre [pʀɑ̃dʀ‿ɛ̃ vɛʀ] | etw trinken (gehen) |
| apprendre une langue étrangère [apʀɑ̃dʀ‿yn lɑ̃g‿etʀɑ̃ʒɛʀ] | eine Fremdsprache lernen |
| faire du vélo [fɛʀ dy velo] | Fahrrad fahren |
| c. une de ces activités [yn də sez‿aktivite] | eine dieser Aktivitäten |

## B2

| | |
|---|---|
| a. **(ne)... jamais** [(nə)... ʒamɛ] | nie(mals) |
| b. établissez (*inf:* **établir**) [etablise] | stellen Sie ... auf |
| avoir envie *f* de faire qch [avwaʀ ɑ̃vi də fɛʀ kɛlkəʃɔ̃z] | Lust haben, etw zu tun |
| tous **ensemble** [tus‿ɑ̃sɑ̃bl] | alle zusammen, gemeinsam |
| la statistique [la statistik] | Statistik |

## B3

| | |
|---|---|
| Dites ce que vous faites. [dit sə kə vu fɛt] | Sagen Sie, was Sie machen. |

## B4

| | |
|---|---|
| a. l'écrivain *m/f* [lekʀivɛ̃] | Schriftsteller,-in |
| **depuis longtemps** [dəpɥi lɔ̃tɑ̃] | seit langem |
| longtemps [lɔ̃tɑ̃] | lange (Zeit) |
| le vieil ami [lə vjɛj‿ami] | alter Freund |
| **vieux, vieil, vieille** [vjø,vjɛj] | alt |
| Notre amitié a plus de 30 ans. [nɔtʀ‿amitje a ply də tʀɑ̃t‿ɑ̃] | Unsere Freundschaft ist älter als 30 Jahre. |
| se disputer [sə dispyte] | sich streiten |
| On ne se confie rien. [ɔ̃ nə sə kɔ̃fi ʀjɛ̃] | Wir führen keine vertraulichen Gespräche. |
| Je préfère aller me plaindre à... (*inf:* se plaindre) [ʒə pʀefɛʀ ale mə plɛ̃dʀ‿a...] | Ich ziehe es vor, mich bei ... zu beklagen. |
| le banquier [lə bɑ̃kje] | Bankier, Banker |
| Les amis, ce n'est pas fait pour ça. [lez‿ami sə nɛ pa fɛ puʀ sa] | Dazu sind Freunde nicht da. |
| b. Les amis, à quoi ça sert ? [lez‿ami a kwa sa sɛʀ] | Wozu sind Freunde da? |
| **servir à qch** [sɛʀviʀ a kɛlkə ʃoz] | zu etw nütze sein; zu etw dienen |
| parler de [paʀle də] | von etw/über etw sprechen |
| les problèmes de couple [le pʀɔblɛm də kupl] | Beziehungs-, Eheprobleme |
| le couple [lə kupl] | (Ehe)Paar |
| s'encourager [sɑ̃kuʀaʒe] | sich Mut machen |
| **rêver** [ʀɛve] | träumen |
| **vivre** [vivʀ] | leben |

## B5

| | |
|---|---|
| a. **indiquer** [ɛ̃dike] | anzeigen; einzeichnen |
| la liaison [la ljɛzɔ̃] | Bindung |

## C1

| | |
|---|---|
| ta lettre tant attendue [ta lɛtʀ tɑ̃t‿atɑ̃dy] | dein Brief, auf den ich so gewartet habe |
| **dernier/-ère** [dɛʀnje, dɛʀnjɛʀ] | letzte,-r,-s |
| Je suis content pour toi. [ʒə sɥi kɔ̃tɑ̃ puʀ twa] | Ich freue mich für dich. |
| content/e [kɔ̃tɑ̃, kɔ̃tɑ̃t] | zufrieden, froh |
| travailler dur [tʀavaje dyʀ] | hart/schwer arbeiten |
| Toutes mes félicitations ! [tut me felisitasjɔ̃] | Meinen Glückwunsch! |
| **les félicitations** [le felisitasjɔ̃] | Glückwünsche |
| la même chose [la mɛm ʃoz] | dasselbe |
| **la chose** [la ʃoz] | Sache; Ding |
| rénover [ʀenɔve] | erneuern; auffrischen |
| On a bien ri. (*inf:* **rire**) [ɔ̃n‿a bjɛ̃ ʀi] | Wir haben viel gelacht. |
| **rire** [ʀiʀ] | lachen |
| Il a demandé de tes nouvelles. [il a d(ə)mɑ̃de də te nuvɛl] | Er hat sich nach dir erkundigt. |
| la nouvelle [la nuvɛl] | Nachricht; Neuigkeit |
| de sa part [də sa paʀ] | von ihm/ihr |
| Nous avons l'intention de faire du vélo. [nuz‿avɔ̃ lɛ̃tɑ̃sjɔ̃ də fɛʀ dy velo] | Wir beabsichtigen Fahrrad zu fahren. |
| avoir l'intention de faire qch [avwaʀ lɛ̃tɑ̃sjɔ̃ də fɛʀ kɛlkə ʃoz] | beabsichtigen etw zu tun |
| **la vallée** [la vale] | Tal |
| cet **été** [sɛt‿ete] | diesen/kommenden Sommer |
| **l'été** *m* [lete] | Sommer |
| Bonne chance pour la suite. [bɔn ʃɑ̃s puʀ la sɥit] | Alles Gute für die Zukunft! |
| la chance [la ʃɑ̃s] | Glück; Chance; Gelegenheit |
| **la suite** [la sɥit] | Folge, Fortsetzung |
| Mes amitiés à Jérôme. [mez‿amitje a ʒeʀom] | Grüß Jérôme herzlich von mir. |
| Je t'embrasse bien fort. [ʒə tɑ̃bʀas bjɛ̃ fɔʀ] | Dir einen dicken Kuss *(am Briefende)*; Ich umarme dich ganz herzlich. |

## C2

| | |
|---|---|
| a. Cette lettre nous apprend... [sɛt lɛtʀ nuz‿apʀɑ̃...] | Aus diesem Brief erfahren wir ... |
| c. la phrase-clef [la fʀaz kle] | Schlüsselsatz, Kernsatz |
| la clef/clé [la kle] | Schlüssel |
| chaque [ʃak] | jede,-r,-s |
| le paragraphe [lə paʀagʀaf] | Abschnitt |

## C3

| | |
|---|---|
| exprimer [ɛkspʀime] | ausdrücken |
| la possession [la pɔsɛsjɔ̃] | Besitz |

## C4

| | |
|---|---|
| il vouvoie (*inf:* vouvoyer) [il vuvwa] | er siezt |
| vouvoyer [vuvwaje] | siezen |

## C5

| | |
|---|---|
| b. la bande dessinée, la B.D. [la bɑ̃d desine, la bede] | Comic |
| la possibilité [la pɔsibilite] | Möglichkeit |
| terminer [tɛʀmine] | beenden |
| le principal [lə pʀɛ̃sipal] | Hauptsache |
| **garder** [gaʀde] | behalten; beaufsichtigen |
| Voyons, Rose, ... (*inf:* **voir**) [vwajɔ̃ ʀoz] | Also Rose, ... |
| **d'habitude** [dabityd] | gewöhnlich |
| familier/-ère [familje, familjɛʀ] | vertraulich, vertraut |
| Affectueux bonjour ! [afɛktɥø bɔ̃ʒuʀ] | Liebe Grüße! |
| **coller** [kɔle] | kleben |
| le timbre [lə tɛ̃bʀ] | Briefmarke |

## C6

| | |
|---|---|
| a. la carte de vœux [la kaʀt(ə) də vø] | Glückwunschkarte |
| **le vœu**, *pl:* -x [lə vø] | Glückwunsch |
| utiliser [ytilize] | benutzen; verwenden |
| Meilleurs vœux ! [mɛjœʀ vø] | Alles Gute! |
| Tous nos vœux de bonheur ! [tu no vø də bɔnœʀ] | Alles Gute für Sie/euch! |
| **le bonheur** [lə bɔnœʀ] | Glück |
| Bon rétablissement ! [bɔ̃ ʀetablismɑ̃] | Gute Besserung! |

| | |
|---|---|
| b. **heureux/-euse** [øʀø, øʀøz] | glücklich, froh |
| Ecrivez un mot. [ekʀive ɛ̃ mo] | Schreiben Sie ein paar Zeilen. |
| merveilleux/-euse [mɛʀvɛjø, mɛʀvɛjøz] | wunderbar |
| **le mariage** [lə maʀjaʒ] | Hochzeit; Ehe |
| Sincères condoléances *f, pl* [sɛ̃sɛʀ kɔ̃dɔleɑ̃s] | Aufrichtiges Beileid |
| Meilleure santé ! [mɛjœʀ sɑ̃te] | Gute Besserung! |
| le diplôme [lə diplom] | Abschluss, Diplom |
| Bonne Année ! [bɔn‿ane] | Ein frohes neues Jahr! |
| **le passé** [lə pase] | Vergangenheit |

## C8

| | |
|---|---|
| a. **l'événement** *m* [levɛnmɑ̃] | Ereignis |
| **arrêter** [aʀete] | aufhören |
| **fumer** [fyme] | rauchen |
| **les études** [lez‿etyd] | Studium |
| décider de faire qch [deside də fɛʀ kɛlkə ʃoz] | (sich) entscheiden etw zu tun |
| faire le tour du monde [fɛʀ lə tuʀ dy mɔ̃d] | eine Weltreise machen |
| **le monde** [lə mɔ̃d] | Welt; Weltall |
| **l'emploi** [lɑ̃plwa] | Arbeitsplatz, Stelle |
| gagner au loto [gaɲe o lɔto] | im Lotto gewinnen |

## C9

| | |
|---|---|
| **la caisse** [la kɛs] | Kiste; Kasse |
| prendre une décision [pʀɑ̃dʀ‿yn desizjɔ̃] | Eine Entscheidung treffen, entscheiden |
| **vite** *adv* [vit] | schnell |

## S

| | |
|---|---|
| **la lune**[la lyn] | Mond |
| rimer [ʀime] | sich reimen |
| tous les mots [tu le mo] | alle Wörter |
| inventer [ɛ̃vɑ̃te] | erfinden |
| **la fenêtre** [la f(ə)nɛtʀ] | Fenster |
| le refrain [lə ʀəfʀɛ̃] | Refrain, wiederkehrender Reim |
| **(se) revoir** [(sə) ʀəvwaʀ] | (sich) wiedersehen |
| Qui sait? (*inf:* **savoir**) [ki sɛ] | Wer weiß? |
| Une lettre me parlera de toi. (*inf:* **parler**) [yn lɛtʀ mə paʀləʀa də twa] | Ein Brief wird mir von dir erzählen. |
| **le souvenir** [lə suvniʀ] | Erinnerung; Andenken |
| **le ciel**, *pl:* **les cieux** [lə sjɛl, le sjø] | Himmel |
| immense [im(m)ɑ̃s] | unermesslich, unendlich |
| Iront-ils vers toi... ? (*inf:* **aller**) [iʀɔ̃t‿il vɛʀ twa...] | Werden sie zu dir gehen ...? |
| **vers** [vɛʀ] | gegen, in Richtung, nach |
| **partagé/e** [paʀtaʒe] | geteilt |
| Je ne les oublierai jamais. (*inf:* **oublier**) [ʒə nə lez‿ubliʀe ʒamɛ] | Ich werde sie niemals vergessen. |
| **la lumière** [la lymjɛʀ] | Licht |
| le noir [lə nwaʀ] | Dunkel |
| l'espoir *m* [lɛspwaʀ] | Hoffnung |
| Quand nous refaisions le monde... (*inf:* **refaire**) [kɑ̃ nu ʀəfəzjɔ̃ lə mɔ̃d...] | Als wir die Welt neu erschufen ... |
| ... le voyais-tu aussi grand... ? (*inf:* **voir**) [... lə vwajɛ ty osi gʀɑ̃...] | ... hast du sie dir so groß vorgestellt ...? |
| le pas [lə pa] | Schritt |
| **pressé/e** [pʀese] | eilig, in Eile |
| **séparer** [sepaʀe] | trennen |
| **chacun/e** [ʃakɛ̃, ʃakyn] | jeder,-r,-s |
| **sentir** [sɑ̃tiʀ] | fühlen; riechen |
| le lien [lə ljɛ̃] | Verbindung |
| **la terre** [la tɛʀ] | Erde |
| J'y tiens. (*inf:* **tenir**) [ʒi tjɛ̃] | Ich lege Wert darauf./Es liegt mir etw daran. |
| **hier** [(i)jɛʀ] | gestern |
| Quel proverbe contredit la chanson ? (*inf:* contredire) [kɛl pʀɔvɛʀb kɔ̃tʀədi la ʃɑ̃sɔ̃] | Welches Sprichwort widerspricht dem Lied? |

# 7 LE PLAT DU JOUR

| | |
|---|---|
| le plat du jour [lə pla dy ʒuʀ] | Tagesgericht |
| Vous désirez ? [vu deziʀe] | Was hätten Sie gerne?/Was darf es sein? |
| l'ambiance *f* [lɑ̃bjɑ̃s] | *hier:* Hintergrundgeräusch; Stimmung |

## A1

| | |
|---|---|
| **le repas** [lə ʀəpa] | Essen, Mahlzeit |
| pas cher/-ère [pa ʃɛʀ] | preiswert |
| dîner en musique [dine ɑ̃ myzik] | bei Musik essen |
| **le cadre** [lə kadʀ] | Rahmen/Umgebung; leitender Angestellter |
| raffiné/e [ʀafine] | fein; gepflegt |

## A2

| | |
|---|---|
| s'internationaliser [sɛ̃tɛʀnasjɔnalize] | international werden |
| la Chine [la ʃin] | China |
| chinois/e [ʃinwa, ʃinwaz] | chinesisch |
| le/la Chinois/e [lə ʃinwa, la ʃinwaz] | Chinese,-in |
| le/la Suisse [lə, la sɥis] | Schweizer,-in |
| la Russie [la ʀysi] | Russland |
| russe [ʀys] | russisch |
| le/la Russe [lə, la ʀys] | Russe,-in |
| italien/ne [italjɛ̃, italjɛn] | italienisch |
| l'Italien/ne *m/f* [litaljɛ̃, litaljɛn] | Italiener,-in |
| le Maroc [lə maʀɔk] | Marokko |
| marocain/e [maʀɔkɛ̃, maʀɔkɛn] | marokkanisch |
| le/la Marocain/e [lə maʀɔkɛ̃, la maʀɔkɛn] | Marokkaner,-in |
| l'île Maurice *f* [lil mɔʀis] | Mauritius |
| mauricien/ne [mɔʀisjɛ̃, mɔʀisjɛn] | mauritisch |
| le/la Mauricien/ne [lə mɔʀisjɛ̃, la mɔʀisjɛn] | Mauritier,-in |

| | |
|---|---|
| la Grèce [la gʀɛs] | Griechenland |
| grec, grecque [gʀɛk] | griechisch |
| le Grec, la Grecque [lə, la gʀɛk] | Grieche,-in |
| b. **la nationalité** [la nasjɔnalite] | Nationalität, Staatsangehörigkeit |
| **remarquer** [ʀəmaʀke] | bemerken, feststellen |

## A3

| | |
|---|---|
| **l'origine** *f* [lɔʀiʒin] | Ursprung, Herkunft |
| mexicain/e [mɛksikɛ̃, mɛksikɛn] | mexikanisch |
| indien/ne [ɛ̃djɛ̃, ɛ̃djɛn] | indisch |
| alsacien/ne [alzasjɛ̃, alzasjɛn] | elsässisch |
| espagnol/e [ɛspaɲɔl] | spanisch |
| le canard [lə kanaʀ] | Ente |
| le poulet au curry [lə pulɛ o kyʀi] | Huhn/Hähnchen in Currysoße |
| la moule [la mul] | Miesmuschel |
| garni/e [gaʀni] | mit (Fleisch/Gemüse) Beilage |
| le bœuf bourguignon [lə bœf buʀgiɲɔ̃] | Rindergulasch in Weißsoße |
| le bœuf, *pl:* les bœufs [lə bœf, le bø] | Ochse, Rind |

## A4

| | |
|---|---|
| On va manger indien ? [ɔ̃ va mɑ̃ʒe ɛ̃djɛ̃] | Gehen wir indisch essen? |
| épicé/e [epise] | scharf, gewürzt |
| manger japonais [mɑ̃ʒe ʒapɔnɛ] | japanisch essen |
| japonais/e [ʒapɔnɛ, ʒapɔnɛz] | japanisch |
| l'ail *m* [laj] | Knoblauch |
| **lourd/e** [luʀ, luʀd] | schwer, *hier:* schwer verdaulich |
| abandonner [abɑ̃dɔne] | aufgeben |
| **le type** [lə tip] | Art, Typ |
| commenter [kɔmɑ̃te] | kommentieren, sprechen über |

## A5

| | |
|---|---|
| **fixer** [fikse] | vereinbaren, festsetzen |
| **réserver** [ʀezɛʀve] | reservieren |
| Entendu, c'est noté. [ɑ̃tɑ̃dy sɛ nɔte] | In Ordnung, ich habe es notiert. |
| A quel nom ? [a kɛl nɔ̃] | Auf welchen Namen? |

## B2

| | |
|---|---|
| a. le/la restaurateur/-trice [lə ʀɛstɔʀatœʀ, la ʀɛstɔʀatʀis] | Wirt,-in; Restaurantbesitzer,-in |
| une seconde fois [yn s(ə)gɔ̃d fwa] | ein zweites Mal |
| b. **la date** [la dat] | Datum, Termin |
| au mois de mai [o mwa d(ə) mɛ] | im Mai |
| **le mois** [lə mwa] | Monat |
| **mai** *m* [mɛ] | Mai |
| Ça fait longtemps. [sa fɛ lɔ̃tɑ̃] | Das ist lange her. |
| Ça fera donc quatre ans en avril. (*inf:* **faire**) [sa f(ə)ʀa dɔ̃k katʀ‿ɑ̃ ɑ̃n‿avʀil] | Im April werden es also vier Jahre her sein. |

## B3

| | |
|---|---|
| a. culinaire [kylinɛʀ] | kulinarisch |
| en partie [ɑ̃ paʀti] | zum Teil |
| provençal/e [pʀɔvɑ̃sal] | aus der Provence |
| **puisque** [pɥisk(ə)] | da, weil |
| moi-même [mwa mɛm] | ich *(betont)* selbst |
| **la partie** [la paʀti] | Teil |
| le chèvre chaud [lə ʃɛvʀ ʃo] | warmer Ziegenkäse |
| servi/e [sɛʀvi] | *hier:* angerichtet |
| **la salade** [la salad] | Salat |
| le carré d'agneau [lə kaʀe daɲo] | Lammrippe |
| **l'agneau**, *pl:* -x *m* [laɲo] | Lamm |
| rôti/e [ʀoti] | gebraten, im Ofen gebacken |
| les herbes *f, pl* [lez‿ɛʀb] | Kräuter |
| le chef cuisinier [lə ʃɛf kɥizinje] | Küchenchef |
| être d'origine *f* [ɛtʀ(ə) dɔʀiʒin] | aus ... stammend |
| se diriger vers [sə diʀiʒe vɛʀ] | *hier:* in Richtung ... gehen |
| le saumon [lə somɔ̃] | Lachs |
| les lentilles *f* [le lɑ̃tij] | Linsen |
| la sauce au raifort [la sos‿o ʀɛfɔʀ] | Merrettichsoße |
| le Crémant [lə kʀemɑ̃] | *frz. Sektart* |
| **le hors-d'œuvre** [lə 'ɔʀ dœvʀ] | Vorspeise |
| la soupe maison [la sup mɛzɔ̃] | Suppe nach Art des Hauses |
| le gratin [lə gratɛ̃] | *mit Käse überbackenes Gericht* |
| **l'assiette** *f* [lasjɛt] | Teller |
| les crudités *f, pl* [le kʀydite] | Rohkost(Salat) |
| frit/e [fʀi, fʀit] | gebacken; frittiert |
| l'escargot *m* [lɛskaʀgo] | Schnecke |
| la noix, *pl:* les noix [la, le nwa] | (Wal)Nuss |
| le roquefort [lə ʀɔkfɔʀ] | *frz. Blauschimmelkäse* |
| fumé/e [fyme] | geräuchert |
| le vinaigre [lə vinɛgʀ] | Essig |
| la framboise [la fʀɑ̃bwaz] | Himbeere |
| le poisson [lə pwasɔ̃] | Fisch |
| le sandre [lə sɑ̃dʀ(ə)] | Zander |
| le pinot noir [lə pino nwaʀ] | *Rotweinrebe, u. a. aus Burgund* |
| poché/e [pɔʃe] | pochiert |
| **la viande** [la vjɑ̃d] | Fleisch |
| l'entrecôte *f* [lɑ̃tʀəkot] | Rippenstück |
| le magret de canard [lə magʀɛ də kanaʀ] | Entenbrust |
| la cerise [la s(ə)ʀiz] | Kirsche |
| le dessert [desɛʀ] | Nachtisch, Dessert |
| varié/e [vaʀje] | verschieden, wechselnd |
| b. les plats cités [le pla site] | die hier genannten Gerichte |

## B4

| | |
|---|---|
| a. **l'ordre** *m* [lɔʀdʀ] | *hier:* Speisenfolge; Reihenfolge; Ordnung |
| b. fréquent/e [fʀekɑ̃, fʀekɑ̃t] | häufig, ständig wiederkehrend |
| le pâté [lə pɑte] | Pastete |
| le coq au vin [lə kɔk o vɛ̃] | Hähnchen in Weinsoße |
| la côte d'agneau [la kot daɲo] | Lammkotelett |
| la tarte aux fraises [la taʀt‿o fʀɛz] | Erdbeertorte,-kuchen |
| la fraise [la fʀɛz] | Erdbeere |

| | |
|---|---|
| l'escalope *f* de veau [lɛskalɔp də vo] | Kalbsschnitzel |
| le veau [lə vo] | Kalb |
| d. **éviter** [evite] | vermeiden |
| la mauvaise surprise [la movɛz syʀpʀiz] | unangenehme/böse Überraschung |
| **la surprise** [la syʀpʀiz] | Überraschung |

## B5

| | |
|---|---|
| la préférence [la pʀefeʀɑ̃s] | Vorliebe |
| **le/la client/e** [lə klijɑ̃, la klijɑ̃t] | Kunde,-in |
| certains produits [sɛʀtɛ̃ pʀɔdɥi] | bestimmte Produkte |
| **certain/e** [sɛʀtɛ̃, sɛʀtɛn] | bestimmter,-e,-es; gewisser,-e,-es; sicher |
| ...qui marchent bien. [...ki maʀʃ(ə) bjɛ̃] | *hier:* ..., die Anklang finden/sich gut verkaufen. |
| ce qu'il faut dire, c'est que... [s(ə) kil fo diʀ sɛ kə...] | *hier:* was man beachten muss, ist, dass ... |
| **changer** [ʃɑ̃ʒe] | ändern, wechseln |
| deux fois par an [dø fwa paʀ ɑ̃] | zweimal im Jahr |
| avec des nouveaux produits [avɛk de nuvo pʀɔdɥi] | mit neuen Produkten |
| **essayer** [eseje] | versuchen; (an)probieren |
| constamment *adv* [kɔ̃stamɑ̃] | ständig |
| se renouveler [sə ʀənuvle] | *hier:* etw Neues bringen |
| par contre [paʀ kɔ̃tʀ] | hingegen |
| apprécié/e [apʀesje] | geschätzt |
| la clientèle [la klijɑ̃tɛl] | Kundschaft |
| **devenir** [dəv(ə)niʀ] | werden |
| la tarte Tatin [la taʀt tatɛ̃] | *berühmte frz. Apfeltorte* |
| réputé/e [ʀepyte] | berühmt |
| toutes les cuisines [tut le kɥizin] | alle Küchen |
| pas seulement [pa sœlmɑ̃] | nicht nur |
| avoir des loisirs [avwaʀ de lwaziʀ] | (Frei)Zeit haben |
| thaïlandais/e [tajlɑ̃dɛ, tajlɑ̃dɛz] | thailändisch |
| la curiosité [la kyʀjozite] | Neugier |
| par rapport à [paʀ ʀapɔʀ‿a] | in Bezug auf, was ... betrifft |

## B6

| | |
|---|---|
| souligner [suliɲe] | unterstreichen; betonen |
| **la forme** [la fɔʀm] | Form, Gestalt |
| j'ai travaillé [ʒe tʀavaje] | ich habe gearbeitet |
| je suis allé/e [ʒə sɥiz‿ale] | ich bin gegangen/gefahren |

## B7

| | |
|---|---|
| a. **le mouvement** [lə muvmɑ̃] | Bewegung |
| se conjuguer [sə kɔ̃ʒyge] | konjugiert werden |
| **monter** [mɔ̃te] | hinaufgehen,-tragen |
| **descendre** [desɑ̃dʀ] | heruntergehen,-tragen |
| b. **l'élément** *m* [elemɑ̃] | Element; Teil |
| un peu plus tard [ɛ̃ pø ply taʀ] | ein wenig später |
| **revenir** [ʀəv(ə)niʀ] | zurückkommen |

## B8

| | |
|---|---|
| interroger [ɛ̃teʀɔʒe] | (be)fragen; verhören |
| dernièrement [dɛʀnjɛʀmɑ̃] | in letzter Zeit, neulich |

## B9

| | |
|---|---|
| **Personne ne connaît...** (*inf:* **connaître**) [pɛʀsɔn nə kɔnɛ...] | Niemand kennt ... |
| le destin [lə dɛstɛ̃] | Schicksal |
| **l'avenir** *m* [lav(ə)niʀ] | Zukunft |
| souriant/e [suʀjɑ̃, suʀjɑ̃t] | freundlich |
| **souhaiter qch à qn** [swete kɛlkəʃoz a kɛlkɛ̃] | jdm etw wünschen |
| ...de nous avoir reçus (*inf:* recevoir) [...də nuz‿avwaʀ ʀəsy] | ..., dass Sie uns empfangen haben |
| recevoir [ʀəsəvwaʀ] | empfangen; erhalten |
| Bonne continuation ! [bɔn kɔ̃tinɥasjɔ̃] | Weiterhin alles Gute! |

## C1

| | |
|---|---|
| b. l'arôme *m* [laʀom] | Aroma, Duft |
| le Proche-Orient [lə pʀɔʃɔʀjɑ̃] | Naher Osten |
| la Tunisie [la tynizi] | Tunesien |
| l'Egypte [leʒipt] | Ägypten |
| **boire** [bwaʀ] | trinken |
| le miel [lə mjɛl] | Honig |
| l'amande *f* [lamɑ̃d] | Mandel |
| le classique [lə klasik] | Klassiker |
| Le café se boit... [lə kafe sə bwa...] | Der Kaffee wird ... getrunken. |
| **debout** [dəbu] | im Stehen, stehend |
| au bar [o baʀ] | am Tresen; in der (Steh)Kneipe |
| assis/e [asi, asiz] | im Sitzen, sitzend |
| le café crème [lə kafe kʀɛm] | Kaffee mit Milch |
| en général [ɑ̃ ʒeneʀal] | im Allgemeinen |
| la tartine [la taʀtin] | Schnitte, Butterbrot |
| **la confiture** [la kɔ̃fityʀ] | Marmelade |
| tremper [tʀɑ̃pe] | eintauchen,-tunken |
| le bol [lə bɔl] | (Trink)Schale |
| la brioche [la bʀijɔʃ] | Brioche *(frz. Hefegebäck)* |
| le pain au chocolat [lə pɛ̃ o ʃɔkɔla] | *frz. Gebäck mit Schokofüllung* |
| l'Autriche *f* [lotʀiʃ] | Österreich |
| le pousse-café [lə puskafe] | *Verdauungsschnaps* |
| les Pays-Bas [le pɛi ba ] | Niederlande |
| le café liégeois [lə kafe ljeʒwa] | Eiskaffee |
| l'Irlande *f* [liʀlɑ̃d] | Irland |
| la scène [la sɛn] | Szene |

## C2

| | |
|---|---|
| **commander** [kɔmɑ̃de] | bestellen |

## C3

| | |
|---|---|
| b. **retourner** [ʀ(ə)tuʀne] | *hier:* zurückkehren, -gehen |

## C6

| | |
|---|---|
| a. se composer (de) [sə kɔ̃poze (də)] | zusammengesetzt sein/bestehen (aus) |

| | |
|---|---|
| **la crème** [la kʀɛm] | (Kaffee)Sahne |
| **la glace** [la glas] | Eis(Creme); Spiegel |
| b. le cocktail [lə kɔktɛl] | Cocktail |
| la recette [la ʀ(ə)sɛt] | (Koch)Rezept |
| le toast [lə tost] | Toast |

## C7

| | |
|---|---|
| a. les céréales [le seʀeal] | *Sammelbegriff für Getreideprodukte wie Müsli, Cornflakes usw.* |
| le petit pain [lə p(ə)ti pɛ̃] | Brötchen |
| **l'œuf**, *pl:* **les œufs** [lœf, lez‿ø] | Ei |
| la compote [la kɔ̃pɔt] | Kompott |
| le jambon [lə ʒɑ̃bɔ̃] | Schinken |
| b. maigrir [megʀiʀ] | abnehmen |
| partir en voyage [paʀtiʀ ɑ̃ vwajaʒ] | verreisen |
| végétarien/ne [veʒetaʀjɛ̃, veʒetaʀjɛn] | vegetarisch |
| c. l'Angleterre *f* [lɑ̃glətɛʀ] | England |
| l'Espagne *f* [lɛspaɲ] | Spanien |
| les Etats-Unis *m, pl* [lez‿etaz‿yni] | Vereinigte Staaten |
| les autres [lez‿otʀ] | die Anderen |

## C8

| | |
|---|---|
| fêter [fete] | feiern |
| faire du café [fɛʀ dy kafe] | Kaffee kochen/machen |
| la crème anglaise [la kʀɛm ɑ̃glɛz] | Vanillesoße |
| anglais/e [ɑ̃glɛ, ɑ̃glɛz] | englisch |

## S

| | |
|---|---|
| Vous avez choisi ? [vuz‿ave ʃwazi] | Haben Sie gewählt? |
| le beaujolais nouveau [lə boʒɔlɛ nuvo] | der neue Beaujolais |
| L'addition, s'il vous plaît ! [ladisjɔ̃ sil vu plɛ] | Die Rechnung/Zahlen bitte! |
| **l'addition** *f* [ladisjɔ̃] | Rechnung |
| tout de suite [tutsɥit] | sofort |
| la carte bancaire [la kaʀt(ə) bɑ̃kɛʀ] | Kreditkarte |

# 8 En route

| | |
|---|---|
| en route [ɑ̃ ʀut] | unterwegs |
| Bon voyage ! [bɔ̃ vwajaʒ] | Gute Reise! |
| le tramway [lə tʀamwɛ] | Straßenbahn |
| la péniche [la peniʃ] | Kahn |
| **le cheval**, *pl:* **les chevaux** [lə ʃ(ə)val, le ʃ(ə)vo] | Pferd |
| le bus [lə bys] | (Stadt)Bus |
| à pied [a pje] | zu Fuß |
| **le ferry** [lə fɛʀi] | Fähre |
| le chameau, *pl:* **-x** [lə ʃamo] | Kamel |
| la mobylette [la mɔbilɛt] | Mofa, Moped |
| **le moyen de transport** [lə mwajɛ̃ də tʀɑ̃spɔʀ] | Verkehrsmittel |

## A1

| | |
|---|---|
| a. le moyen de transport le plus pratique [lə mwajɛ̃ də tʀɑ̃spɔʀ lə ply pʀatik] | das praktischste Verkehrsmittel |
| se déplacer [sə deplase] | *hier:* fahren; sich fortbewegen |
| **la seule façon** [la sœl fasɔ̃] | die einzige Art |
| l'embouteillage *m* [lɑ̃butɛjaʒ] | (Verkehrs)Stau |
| être à l'heure [ɛtʀ a lœʀ] | pünktlich ankommen, sein |
| c'est pas le cas de... [sɛ pa lə ka də...] | *hier:* das gilt nicht für ... |
| serré/e [seʀe] | gedrängt |
| simplement [sɛ̃pləmɑ̃] | *hier:* nur; einfach |
| **la circulation** [la siʀkylasjɔ̃] | (Straßen)Verkehr |
| perdre du temps [pɛʀdʀ(ə) dy tɑ̃] | Zeit verlieren |
| le scooter [lə skutɛʀ; skutœʀ] | Motorroller |
| le deux-roues [lə dø ʀu] | Zweirad |
| **gagner** [gaɲe] | gewinnen; verdienen |
| on va à l'autre bout de Paris [ɔ̃ wa a lotʀ(ə) bu də paʀi] | man fährt ans andere Ende von Paris |
| ... je viens de me faire voler... [...ʒə vjɛ̃ də mə fɛʀ vɔle...] | Man hat mir gerade ... gestohlen |
| **voler** [vɔle] | stehlen; fliegen |
| habituellement [abitɥɛlmɑ̃] | gewöhnlich, üblicherweise |
| lorsque *conj* [lɔʀskə] | wenn, als |
| **marcher** [maʀʃe] | (zu Fuß) gehen; treten |
| éventuellement [evɑ̃tɥɛlmɑ̃] | unter Umständen, gegebenenfalls |
| être **pressé/e** [ɛtʀ(ə) pʀese] | es eilig haben |
| à l'étranger *m* [aletʀɑ̃ʒe] | im/ins Ausland |
| adopter [adɔpte] | *hier:* nehmen; adoptieren; annehmen |
| systématiquement [sistematikmɑ̃] | *hier:* immer; systematisch |
| ma préférence va... [ma pʀefeʀɑ̃s va...] | ich bevorzuge ... |
| b. cité/e [site] | genannt |
| c. **le bouchon** [lə buʃɔ̃] | (Verkehrs)Stau; Korken |
| **le stationnement** [lə stasjɔnmɑ̃] | Parken |
| faire du stop [fɛʀ dy stɔp] | per Anhalter fahren |

## A2

| | |
|---|---|
| a. **rapide** *adj* [ʀapid] | schnell |
| ensoleillé/e [ɑ̃sɔlɛje] | sonnig |
| **pratique** [pʀatik] | praktisch |

## A3

| | |
|---|---|
| a. **la campagne** [la kɑ̃paɲ] | Land *(im Gegensatz zur Stadt)* |
| sinon [sinɔ̃] | außer; sonst, andernfalls |
| les jours de grands déplacements [le ʒuʀ də gʀɑ̃ deplasmɑ̃] | *hier:* wenn ich weitere Strecken zurücklegen muss |
| **le mari** [lə maʀi] | (Ehe)Mann, Gatte |

## A4

| | |
|---|---|
| le haut-parleur, *pl:* les haut-parleurs [lə/le 'o paʀlœʀ] | Lautsprecher |
| **l'aéroport** *m* [laeʀɔpɔʀ] | Flughafen |
| **la gare** [la gaʀ] | Bahnhof |

## A5

| | |
|---|---|
| il faut (*inf:* **falloir**) [il fo] | man muss/braucht |
| faire le plein [fɛʀ lə plɛ̃] | volltanken |
| **le billet** [lə bijɛ] | Fahrkarte,-schein |
| s'informer sur les horaires [sɛ̃fɔʀme syʀ lez‿ɔʀɛʀ] | sich über die Fahrtzeiten informieren |
| la carte routière [la kaʀt(ə) ʀutjɛʀ] | Straßenkarte |
| **le pneu**, *pl:* **les pneus** [lə, le pnø] | Reifen |
| **composter le billet** [kɔ̃pɔste lə bijɛ] | die Fahrkarte entwerten |
| **le départ** [lə depaʀ] | Abfahrt, Abreise |
| présenter son passeport [pʀezɑ̃te sɔ̃ paspɔʀ] | seinen Pass vorzeigen |

## A6

| | |
|---|---|
| la destination [la dɛstinasjɔ̃] | Ziel, Bestimmungsort; Richtung |
| **le guichet** [lə giʃɛ] | Schalter |
| changer de gare [ʃɑ̃ʒe də gaʀ] | den Bahnhof wechseln |
| le wagon-lit [lə vagɔ̃ li] | Schlafwagen |
| le compartiment [lə kɔ̃paʀtimɑ̃] | Zugabteil |
| fumeur [fymœʀ] | Raucher |
| non-fumeur [nɔ̃fymœʀ] | Nichtraucher |
| la voiture-restaurant [la vwatyʀ ʀɛstɔʀɑ̃] | Speisewagen |
| **le supplément** [lə syplemɑ̃] | Zuschlag, Aufpreis |
| **l'aller-retour** *m* [laleʀ(ə)tuʀ] | Hin- und Rückfahrkarte; Hin- und Zurück |
| **la réduction** [la ʀedyksjɔ̃] | Ermäßigung |
| **la couchette** [la kuʃɛt] | Liegewagenplatz |

## B1

| | |
|---|---|
| **la côte** [la kot] | Küste |
| l'île flottante *f* [lil flɔtɑ̃t] | *Süßspeise mit Eischneehaube* |

## B2

| | |
|---|---|
| a. **le passage** [lə pasaʒ] | Überfahrt |
| **l'hiver** *m* [livɛʀ] | Winter |
| **dangereux/-euse** [dɑ̃ʒ(ə)ʀø, dɑ̃ʒ(ə)ʀøz] | gefährlich |
| du côté de [dy kote də] | *hier:* in der Gegend von |
| de nos jours [də no ʒuʀ] | heutzutage |
| atteindre [atɛ̃dʀ(ə)] | erreichen |
| **facilement** [fasilmɑ̃] | einfach, leicht |
| **construire** [kɔ̃stʀɥiʀ] | bauen; bilden |
| accessible [aksɛsibl(ə)] | zugänglich, erreichbar |
| préserver [pʀezɛʀve] | erhalten, bewahren |
| **l'environnement** *m* [lɑ̃viʀɔnmɑ̃] | Umwelt |
| **interdire** [ɛ̃tɛʀdiʀ] | verbieten |
| **transporter** [tʀɑ̃spɔʀte] | transportieren |
| le tracteur [lə tʀaktœʀ] | Traktor |
| la chambre d'hôte [la ʃɑ̃bʀ(ə) dot] | Fremdenzimmer |
| l'hôte *m* [lot] | *hier:* Gast; Wirt |
| **le retour** [lə ʀ(ə)tuʀ] | Rückkehr |
| le pêcheur [lə pɛʃœʀ] | Fischer |
| corse [kɔʀs] | korsisch |
| bronzer [bʀɔ̃ze] | braun werden, sich sonnen |
| sur la **plage** [syʀ la plaʒ] | am Strand |
| **le coquillage** [lə kɔkijaʒ] | Muschel |
| **admirer** [admiʀe] | bewundern |
| la rose trémière [la ʀoz tʀemjɛʀ] | Stockrose |
| la découverte [la dekuvɛʀt] | Entdeckung |
| le rythme de vie [lə ʀitm(ə) də vi] | Lebensrhythmus |
| prendre son temps [pʀɑ̃dʀ(ə) sɔ̃ tɑ̃] | sich Zeit lassen/nehmen |
| b. repérer [ʀəpeʀe] | (kenn-)zeichnen, markieren |

## B4

| | |
|---|---|
| prendre un bain de soleil [pʀɑ̃dʀ‿ɛ̃ bɛ̃ d(ə) sɔlɛj] | ein Sonnenbad nehmen, sich sonnen |
| **le soleil** [lə sɔlɛj] | Sonne |
| pêcher [pɛʃe] | angeln, fischen; sündigen |
| **ramasser** [ʀamase] | auf-, einsammeln |
| **nager** [naʒe] | schwimmen |
| la vague [la vag] | Welle |

## B5

| | |
|---|---|
| remettre qch dans l'ordre [ʀəmɛtʀ kɛlkəʃoz dɑ̃ lɔʀdʀ(ə)] | etw in die richtige Reihenfolge/in Ordnung bringen |
| **plusieurs** [plyzjœʀ] | mehrere, verschiedene |

## B6

| | |
|---|---|
| a. le corsaire [lə kɔʀsɛʀ] | Seeräuber |
| **secret/-ète** [səkʀɛ, səkʀɛt] | geheim, verborgen |
| délicieusement *adv* [delisjøzmɑ̃] | köstlich, angenehm |
| le silence [lə silɑ̃s] | Stille |
| le calme [lə kalm] | Ruhe, Stille |
| la sérénité [la seʀenite] | Ausgeglichenheit, Ruhe |
| ... être long de [... ɛtʀ(ə) lɔ̃ də] | lang sein |
| ... être large de [... ɛtʀ(ə) laʀʒ(ə) də] | breit sein |
| la maison de poupées [la mɛzɔ̃ də pupe] | Puppenstube,-haus |
| la poupée [la pupe] | Puppe |
| le granit [lə gʀanit] | Granit |
| la miniature [la minjatyʀ] | Miniatur |
| le stress [lə stʀɛs] | Stress |
| la sonnette [la sɔnɛt] | Klingel |
| le marin [lə maʀɛ̃] | Seemann |
| un/e seul/e [ɛ̃, yn sœl] | ein Einziger, eine Einzige |
| **la ferme** [la fɛʀm] | Bauernhof,-haus |
| le roi/la reine [le ʀwa, la ʀɛn] | König,-in |
| la beauté [la bote] | Schönheit |
| **rare** [ʀaʀ] | selten, rar; knapp |
| apparaître [apaʀɛtʀ(ə)] | erscheinen, auftauchen |

| | |
|---|---|
| haut/e ['o, 'ot] | hoch (gelegen); groß |
| planter [plɑ̃te] | pflanzen |
| cristallin/e [kʀistalɛ̃, kʀistalin] | *hier:* kristallklar; kristallisch |
| la Méditerranée [la mediteʀane] | Mittelmeer |
| la falaise abrupte [la falɛz abʀypt] | Steilklippe |
| la végétation [la veʒetasjɔ̃] | Vegetation |
| sauvage [sovaʒ] | wild, ungezähmt; *hier:* wildwachsend |
| le maquis [lə maki] | *hier:* Buschwald, Macchia |
| le contraste [lə kɔ̃tʀast] | Kontrast, Gegensatz |
| **la majorité** [la majɔʀite] | Mehrheit |
| natal/e [natal] | Geburts-, Heimat- |
| apprécier [apʀesje] | schätzen |
| dormir comme une souche [dɔʀmiʀ kɔm yn suʃ] | wie ein Murmeltier schlafen |
| **dormir** [dɔʀmiʀ] | schlafen |
| bercer [bɛʀse] | wiegen, schaukeln |
| le chant des grillons *m* [lə ʃɑ̃ de gʀijɔ̃] | das Zirpen der Grillen |
| **b.** échanger des informations [eʃɑ̃ʒe dez‿ɛ̃fɔʀmasjɔ̃] | Informationen austauschen |
| le surnom [lə syʀnɔ̃] | Bei-, Spitzname |
| la grandeur [la gʀɑ̃dœʀ] | Größe |
| la situation géographique [la sitɥasjɔ̃ ʒeɔgʀafik] | geographische Lage |
| ce qu'il faut aller voir [s(ə) kil fo(t)‿ale vwaʀ] | was man unbedingt sehen muss |
| **B7** | |
| **b.** à moto [a mɔto] | mit/auf dem Motorrad |
| **B8** | |
| désert/e [dezɛʀ, dezɛʀt] | unbewohnt, einsam |
| **emporter** [ɑ̃pɔʀte] | mitnehmen |
| **la bouteille** [la butɛj] | Flasche |
| vide [vid] | leer |
| le crayon [lə kʀɛjɔ̃] | Bleistift |
| la boussole [la busɔl] | Kompass |
| le dictionnaire encyclopédique [lə diksjɔnɛʀ ɑ̃siklɔpedik] | Enzyklopädie |
| le maillot de bain [lə majo d(ə) bɛ̃] | Badeanzug |
| la chaîne Hi-Fi [la ʃɛn‿ifi] | Stereoanlage |
| la pile solaire [la pil sɔlɛʀ] | Solarzelle |
| **la collection** [la kɔlɛksjɔ̃] | Sammlung |
| **le disque** [lə disk] | (Schall)Platte |
| **supporter** [sypɔʀte] | ertragen, aushalten |
| le matelas pneumatique [lə matla pnømatik] | Luftmatratze |
| **la brosse à dents** [la bʀɔs‿a dɑ̃] | Zahnbürste |
| **la dent** [la dɑ̃] | Zahn |
| **C1** | |
| la chambre double [la ʃɑ̃bʀ(ə) dubl(ə)] | Doppelzimmer |
| la demi-pension [la d(ə)mipɑ̃sjɔ̃] | Halbpension |
| la location [la lɔkasjɔ̃] | Verleih, Vermietung |
| le plein tarif [lə plɛ̃ taʀif] | voller Preis |
| le circuit organisé [lə siʀkɥi ɔʀganize] | organisierte Rundreise,-fahrt,-gang |

| | |
|---|---|
| **organiser** [ɔʀganize] | oganisieren |
| la brochure [la bʀɔʃyʀ] | Broschüre, Prospekt |
| le car [lə kaʀ] | (Reise)Bus |
| la roulotte [la ʀulɔt] | Wohnwagen |
| comprendre [kɔ̃pʀɑ̃dʀ] | *hier:* enthalten |
| un hôtel de deux ou trois étoiles [ɛ̃n‿ɔtɛl də dø u tʀwaz‿etwal] | ein Zwei- oder Drei-Sterne-Hotel |
| l'étoile *f* [letwal] | Sterne |
| le transport [lə tʀɑ̃spɔʀt] | Transport |
| **les bagages** *m* [le bagaʒ] | Gepäck |
| le dossier touristique [lə dɔsje tuʀistik] | *hier:* Informationsmappe für Touristen |
| la visite [la vizit] | Besichtigung; Besuch |
| être au programme [ɛtʀ‿o pʀɔgʀam] | auf dem Programm stehen |
| **(se) permettre** [(sə) pɛʀmɛtʀ] | (sich) erlauben |
| **réfléchir** [ʀefleʃiʀ] | (sich) überlegen |
| Nous ne savons pas encore... (*inf:* **savoir**) [nu n(ə) savɔ̃ paz‿ɑ̃kɔʀ...] | Wir wissen noch nicht ... |
| Ça dépend du temps. [sa depɑ̃ dy tɑ̃] | Das hängt vom Wetter ab. |
| la visite guidée [la vizit gide] | Führung |
| à peu près [a pø pʀɛ] | ungefähr |
| Je vous en prie. [ʒə vuz‿ɑ̃ pʀi] | Bitte./Keine Ursache. |
| **C2** | |
| **b.** se concentrer sur qch [sə kɔ̃sɑ̃tʀe syʀ kɛlkə ʃoz] | sich auf etw konzentrieren |
| **la moitié** [la mwatje] | Hälfte |
| **c.** reconstituer [ʀəkɔ̃stitɥe] | wiederherstellen, zusammenfügen |
| **d.** la mise en commun [la miz‿ɑ̃ kɔmɛ̃] | *hier:* Vergleich |
| **C3** | |
| **b.** à partir de [a paʀtiʀ də] | *hier:* anhand von; von ... an |
| se renseigner de [sə ʀɑ̃seɲe də] | Informationen einholen, sich erkundigen |
| **la discussion** [la diskysjɔ̃] | Diskussion; Auseinandersetzung |
| **la sortie** [la sɔʀti] | Ausgang,-fahrt |
| **C4** | |
| **b.** à Noël [a nɔɛl] | an Weihnachten |
| Noël *m* [nɔɛl] | Weihnachten |
| **C5** | |
| **a.** la formule [la fɔʀmyl] | Kategorie, Angebot; Formel |
| l'hébergement *m* [lebɛʀʒəmɑ̃] | Unterkunft |
| loger [lɔʒe] | wohnen, absteigen; beherbergen |
| le confort [lə kɔ̃fɔʀ] | Bequemlichkeit, Komfort |
| **dépenser** (de l'argent) [depɑ̃se də laʀʒɑ̃] | (Geld) ausgeben |
| le minimum [lə minimɔm] | *hier:* möglichst wenig; Minimum |

## C6

| | |
|---|---|
| a. à tour de rôle [a tuʀ də ʀol] | der Reihe nach, einer nach dem anderen |
| **le logement** [lə lɔʒmɑ̃] | Unterbringung; Wohnung |
| le choix [lə ʃwa] | (Aus)Wahl |
| l'emplacement *m* [lɑ̃plasmɑ̃] | Platz *(z. B. auf dem Campingplatz)* |
| le gîte [lə ʒit] | Ferienhaus,-wohnung |
| pour la période du... au... [puʀ la peʀjɔd dy... o...] | für den Zeitraum von ... bis ... |
| **la douche** [la duʃ] | Dusche |
| la chambre simple [la ʃɑ̃bʀ(ə) sɛ̃pl(ə)] | Einzelzimmer |
| simple [sɛ̃pl(ə)] | einfach, leicht |
| **confirmer** [kɔ̃fiʀme] | bestätigen |
| la télécopie [la telekɔpi] | Fax |
| inclus/e [ɛ̃kly, ɛ̃klyz] | inbegriffen |
| suite à mon appel [sɥit‿a mɔ̃n‿apɛl] | im Anschluss an meinen Anruf |
| Merci de confirmer par retour. [mɛʀsi də kɔ̃fiʀme paʀ ʀətuʀ] | Für eine umgehende Bestätigung wären wir Ihnen dankbar. |
| par retour [paʀ ʀətuʀ] | umgehend, postwendend |
| Avec mes meilleures salutations. [avɛk me mɛjœʀ salytasjɔ̃] | Mit freundlichen Grüßen |

## S

| | |
|---|---|
| à destination de... [a dɛstinasjɔ̃ də...] | nach *(Richtung)* |
| **le document** [lə dɔkymɑ̃] | Dokument |
| Qu'est-ce qui s'est passé ? [kɛski sɛ pase] | Was ist geschehen? |
| Qu'est-ce qui va se passer ? [kɛski va s(ə) pase] | Was wird geschehen? |
| la carte d'accès *m* à bord [la kaʀt daksɛ a bɔʀ] | Bordkarte |

## ENTRACTE 2

### 1

| | |
|---|---|
| féliciter qn [felisite kɛlkɛ̃] | jdm gratulieren |
| **se trouver** [sə tʀuve] | sich befinden |
| discret/-ète [diskʀɛ, diskʀɛt] | diskret, zurückhaltend |
| le bistrot [lə bistʀo] | Bistro, Kneipe |
| confortable [kɔ̃fɔʀtabl] | bequem, komfortabel |

### 2

| | |
|---|---|
| agir [aʒiʀ] | handeln |
| l'écrit *m* [lekʀi] | Geschriebene(s) |
| **ralentir** [ʀalɑ̃tiʀ] | verlangsamen; langsamer fahren |
| la chicane [la ʃikan] | *hier:* verkehrsberuhigende Maßnahme; Hindernis, Schikane |
| le festival, *pl:* les festivals [lə, le fɛstival] | Festival |
| le tissu [lə tisy] | Stoff |
| les commerces *m, pl* [le kɔmɛʀs] | Einkaufszentrum |
| **le commerce** [lə kɔmɛʀs] | Handel; Geschäft |
| le gamin [lə gamɛ̃] | (Lause)Junge, Bengel |
| la vente totale [la vɑ̃t tɔtal] | Ausverkauf |
| la vente [la vɑ̃t] | Verkauf |
| total/e [tɔtal] | völlig; gesamt |
| imbattable [ɛ̃batabl] | unschlagbar |
| signalé/e [siɲale] | angezeigt, angekündigt |

### 3

| | |
|---|---|
| l'amant/e *m/f* [lamɑ̃, lamɑ̃t] | Liebhaber/ Geliebter/ Geliebte |
| **élégant/e** [elegɑ̃, elegɑ̃t] | elegant |
| la limousine [la limuzin] | Limousine |
| **la cigarette** [la sigaʀɛt] | Zigarette |
| le feutre [lə føtʀ] | Filzhut |
| **la chaussure** [la ʃosyʀ] | Schuh |
| **l'or** *m* [lɔʀ] | Gold |
| **lentement** *adv* [lɑ̃tmɑ̃] | langsam |
| visible [vizibl] | offensichtlich; sichtbar |
| intimidé/e [ɛ̃timide] | eingeschüchtert |
| sourire [suʀiʀ] | lächeln |
| **offrir** [ɔfʀiʀ] | anbieten; schenken |
| trembler [tʀɑ̃ble] | zittern |
| la race [la ʀas] | Rasse |
| surmonter [syʀmɔ̃te] | überwinden |
| rien d'autre [ʀjɛ̃ dotʀ] | (sonst) nichts anderes |
| Laissez-moi tranquille. [lese mwa tʀɑ̃kil] | Lassen Sie mich in Ruhe! |
| **tranquille** [tʀɑ̃kil] | ruhig |
| D'où venez-vous ? [du v(ə)ne vu] | Woher kommen Sie? |
| l'instituteur/-trice *m, f* [lɛ̃stitytœʀ, lɛ̃stitytʀis] | Grundschullehrer,-in |
| entendre parler de qn/qch [ɑ̃tɑ̃dʀ(ə) paʀle də kɛlkɛ̃, kɛlkəʃoz] | von jdm/etw hören |
| **la mère** [la mɛʀ] | Mutter |
| faire ses études *f,pl* [fɛʀ sez‿etyd] | studieren |
| **justement** [ʒystəmɑ̃] | *hier:* direkt; genau; gerade (so)eben |
| la balustrade [la balystʀad] | Geländer, Gitter |
| la céramique [la seʀamik] | Keramik |
| ramener [ʀamne] | nach Hause bringen |
| **le chauffeur** [lə ʃofœʀ] | Fahrer |

### 4

| | |
|---|---|
| les cinq sens *m* [le sɛ̃k sɑ̃s] | die fünf Sinne |
| **le sens** [lə sɑ̃s] | Sinn; Richtung |
| **le nez** [lə ne] | Nase |
| **la bouche** [la buʃ] | Mund |
| l'oreille *f* [lɔʀɛj] | Ohr |
| **la main** [la mɛ̃] | Hand |
| **le gaz** [lə gaz] | Gas |
| **goûter** [gute] | schmecken; probieren |
| **voir** [vwaʀ] | sehen |
| **toucher** [tuʃe] | anfassen, berühren |

# 9 Plaisir des sens

| | |
|---|---|
| tenter [tɑ̃te] | in Versuchung führen |
| détester [detɛste] | verabscheuen |
| le plus de mots possibles [lə ply(s) də mo pɔsibl(ə)] | so viele Wörter wie möglich |

## A1

| | |
|---|---|
| le critère [lə kʀitɛʀ] | Kriterium |
| Mettez-vous d'accord sur… (*inf:* **se mettre)** [mete vu dakɔʀ syʀ…] | Einigen Sie sich auf … |
| **économique** [ekɔnɔmik] | billig, sparsam, wirtschaftlich |
| **plaire à qn** [plɛʀ‿a kɛlkɛ̃] | jdm gefallen |
| l'ingrédient *m* [lɛ̃gʀedjɑ̃] | Zutat |
| **la veille** [la vɛj] | Vortag; Vorabend |

## A2

| | |
|---|---|
| a. **le gramme** [lə gʀam] | Gramm |
| **la cuillère** à café [la kɥijɛʀ‿a kafe] | Teelöffel |
| **l'huile** d'olive *f* [lɥil dɔliv] | Olivenöl |
| **le poivre** [lə pwavʀ] | Pfeffer |
| mélangé/e [melɑ̃ʒe] | gemischt |
| la frisée [la fʀize] | Friseesalat |
| la laitue [la lety] | Kopfsalat |
| la mâche [la mɑʃ] | Feldsalat |
| **la tranche** [la tʀɑ̃ʃ] | Scheibe |
| fin/e [fɛ̃, fin] | dünn, fein |
| la vinaigrette [la vinɛgʀɛt] | *Salatsoße aus Essig und Öl* |
| **la cuillère** à soupe [la kɥijɛʀ‿a sup] | Esslöffel |
| **l'huile** de noix *f* [lɥil də nwa] | Walnussöl |
| **le sel** [lə sɛl] | Salz |
| la préparation [la pʀepaʀasjɔ̃] | Zu-, Vorbereitung |
| **mettre** [mɛtʀ(ə)] | legen, setzen, stellen |
| retourner [ʀətuʀne] | *hier:* wenden |
| laisser reposer au frais [lese ʀəpoze o fʀɛ] | an einem kühlen Ort lagern |
| **mélanger** [melɑ̃ʒe] | (ver)mischen |
| **répartir** [ʀepaʀtiʀ] | verteilen; aufteilen |
| le tout [lə tu] | das Ganze, alles |
| faire griller [fɛʀ gʀije] | grillen, toasten |
| le four [lə fuʀ] | Backofen |
| disposer [dispoze] | *hier:* legen; anordnen, arrangieren |
| le muscadet [lə myskadɛ] | *trockener Weißwein aus dem Loire-Tal* |
| **sec, sèche** [sɛk, sɛʃ] | trocken |
| c. **manquer** [mɑ̃ke] | fehlen |
| **(se) réaliser** [(sə) ʀealize] | (sich) verwirklichen, durchführen |
| établir une liste [etabliʀ yn list(ə)] | eine Liste erstellen |
| la liste des courses [la list de kuʀs] | Einkaufsliste |
| ce qu'il vous faut [s(ə) kil vu fo] | was Sie brauchen |

## A3

| | |
|---|---|
| **la boulangerie** [la bulɑ̃ʒʀi] | Bäckerei |
| **l'épicerie** *f* [lepisʀi] | Lebensmittelgeschäft |
| Et avec ça ? [e avɛk sa] | Darf es sonst noch etwas sein? |
| **au marché** [o maʀʃe] | auf dem Markt |
| **le kilo** [lə kilo] | Kilo |
| le paquet [lə pakɛ] | Schachtel, Paket, Päckchen |

## A5

| | |
|---|---|
| le croque-monsieur [lə kʀɔk møsjø] | *überbackenes Sandwich* |
| le pain de mie [le pɛ̃ d(ə) mi] | Toastbrot |
| le régime [lə ʀeʒim] | Diät |
| avoir droit à qch [avwaʀ dʀwa a kɛlkəʃoz] | *hier:* etw essen dürfen; auf etw Anspruch haben |
| la biscotte [la biskɔt] | Zwieback |
| la margarine [la maʀgaʀin] | Margarine |
| les pommes de terre à l'eau *f* [le pɔm də tɛʀ‿alo] | Pellkartoffeln |
| **la pomme de terre** [la pɔm də tɛʀ] | Kartoffel |
| **le riz** [lə ʀi] | Reis |
| le bouillon [lə bujɔ̃] | Brühe, Bouillon |
| **les légumes** *m* [le legym] | Gemüse |
| **dur/e** [dyʀ] | hart, schwer |
| dans l'ordre *m* chronologique [dɑ̃ lɔʀdʀ(ə) kʀɔnɔlɔʒik] | entsprechend der zeitlichen Abfolge |

## A6

| | |
|---|---|
| a. chronologique [kʀɔnɔlɔʒik] | chronologisch |
| d. **finir** [finiʀ] | beenden |
| **remplir** [ʀɑ̃pliʀ] | (aus)füllen |
| e. Mettez-vous en cercle. [mete vu ɑ̃ sɛʀkl(ə)] | Stellen Sie sich im Kreis auf. |
| la balle [la bal] | Ball, Kugel |
| **ajouter** [aʒute] | hinzufügen |

## A7

| | |
|---|---|
| rédiger qch [ʀediʒe kɔlk(ə)ʃoz] | etw abfassen, (auf)schreiben |
| si nécessaire [si nesesɛʀ] | falls nötig |

## B1

| | |
|---|---|
| Qu'est-ce qui doit être beau ? (*inf:* **devoir)** [kɛski dvwat‿ɛtʀ(ə) bo] | Was muß schön sein? |
| **devoir** [dəvwaʀ] | müssen, sollen; schulden |
| **le meuble** [lə mœbl(ə)] | Möbel(Stück) |
| le manuel de français [lə manɥɛl də fʀɑ̃sɛ] | Französisch-Lehrbuch |
| **le vêtement** [lə vɛtmɑ̃] | Kleidungsstück |

## B2

| | |
|---|---|
| **l'objet** *m* [lɔbʒɛ] | Objekt, Gegenstand |
| **la valise** [la valiz] | Koffer |
| le chemisier [lə ʃ(ə)mizje] | Bluse |
| **la jupe** [la ʒyp] | Rock |
| le collier [lə kɔlje] | Halskette |
| le jean [lə dʒin] | Jeans |
| **le parapluie** [lə paʀaplɥi] | Regenschirm |
| le foulard [lə fulaʀ] | Hals(Tuch), Schal |
| la ceinture [la sɛ̃tyʀ] | Gürtel |
| l'imperméable *m* [lɛ̃pɛʀmeabl] | Regenmantel |
| la trousse de toilette [la tʀus də twalɛt] | Kulturbeutel |

| | |
|---|---|
| le tailleur [lə tajœʀ] | (Damen)Kostüm |
| la chaussette [la ʃosɛt] | Strumpf, Socke |
| la chemise [la ʃ(ə)miz] | Hemd |
| **le pantalon** [lə pɑ̃talɔ̃] | Hose |
| le rasoir [lə ʀazwaʀ] | Rasierapparat |
| les bretelles *f* [le bʀətɛl] | Hosenträger |
| le pyjama [lə piʒama] | Schlafanzug |
| **le pull** [lə pyl] | Pulli, Pullover |

## B3

| | |
|---|---|
| l'accessoire *m* [laksɛswaʀ] | Accessoire |

## B4

| | |
|---|---|
| a. l'étiquette *f* [letikɛt] | Etikett; Etikette |
| fabriqué/e [fabʀike] | hergestellt |
| fabriquer [fabʀike] | herstellen |
| la laine [la lɛn] | Wolle |
| le mohair [lə mɔɛʀ] | Mohair |
| l'acrylique *m* [lakʀilik] | Polyacryl |
| le coton [lə kɔtɔ̃] | Baumwolle |
| le lin [lə lɛ̃] | Leinen |
| la soie [la swa] | Seide |
| pur/e [pyʀ] | rein; pur |
| b. **porter** [pɔʀte] | tragen |
| la matière [la matjɛʀ] | *hier:* Material; Fach |
| **la feuille** [la fœj] | Blatt |
| redistribuer [ʀədistʀibɥe] | neu verteilen |
| lire à voix haute [liʀ a vwa 'ot] | vorlesen |
| **la voix** [la vwa] | Stimme |
| L'habit ne fait pas le moine ! [labi nə fɛ pa l(ə) mwan] | Der Schein trügt. |

## B5

| | |
|---|---|
| Je peux vous aider ? [ʒə pø vuz‿ede] | Kann ich Ihnen behilflich sein? |
| une paire de chaussures [yn pɛʀ də ʃosyʀ] | ein Paar Schuhe |
| la paire [la pɛʀ] | Paar |
| la vitrine [la vitʀin] | Schaufenster; Vitrine |
| **Lequel/Laquelle/Lesquels/Lesquelles ?** *pron* [ləkɛl, lakɛl, lekɛl, lekɛl] | Welcher,-e,-es? |
| bleu foncé [blø fɔ̃se] | dunkelblau |
| foncé/e [fɔ̃se] | dunkel- *(Farbe)* |
| la pointure [la pwɛ̃tyʀ] | (Schuh)Größe |
| Je les ai seulement en 37. [ʒə lez‿e sœlmɑ̃ ɑ̃ tʀɑ̃tsɛt] | Ich habe sie nur in (Größe) 37. |
| Voici un modèle italien. [vwasi ɛ̃ mɔdɛl italjɛ̃] | Hier ist ein italienisches Modell. |
| le modèle [lə mɔdɛl] | Modell |
| le talon [lə talɔ̃] | Absatz |
| **le cuir** [lə kɥiʀ] | Leder |
| Elles sont plus jolies. [ɛl sɔ̃ ply ʒɔli] | Sie sind schöner. |
| Elles sont moins chères que les autres. [ɛl sɔ̃ mwɛ̃ ʃɛʀ kə lez‿otʀ(ə)] | Sie sind günstiger als die anderen. |
| Elles vous vont bien. [ɛl vu vɔ̃ bjɛ̃] | Sie stehen Ihnen gut. |
| Elle fait du 38. [ɛl fɛ dy tʀɑ̃tɥit] | Sie hat Größe 38. |
| La cliente n'achète rien. [la klijɑ̃t naʃɛt ʀjɛ̃] | Die Kundin kauft nichts. |

## B7

| | |
|---|---|
| Comparez vos chaussures à **celles** du tableau. [kɔ̃paʀe vo ʃosyʀ a sɛl dy tablo] | Vergleichen Sie Ihre Schuhe mit denen auf dem Gemälde. |
| sportif/-ive [spɔʀtif, spɔʀtiv] | sportlich |
| **ordinaire** [ɔʀdinɛʀ] | einfach, gewöhnlich, normal |
| **usé/e** [yze] | abgenutzt |
| **clair/e** [klɛʀ] | hell- *(Farbe)*; klar, deutlich |
| vieux souliers aux lacets [vjø sulje o lasɛ] | alte Schnürstiefel |

## B8

| | |
|---|---|
| a. se rapporter à qch [sə ʀapɔʀte a kɛlkəʃoz] | sich auf etw beziehen |
| d. **employer** [ɑ̃plwaje] | verwenden; anstellen |

## B9

| | |
|---|---|
| bon marché [bɔ̃ maʀʃe] | billig |
| moche *fam* [mɔʃ] | mies; hässlich |
| vieillot/te [vjɛjo, vjɛjɔt]] | altmodisch |

## B10

| | |
|---|---|
| circuler [siʀkyle] | herumgehen,-laufen; fahren |
| le compliment [lə kɔ̃plimɑ̃] | Kompliment |

## B11

| | |
|---|---|
| a. s'entraîner [sɑ̃tʀɛne] | trainieren, üben |
| prononcer [pʀɔnɔ̃se] | (aus)sprechen |
| le son [lə sɔ̃] | Laut, Klang |
| la truite [la tʀɥit] | Forelle |
| **cuit/e** [kɥi, kɥit] | gekocht; gar |
| la pluie [la plɥi] | Regen |
| le biscuit [lə biskɥi] | Keks, Gebäck |
| **le sandwich** *pl:* les sandwiches [lə/le sɑ̃dwitʃ] | belegtes Brötchen |

## C1

| | |
|---|---|
| a. le thème [lə tɛm] | Thema |
| l'alimentation *f* [lalimɑ̃tasjɔ̃] | Ernährung; Lebensmittel |
| **le corps** [lə kɔʀ] | Körper |
| l'âme *f* [lɑm] | Seele |
| manger léger [mɑ̃ʒe leʒe] | leicht/etw Leichtes essen |
| **léger/-ère** [leʒe, leʒɛʀ] | leicht |
| la natation [la natasjɔ̃] | Schwimmen, Schwimmsport |
| les sports de plein air *m* [le spɔʀ də plɛn‿ɛʀ] | Freiluftsportarten |
| **le sport** [lə spɔʀ] | Sport |
| **la piscine** [la pisin] | Schwimmbad |
| le massage [lə masaʒ] | Massage |
| la gymnastique [la ʒimnastik] | Gymnastik |
| le jogging [lə dʒɔgiŋ] | Jogging |
| **la marche** [la maʀʃ] | Wandern; Marsch, Stufe |

| | |
|---|---|
| **l'oiseau**, *pl:* -x *m* [lwazo, lez‿wazo] | Vogel |
| le message [lə mesaʒ] | Botschaft; Nachricht |
| le shampooing [lə ʃɑ̃pwɛ̃] | Shampoo; Haarwäsche |
| la dimension [la dimɑ̃sjɔ̃] | Dimension, Bereich; Ausmaß |
| spirituel/le [spiʀitɥɛl] | geistig |

## C2

| | |
|---|---|
| a. se maintenir en forme [sə mɛ̃t(ə)niʀ ɑ̃ fɔʀm(ə)] | sich fit halten |
| **faire attention à** [fɛʀ‿atɑ̃sjɔ̃ a] | achten auf, achten auf |
| se garder en bonne santé [sə gaʀde ɑ̃ bɔn sɑ̃te] | gesund bleiben |
| une chose qui me tient à cœur (*inf:* **tenir**) [yn ʃoz ki mə tjɛ̃ a kœʀ] | eine Sache, die mir am Herzen liegt |
| **réellement** [ʀeɛlmɑ̃] | wirklich, in Wirklichkeit |
| tout ce qui concerne... [tu s(ə) ki kɔ̃sɛʀn(ə)...] | alles, was ... betrifft |
| **s'occuper** (de) [sɔkype (də)] | sich kümmern (um) |
| la balconnière [la balkɔnjɛʀ] | Balkonpflanze |
| arroser [aʀoze] | gießen |
| le fait de m'occuper des fleurs... [lə fɛ də mokype de flœʀ...] | mich mit meinen Blumen zu beschäftigen |
| le fait [lə fɛ(t)] | Tatsache |
| Je poserais la question autrement. [ʒə pozʀɛ la kɛstjɔ̃ otʀəmɑ̃] | Ich würde die Frage anders stellen. |
| autrement [otʀəmɑ̃] | anders; sonst |
| se rendre compte [sə ʀɑ̃dʀ(ə) kɔ̃t] | sich klarmachen |
| effectivement [efɛktivmɑ̃] | tatsächlich, in der Tat |
| commencer par faire qch [kɔmɑ̃se paʀ fɛʀ kɛlkəʃoz] | damit anfangen, etw zu tun |
| **se lever** [sə l(ə)ve] | aufstehen, sich erheben |
| un peu de mouvements *m* de gymnastique [ɛ̃ pø də muvmɑ̃ də ʒimnastik] | einige Gymnastik-Übungen |
| à ce propos [a sə pʀɔpo] | in diesem Zusammenhang |
| prendre contact [pʀɑ̃dʀ(ə) kɔ̃takt] | in Verbindung treten |
| **la température** [la tɑ̃peʀatyʀ] | Temperatur |
| **humide** [ymid] | feucht |
| au contraire [o kɔ̃tʀɛʀ] | im Gegenteil |
| **le contraire** [lə kɔ̃tʀɛʀ] | Gegenteil |
| être en bonne santé [ɛtʀ‿ɑ̃ bɔn sɑ̃te] | gesund sein |
| **envoyer** [ɑ̃vwaje] | *hier:* (über-)bringen; schicken |
| avoir **l'impression** *f* [avwaʀ lɛ̃pʀɛsjɔ̃] | den Eindruck haben |
| s'éveiller [seveje] | wach werden, sich munter machen |
| **à travers** [a tʀavɛʀ] | quer durch, über |
| véritable [veʀitabl] | wahr(haft), echt |
| environnant/e [ɑ̃viʀɔnɑ̃, ɑ̃viʀɔnɑ̃t] | umliegend |
| exclure [ɛksklyʀ] | ausschließen |
| **d'ailleurs** [dajœʀ] | übrigens, überdies |
| **avoir besoin de** [avwaʀ bəzwɛ̃ də] | brauchen, benötigen |
| **le litre** [lə litʀ] | Liter |
| par jour [paʀ ʒuʀ] | pro Tag |
| **le point** [lə pwɛ̃] | Punkt |
| surveiller [syʀveje] | kontollieren, überwachen, beaufsichtigen |
| Je n'y arrive pas toujours. [ʒə njaʀiv pa tuʒuʀ] | Es gelingt mir nicht immer. |
| arriver à faire qch [aʀive a fɛʀ kɛlkəʃoz] | etw fertig bringen |
| principalement [pʀɛ̃sipalmɑ̃] | vor allem |
| **bouger** [buʒe] | bewegen |
| également [egalmɑ̃] | ebenfalls |
| **le printemps** [lə pʀɛ̃tɑ̃] | Frühling |
| **l'automne** *m* [lotɔn] | Herbst |
| idéal/e, idéaux/-ales [ideal, ideo] | ideal |
| faire des marches *f* [fɛʀ de maʀʃ] | wandern |
| Ça sera (*inf:* **être**) plutôt... [sa s(ə)ʀa plyto...] | Das wird eher ... sein. |
| au **maximum** [o maksimɔm] | *hier:* so viel wie möglich |
| rentrer du travail [ʀɑ̃tʀe dy tʀavaj] | von der Arbeit heimkehren |
| se changer [sə ʃɑ̃ʒe] | sich umziehen |
| **enlever** [ɑ̃l(ə)ve] | ausziehen *(Kleider)*; wegnehmen |
| (se) relaxer [(sə) ʀəlakse] | (sich) entspannen |
| prendre soin de [pʀɑ̃dʀ(ə) swɛ̃ də] | pflegen |
| le soin [lə swɛ̃] | Sorge; Pflege |
| pour vous sentir le mieux possible dans votre peau [puʀ vu sɑ̃tiʀ lə mjø pɔsibl dɑ̃ vɔtʀ(ə) po] | damit Sie sich in Ihrer Haut rundum wohlfühlen |
| la peau, *pl:* -x [la po] | Haut |
| essentiellement [esɑ̃sjɛlmɑ̃] | hauptsächlich, im Wesentlichen |
| tranquillement [tʀɑ̃kilmɑ̃] | in Ruhe, ruhig |
| en lisant (*inf:* **lire**) [ɑ̃ lizɑ̃] | beim Lesen |
| relaxant/e [ʀəlaksɑ̃, ʀəlaksɑ̃t] | entspannend |
| b. la bulle [la byl] | (Sprech)Blase |

## C3

| | |
|---|---|
| a. **autour** [otuʀ] | drumherum |
| b. **l'habitude** *f* [labityd] | Gewohnheit |

## C4

| | |
|---|---|
| à nouveau [a nuvo] | noch einmal |
| se détendre [sə detɑ̃dʀ] | sich entspannen |
| ça se passe [sa sə pas] | das findet statt |
| **s'amuser** [samyze] | sich vergnügen |
| la négation [la negasjɔ̃] | Verneinung |
| le verbe pronominal réfléchi [lə vɛʀb pʀɔnɔminal ʀefleʃi] | reflexives Verb |
| avoir un rhume [avwaʀ ɛ̃ rym] | Schnupfen haben, erkältet sein |

## C6

| | |
|---|---|
| le rhume [lə ʀym] | Schnupfen, Erkältung |
| avoir mal à la tête [avwaʀ mal‿a la tɛt] | Kopfschmerzen haben |
| être bien dans sa peau [ɛtʀ(ə) bjɛ̃ dɑ̃ sa po] | sich wohlfühlen in seiner Haut |
| être allergique à qch [ɛtʀ‿alɛʀʒik a kɛlkəʃoz] | gegen etw allergisch sein |

| | |
|---|---|
| **le dos** [lə do] | Rücken |
| être en pleine forme [ɛtʀ‿ɑ̃ plɛn fɔʀm] | topfit/in Hochform sein |
| **le bras** [lə bʀa] | Arm |
| **casser** [kase] | (zer)brechen |
| J'ai mal au cœur. [ʒe mal‿okœʀ] | Mir ist übel. |

## C7

| | |
|---|---|
| a. humain/e [ymɛ̃, ymɛn] | menschlich |
| l'épaule *f* [lepol] | Schulter |
| le sein [lə sɛ̃] | Busen |
| **le ventre** [lə vɑ̃tʀ] | Bauch |
| le genou, *pl:* -x [lə ʒ(ə)nu] | Knie |
| **la jambe** [la ʒɑ̃b] | Bein |
| **le pied** [lə pje] | Fuß |
| fermé/e [fɛʀme] | geschlossen |

## C8

| | |
|---|---|
| Faites-vous donner un conseil par... [fɛt vu dɔne ɛ̃ kɔ̃sɛj paʀ...] | Lassen Sie sich einen Rat von ... geben. |

## C9

| | |
|---|---|
| a. se tenir bien droit [sə t(ə)niʀ bjɛ̃ dʀwa] | sich ganz gerade halten |
| à plat sur le sol [a pla syʀ lə sɔl] | flach auf dem Boden |
| fermer les yeux [fɛʀme lez‿jø] | die Augen schließen |
| la respiration [la ʀɛspiʀasjɔ̃] | Atmung |
| battre vite [batʀ(ə) vit] | schnell schlagen |
| le buste [lə byst] | Oberkörper, Büste |
| **se promener** [sə pʀɔmne] | spazieren gehen |
| pieds nus [pje ny] | barfuß |
| nu/e [ny] | nackt, unbekleidet |
| le sable [lə sabl] | Sand |
| **doux, douce** [du, dus] | sanft; süß; zart |
| **au loin** [o lwɛ̃] | in der Ferne, weit weg |
| crier [kʀije] | schreien |
| **au-dessus de** [o d(ə)sy də] | über, oberhalb (von) |
| **le visage** [lə vizaʒ] | Gesicht |
| la lèvre [la lɛvʀ] | Lippe |
| vivant/e [vivɑ̃, vivɑ̃t] | lebendig |
| finalement [final(ə)mɑ̃] | schließlich, endlich |
| doucement [dus(ə)mɑ̃] | langsam; sanft; leise |
| la salle de cours [la sal də kuʀ] | Klassenzimmer |
| remuer [ʀəmɥe] | bewegen; umrühren |
| **ouvrir** [uvʀiʀ] | öffnen, aufmachen |
| être de retour [ɛtʀ(ə) də ʀ(ə)tuʀ] | zurück sein |
| b. l'expérience *f* [lɛkspeʀjɑ̃s] | Erfahrung; Versuch |

## S

| | |
|---|---|
| partager [paʀtaʒe] | teilen |
| la sensation [la sɑ̃sasjɔ̃] | Empfindung, Eindruck |

# 10 AUTREFOIS AUJOURD'HUI

| | |
|---|---|
| **aujourd'hui** [oʒuʀdɥi] | heute |
| Comment vivons-nous aujourd'hui? (*inf:* **vivre**) [kɔmɑ̃ vivɔ̃ nu oʒuʀdɥi] | Wie leben wir heute? |

## A1

| | |
|---|---|
| a. le slogan [lə slɔgɑ̃] | Slogan, Werbespruch |
| De quoi s'agit-il ? [də kwa saʒit‿il] | Worum handelt es sich? |
| **réussir qch** [ʀeysiʀ kɛlkə ʃoz] | etw zustande bringen/fertig bringen |
| **le fils** [lə fis] | Sohn |
| exceptionnel/le [ɛksɛpsjɔnɛl] | außergewöhnlich, -ordentlich |

## A2

| | |
|---|---|
| a. au sujet de [o syʒɛ də] | zu, über |
| la note [la nɔt] | Note, Zensur |
| le contrôle [lə kɔ̃tʀol] | *hier:* Klassenarbeit; Kontrolle |
| l'appréciation *f* [lapʀesjasjɔ̃] | Beurteilung, (Ein-) Schätzung |
| en tant que père [ɑ̃ tɑ̃ kə pɛʀ] | als Vater |
| le/la chercheur/-euse [lə ʃɛʀʃœʀ, la ʃɛʀʃøz] | Forscher,-in |
| se poser la question [sə poze la kɛstjɔ̃] | sich die Frage stellen |
| ça marche [sa maʀʃ] | es klappt/funktioniert |
| l'expert-comptable *m/f* [lɛkspɛʀ kɔ̃tabl] | Wirtschafts-, Buchprüfer |
| la tendresse [la tɑ̃dʀɛs] | Zärtlichkeit |
| **réveiller qn** [ʀeveje kɛlkɛ̃] | jdn wecken |
| faire un bisou [fɛʀ ɛ̃ bizu] | ein Küsschen geben |
| le/la décorateur/-trice [lə dekɔʀatœʀ, la dekɔʀatʀis] | Dekorateur,-in; Innenarchitekt,-in |
| **le courage** [lə kuʀaʒ] | Mut |
| **l'effort** *m* [lefɔʀ] | Anstrengung, Bemühung |
| la poésie [la pɔezi] | Dichtung |
| transmettre qch à qn [tʀɑ̃smɛtʀ kɛlkəʃoz a kɛlkɛ̃] | jdm etw vermitteln/übermitteln |
| **montrer qch à qn** [mɔ̃tʀe kɛlkəʃoz a kɛlkɛ̃] | jdm etw zeigen |
| l'éducation *f* [ledykasjɔ̃] | Erziehung |
| la réussite [la ʀeysit] | Erfolg |

## A6

| | |
|---|---|
| le poète [lə pɔɛt] | Dichter |
| libanais/e [libanɛ, libanɛz] | libanesisch |
| **donner son avis** *m* [dɔne sɔ̃n‿avi] | seine Meinung sagen |
| le désir [lə deziʀ] | Wunsch; Verlangen |
| la pensée [la pɑ̃se] | Gedanke, Denken |
| leurs propres pensées [lœʀ pʀɔpʀ(ə) pɑ̃se] | ihre eigenen Gedanken |
| la demeure [la dəmœʀ] | Heim, Bleibe |

## B1

| | |
|---|---|
| le voile [lə vwal] | Schleier, Tuch |
| le/la comédien/ne [lə kɔmedjɛ̃, la kɔmedjɛn] | Schauspieler,-in |
| tragiquement [tʀaʒikmɑ̃] | auf tragische Weise |
| (s')inspirer (de) [(s)ɛ̃spiʀe (də)] | (sich) inspirieren lassen (von) |
| **réalisé/e** [ʀealize] | *hier:* gemacht |

| | |
|---|---|
| **réaliser** [ʀealize] | verwirklichen, realisieren |
| les années cinquante *f, pl* [lez‿ane sɛ̃kɑ̃t] | die Fünfziger Jahre |

## B2

| | |
|---|---|
| une toute bête photo [yn tut bɛt fɔto] | ein ganz normales Foto |
| **bête** [bɛt] | dumm, einfältig |
| quelqu'un [kɛlkɛ̃] | jemand |
| **la grand-mère** [la gʀɑ̃mɛʀ] | Großmutter |
| **le garçon** [lə gaʀsɔ̃] | Junge; Ober, Kellner |
| le/la conjoint/e [le kɔ̃ʒwɛ̃, la kɔ̃ʒwɛ̃t] | Ehegatte,-gattin |
| les petits-enfants *m, pl* [le p(ə)tiz‿ɑ̃fɑ̃) | Enkel |
| contempler [kɔ̃tɑ̃ple] | betrachten |
| tout son monde [tu sɔ̃ mɔ̃d] | *hier:* die ganze Verwandtschaft |
| maternel/e [matɛʀnɛl] | mütterlich, mütterlicherseits |
| la machine à coudre [la maʃin a kudʀ(ə)] | Nähmaschine |
| **sans doute** *m* [sɑ̃ dut] | wahrscheinlich |
| la mémoire [la memwaʀ] | Erinnerung; Gedächtnis |
| opaque [ɔpak] | trübe, undurchsichtig |
| **ne... aucun/e** [nə... okɛ̃, nə... okyn] | kein,-e |
| **l'image** *f* [limaʒ] | Bild, Abbildung |
| en rentrant [ɑ̃ ʀɑ̃tʀɑ̃] | *hier:* beim Heimkommen |
| à demi fondu/e dans l'ombre [a d(ə)mi fɔ̃dy dɑ̃ lɔ̃bʀ(ə)] | halb im Schatten verschwunden |
| **l'ombre** *f* [lɔ̃bʀ(ə)] | Schatten |
| conquérant/e [kɔ̃keʀɑ̃, kɔ̃keʀɑ̃t] | *hier:* selbstbewusst; eroberungslustig |
| la grand(e)-tante [la gʀɑ̃(d) tɑ̃t] | Großtante |
| éternel/le [etɛʀnɛl] | ewig |
| à l'arrière-plan *m* [a laʀjɛʀ plɑ̃] | im Hintergrund |
| photographier [fɔtɔgʀafje] | fotografieren |
| **l'instrument** *m* [lɛ̃stʀymɑ̃] | Instrument |
| la mandoline [la mɑ̃dɔlin] | Mandoline |
| le jouet [lə ʒwɛ] | Spielzeug |
| le bout de bois [lə bu d(ə) bwa] | Holzstück, Stöckchen |
| la ficelle [la fisɛl] | Bindfaden |
| jouer aux dominos *m* [ʒwe o dɔmino] | Domino spielen |
| le goûter [lə gute] | Kaffee und Kuchen |
| invariablement [ɛ̃vaʀjabləmɑ̃] | jedes Mal, regelmäßig |
| le chausson aux pommes [lə ʃosɔ̃ o pɔm] | Apfeltasche |
| la pomme [la pɔm] | Apfel |
| amoureux/-euse [amuʀø, amuʀøz] | verliebt |
| l'après-guerre *m* [lapʀɛgɛʀ] | Nachkriegszeit |
| amusant/e [amyzɑ̃, amyzɑ̃t] | witzig, lustig |
| prendre des poses *f* [pʀɑ̃dʀ(ə) de poz] | (vor dem Fotoapparat) posieren |
| **se marier** [sə maʀje] | (sich ver)heiraten |
| la côte normande [la kot nɔʀmɑ̃d] | normannische Küste |
| normand/e [nɔʀmɑ̃, nɔʀmɑ̃d] | normannisch; (aus) der Normandie |

## B3

| | |
|---|---|
| **les grands-parents** *m, pl* [le gʀɑ̃paʀɑ̃] | Großeltern |
| le grand-père [lə gʀɑ̃pɛʀ] | Großvater |
| le petit-fils [lə p(ə)tifis] | Enkel |
| la petite-fille [la p(ə)titfij] | Enkelin |
| l'oncle *m* [lɔ̃kl] | Onkel |
| la tante [la tɑ̃t] | Tante |

## B4

| | |
|---|---|
| plus de [plys də] | mehr als |
| excentrique [ɛksɑ̃tʀik] | exzentrisch |

## B5

| | |
|---|---|
| **b.** l'enfance *f* [lɑ̃fɑ̃s] | Kindheit |
| régulièrement [ʀegyljɛʀmɑ̃] | regelmäßig |

## C1

| | |
|---|---|
| **a. l'auteur** *m/f* [lotœʀ] | Autor, Schriftsteller, -in |
| le livre d'aventure [lə livʀ(ə) davɑ̃tyʀ] | Abenteuerbuch |
| l'aventure *f* [lavɑ̃tyʀ] | Abenteuer |
| **b.** avaler [avale] | (ver)schlucken |
| le fauve [lə fov] | wildes Tier |
| tracer [tʀase] | entwerfen, aufzeichnen |
| piloter [pilɔte] | steuern *(Flugzeug, Schiff)* |
| le serpent [lə sɛʀpɑ̃] | Schlange *(Tier)* |
| mâcher [maʃe] | kauen |
| faire peur à qn [fɛʀ pœʀ a kɛlkɛ̃] | jdm Angst machen |
| la digestion [la diʒɛstjɔ̃] | Verdauung |
| la proie [la pʀwa] | Beute |
| la jungle [la ʒɔ̃gl(ə)] | Dschungel |
| la forêt vierge [la fɔʀɛ vjɛʀʒ] | Urwald |
| le chef-d'œuvre [lə ʃɛdœvʀ(ə)] | Meisterwerk |
| le crayon de couleur [lə kʀɛjɔ̃ də kulœʀ] | Farbstift |

## C2

| | |
|---|---|
| le prince/la princesse [lə pʀɛ̃s, la pʀɛ̃sɛs] | Prinz,-essin |
| **le début** [lə deby] | Anfang, Beginn |
| le chapitre [lə ʃapitʀ] | Kapitel |
| des histoires vécues *f* [dez‿istwaʀ veky] | wahre Geschichten |
| **représenter** [ʀəpʀezɑ̃te] | darstellen |
| le boa [lə bɔa] | Boa *(Schlangenart)* |
| la copie [la kɔpi] | Kopie |
| **entier/-ère** [ɑ̃tje, ɑ̃tjɛʀ] | *hier:* unzerkleinert; ganz, voll(ständig) |
| sans la mâcher [sɑ̃ la maʃe] | ohne sie zu kauen |
| à mon tour [a mɔ̃ tuʀ] | meinerseits |
| réussir [ʀeysiʀ] | gelingen |
| la grande personne [la gʀɑ̃d pɛʀsɔn] | Erwachsene, -r |
| Pourquoi un chapeau ferait-il peur? [puʀkwa ɛ̃ ʃapo fəʀɛt‿il pœʀ] | Warum würde ein Hut Angst machen? |
| digérer [diʒeʀe] | verdauen |

| | |
|---|---|
| l'intérieur *m* [lɛ̃teʀjœʀ] | Innere |
| afin qu'elles puissent (*inf:* **pouvoir**) comprendre [afɛ̃ kɛl pɥis kɔ̃pʀɑ̃dʀ] | damit sie verstehen können |
| **l'explication** *f* [lɛksplikasjɔ̃] | Erklärung |
| **conseiller qch à qn** [kɔ̃seje kəlkəʃoz a kɛlkɛ̃] | jdm etwas raten |
| laisser de côté [lese d(ə) kote] | *hier:* aufgeben, sein lassen |
| **s'intéresser à qch** [sɛ̃teʀese a kɛlkəʃoz] | sich für etw interessieren |
| le calcul [lə kalkyl] | Rechnung, Berechnung |
| la grammaire [la gʀamɛʀ] | Grammatik |
| j'ai dû choisir [ʒe dy ʃwaziʀ] | ich habe wählen müssen |
| le métier [lə metje] | Beruf |
| partout [paʀtu] | überall |
| c'est exact [sɛtɛgzakt] | das stimmt |
| **savoir reconnaître** [savwaʀ ʀəkɔnɛtʀ(ə)] | erkennen können |
| du premier coup d'œil [dy pʀəmje ku dœj] | auf den ersten Bilck |
| égaré/e [egaʀe] | verirrt, verlaufen |

## C3

| | |
|---|---|
| **a.** le/la narrateur/-trice [lə naʀatœʀ, la naʀatʀis] | Erzähler,-in |
| **changer d'avis** [ʃɑ̃ʒe davi] | seine Meinung ändern |

## C5

| | |
|---|---|
| **b.** le récit [lə ʀesi] | Erzählung, Bericht |
| accomplir [akɔ̃pliʀ] | voll-, beenden; erfüllen |

## C6

| | |
|---|---|
| **a.** la rencontre [la ʀɑ̃kɔ̃tʀ] | Begegnung, Treffen |
| entre parenthèses [ɑ̃tʀ(ə) paʀɑ̃tɛz] | in Klammern |
| **la panne** [la pan] | Panne |
| le désert [lə dezɛʀ] | Wüste |
| au lever du jour [o l(ə)ve dy ʒuʀ] | bei Tagesanbruch |
| une drôle de petite voix [yn dʀol də p(ə)tit vwa] | eine merkwürdige leise Stimme |
| le bonhomme [lə bɔnɔm] | Knirps, kleiner Mann; gutmütiger Mann |
| **extraordinaire** [ɛkstʀaɔʀdinɛʀ] | außerordentlich, seltsam |
| **b.** le symbole [lə sɛ̃bɔl] | Symbol |
| descriptif/-ive [dɛskʀiptif, dɛskʀiptiv] | beschreibend |
| le mouton [le mutɔ̃] | Schaf |

## C7

| | |
|---|---|
| **a.** la girafe [la ʒiʀaf] | Giraffe |
| la guitare [la gitaʀ] | Gitarre |
| ... tout s'arrange. [... tu saʀɑ̃ʒ] | ..., sieht alles (schon) besser aus. |
| faire le ménage [fɛʀ lə menaʒ] | sauber machen, putzen |
| **le ménage** [lə menaʒ] | Haushalt; (Ehe)Paar |
| **enseigner** [ɑ̃seɲe] | lernen, unterrichten |
| Quelle magie ! [kɛl maʒi] | *hier:* Das ist Spitze/toll/super! |
| la magie [la maʒi] | Magie, Zauber |

## S

| | |
|---|---|
| **le changement** [lə ʃɑ̃ʒmɑ̃] | (Ver)Änderung |
| **positif/-ive** [pozitif, pozitiv] | positiv |

# 11 Se rendre utile

| | |
|---|---|
| se rendre utile [sə ʀɑ̃dʀ‿ytil] | sich nützlich machen |
| le boulot *fam* [lə bulo] | Arbeit, Beschäftigung |
| travailler pour la gloire [tʀavaje puʀ la glwaʀ] | ohne Bezahlung/ehrenamtlich arbeiten |
| la gloire [la glwaʀ] | Ruhm, Ehre |
| se tourner les pouces *fam* [sə tuʀne le pus] | Däumchen drehen |
| le pouce [lə pus] | Daumen |
| avoir du pain sur la planche [avwaʀ dy pɛ̃ syʀ la plɑ̃ʃ] | noch viel zu tun haben |
| la planche [la plɑ̃ʃ] | Brett |
| faire le pont [fɛʀ lə pɔ̃] | einen Brückentag nehmen |
| se tuer au travail [sə tɥe o tʀavaj] | sich totarbeiten |
| tuer [tɥe] | töten |
| tuer le temps [tɥe lə tɑ̃] | die Zeit totschlagen |
| avoir un poil dans la main [avwaʀ ɛ̃ pwal dɑ̃ la mɛ̃] | faulenzen |
| le poil [lə pwal] | (Körper/Bart)Haar |
| mettre la main à la pâte [mɛtʀ la mɛ̃ a la pɑt] | selbst Hand anlegen/anpacken |
| **la pâte** [la pɑt] | Teig |
| la définition [la definisjɔ̃] | Definition, Erklärung |
| le jour férié [lə ʒuʀ feʀje] | Feiertag |
| paresseux/-euse [paʀesø, paʀesøz] | faul, träge |
| l'importance *f* [lɛ̃pɔʀtɑ̃s] | Bedeutung, Wichtigkeit |
| avoir qch en perspective [avwaʀ kɛlkəʃoz ɑ̃ pɛʀspɛktiv] | etw in Aussicht haben |

## A1

| | |
|---|---|
| **le service** [lə sɛʀvis] | Abteilung, Bereich; Dienstleistung |
| **la formation** [la fɔʀmasjɔ̃] | Ausbildung |
| **s'inscrire** [sɛ̃skʀiʀ] | sich einschreiben |
| la faculté [la fakylte] | Universität; Fähigkeit |
| passer un examen [pase ɛ̃n‿egzamɛ̃] | eine Prüfung ablegen |
| faire des études *f* [fɛʀ dez‿etyd] | studieren |

## A2

| | |
|---|---|
| **a.** se décider [sə deside] | sich entscheiden |
| conduire [kɔ̃dɥiʀ] | fahren; steuern |
| **le taxi** [lə taksi] | Taxi |
| au point de vue financier [o pwɛ̃ d(ə) vy finɑ̃sje] | vom finanziellen Standpunkt aus |
| financier/-ère [finɑ̃sje, finɑ̃sjɛʀ] | finanziell |
| le trafic [lə tʀafik] | Verkehr; Handel |

| | |
|---|---|
| impressionnant/e [ɛ̃pʀesjɔnɑ̃, ɛ̃pʀesjɔnɑ̃t] | eindrucksvoll, beeindruckend |
| avoir les nerfs *m* solides [avwaʀ le nɛʀ sɔlid] | starke Nerven haben |
| **solide** [sɔlid] | stark |
| tomber sur qn [tɔ̃be syʀ kɛlkɛ̃] | auf jdn treffen, an jdn geraten |
| engager la conversation [ɑ̃gaʒe la kɔ̃vɛʀsasjɔ̃] | eine Unterhaltung beginnen |
| **regretter** [ʀəgʀete] | bedauern; vermissen |
| fonder une famille [fɔ̃de yn famij] | eine Familie gründen |
| d'après [dapʀɛ] | nach, gemäß |
| le dossier [lə dosje] | Akte; aktuelles Thema *(Presse)* |
| **le médecin** [lə medsɛ̃] | Arzt |
| le/la malade [lə, la malad] | Kranke,-r |
| **l'hôpital**, *pl:* les hôpit**aux** *m* [lɔpital, lez‿ɔpito] | Krankenhaus |
| **la taille** [la taj] | Größe; Taille |
| je souhaite... [ʒə swɛt] | *hier:* ich möchte ..., es ist mein Wunsch ... |
| b. **la difficulté** [la difikylte] | Schwierigkeit |
| **l'avantage** *m* [lavɑ̃taʒ] | Vorteil |

## A3

| | |
|---|---|
| exprimer [ɛkspʀime] | ausdrücken |
| le regret [lə ʀəgʀɛ] | Bedauern |
| la satisfaction [la satisfaksjɔ̃] | Zufriedenheit; Befriedigung |

## A5

| | |
|---|---|
| a. le/la comptable [lə, la kɔ̃tabl] | Buchhalter,-in |
| le/la collègue [lə, la kɔlɛg] | Kollege, Kollegin |
| Parmi les exemples ci-dessous, choisissez trois priorités.[paʀmi lez‿ɛgzɑ̃pl sid(ə)su ʃwazise tʀwa pʀijɔʀite] | Unter den untenstehenden Beispielen, wählen Sie die drei wichtigsten aus. |

## A6

| | |
|---|---|
| la priorité [la pʀijɔʀite] | Vorrang; Vorfahrt |
| donner une raison [dɔne yn ʀɛzɔ̃] | begründen, einen Grund nennen |
| bien gagner sa vie [bjɛ̃ gaɲe sa vi] | gut verdienen |
| à **l'extérieur** [a lɛksteʀjœʀ] | draußen; außerhalb |
| être son propre patron [ɛtʀ(ə) sɔ̃ pʀɔpʀ(ə) patʀɔ̃] | sein eigener Chef sein |
| créatif/-ive [kʀeatif, kʀeativ] | kreativ |
| être en contact avec le public [ɛtʀ‿ɑ̃ kɔ̃takt avɛk lə pyblik] | Kontakt zu Menschen haben |
| la responsabilité [la ʀɛspɔ̃sabilite] | Verantwortung, Verantwortlichkeit |
| avoir la sécurité de l'emploi *m* [avwaʀ la sekyʀite də lɑ̃plwa] | einen sicheren Arbeitsplatz haben |
| la protection sociale [la pʀɔtɛksjɔ̃ sɔsjal] | soziale (Ab)Sicherung; soziales Netz |
| à temps partiel [a tɑ̃ paʀsjɛl] | Teilzeit- |
| rebondir [ʀ(ə)bɔ̃diʀ] | wieder in Gang kommen; wieder aktuell werden |
| **l'entreprise** *f* [lɑ̃tʀəpʀiz] | Firma, Unternehmen |
| le test [lə tɛst] | Test |
| le profil [lə pʀɔfil] | Profil |
| le créateur/-trice d'entreprise [lə kʀeatœʀ, la kʀeatʀis dɑ̃tʀəpʀiz] | Unternehmensgründer/-in |
| la période d'essai [la peʀjɔd desɛ] | Probezeit |
| l'essai *m* [lesɛ] | Versuch |
| **les droits** *m* [le dʀwa] | Rechte |
| la Sécu (Sécurité Sociale) [la seky, sekyʀite sɔsjal] | *Name der frz. Krankenversicherungsanstalt* |

## A8

| | |
|---|---|
| **se réveiller** [sə ʀeveje] | auf-, erwachen |
| **se laver** [sə lave] | sich waschen |
| la matinée [la matine] | Vormittag |
| illustrer [ilystʀe] | bebildern, illustrieren |
| **se coucher** [sə kuʃe] | zu Bett gehen, sich hinlegen |
| culturel/le [kyltyʀɛl] | kulturell |
| le cours de pâtisserie [lə kuʀ de pɑtisʀi] | Backkurs |
| Vivement dimanche ! [vivmɑ̃ dimɑ̃ʃ] | Hoffentlich ist bald Sonntag! |

## A9

| | |
|---|---|
| a. l'inconvénient *m* [lɛ̃kɔ̃venjɑ̃] | Nachteil |
| b. le/la chef de service [lə, la ʃɛf də sɛʀvis] | Abteilungsleiter,-in |
| l'homme/la femme au foyer [lɔm, la fam o fwaje] | Hausmann, Hausfrau |
| le/la conducteur/-trice [lə kɔ̃dyktœʀ, la kɔ̃dyktʀis] | Fahrer,-in |
| le poids lourd [lə pwa luʀ] | Lastwagen, LKW |
| c. **le membre** [lə mɑ̃bʀ] | Mitglied |

## B1

| | |
|---|---|
| être en train de [ɛtʀ‿ɑ̃ tʀɛ̃ də] | dabei sein (etw zu tun) |
| **réparer** [ʀepaʀe] | reparieren |
| le terrain de jeux [lə teʀɛ̃ d(ə) ʒø] | Spielplatz |
| faire la lecture à qn [fɛʀ la lɛktyʀ a kɛlkɛ̃] | jdm etw vorlesen |
| l'aveugle *m/f* [lavœgl] | Blinde,-r |

## B2

| | |
|---|---|
| **l'association** *f* [lasɔsjasjɔ̃] | Verein; Verband; Vereinigung |
| le réseau d'échanges *m* de savoirs *m* [lə ʀezo deʃɑ̃ʒ də savwaʀ] | Netzwerk für Wissensaustausch |
| **le chômage** [lə ʃomaʒ] | Arbeitslosigkeit |
| **la retraite** [la ʀətʀɛt] | Ruhestand, Pensionierung |
| la solitude [la sɔlityd] | Einsamkeit, Alleinsein |
| échangeable contre [eʃɑ̃ʒabl(ə) kɔ̃tʀ] | eintauschbar/einzutauschen gegen |
| ... dont vous avez besoin. [... dɔ̃ vuz‿ave bəzwɛ̃] | ..., die Sie benötigen. |
| le service public [lə sɛʀvis pyblik] | *hier:* Behörde; Öffentlicher Dienst |
| bref [bʀɛf] | kurz und gut, mit einem Wort |
| **participer à qch** [paʀtisipe a kɛlkəʃoz] | an etw teilhaben,-nehmen |

| | |
|---|---|
| le crédit [lə kʀedi] | Kredit |
| la prestation [la pʀɛstasjɔ̃] | Leistung |
| le baby-sitting [lə bebi sitiŋ] | Babysitten |
| **profiter de qch** [pʀɔfite də kɛlkəʃoz] | etw (aus)nutzen |
| **la réparation** [la ʀepaʀasjɔ̃] | Reparatur |
| sans avoir un sou à dépenser [sɑ̃z‿avwaʀ ɛ̃ su a depɑ̃se] | ohne einen Pfenning ausgeben zu müssen |
| sûr/e [syʀ] | sicher |
| **curieux/-euse** [kyʀjø, kyʀjøz] | neugierig; merkwürdig |
| la permanence [la pɛʀmanɑ̃s] | (telefonischer) Bereitschaftsdienst |
| le/la collaborateur/-trice [lə kɔlabɔʀatœʀ, la kɔlabɔʀatʀis] | Mitarbeiter,-in |
| être bénévole [ɛtʀ(ə) benevɔl] | ehrenamtlich tätig sein |

### B3

| | |
|---|---|
| a. l'appel téléphonique *m* [lapɛl telefɔnik] | Telefonanruf |
| la bourse d'échange [la buʀs deʃɑ̃ʒ] | Tauschbörse |
| en échange de [ɑ̃n‿eʃɑ̃ʒ də] | im Tausch gegen |
| en urgence [ɑ̃n‿yʀʒɑ̃s] | dringend, eilig |
| le théâtre municipal [lə teɑtʀ mynisipal] | Stadttheater |
| **municipal/e** [mynisipal] | Gemeinde- |
| enregistrer [ɑ̃ʀəʒistʀe] | aufnehmen (Ton); speichern |
| b. le conte [lə kɔ̃t] | (erfundene) Geschichte, Erzählung; Märchen |
| faire une conférence [fɛʀ yn kɔ̃feʀɑ̃s] | einen Vortrag halten |
| le yoga [lə jɔga] | Yoga |
| la couture [la kutyʀ] | Nähen, Schneidern |
| la dame [la dam] | Frau, Dame |
| **soigner** [swaɲe] | pflegen, gesund machen |

### B4

| | |
|---|---|
| a. la déclaration d'impôts [la deklaʀasjɔ̃ dɛ̃po] | Steuererklärung |
| repeindre [ʀəpɛ̃dʀ] | neu streichen |
| tricoter [tʀikɔte] | stricken |
| coudre [kudʀ] | nähen |
| la soirée diapositives [la swaʀe djapozitiv] | Dia-Abend |

### B5

| | |
|---|---|
| a. le futur [lə fytyʀ] | Futur *(Zeit)*; Zukunft |

### B6

| | |
|---|---|
| futur/e [fytyʀ] | (zu)künftig |
| être à la retraite [ɛtʀ‿a la ʀ(ə)tʀɛt] | im Ruhestand sein |
| marié/e [maʀje] | verheiratet |

### B7

| | |
|---|---|
| pour cent (%) [puʀ sɑ̃] | Prozent |
| international/e [ɛ̃tɛʀnasjɔnal] | international |
| l'oubli *m* [lubli] | Vergessen(heit) |
| la solidarité [la sɔlidaʀite] | Solidarität |
| le sida [lə sida] | AIDS |
| le secours populaire [lə s(ə)kuʀ pɔpylɛʀ] | Volksfürsorge *(Hilfsorganisation für sozial Schwache)* |
| le relais [lə ʀəlɛ] | *hier:* Hilfsküche; Raststätte |
| la frontière [la fʀɔ̃tjɛʀ] | Grenze |

### B8

| | |
|---|---|
| a. hésiter [ezite] | zögern |
| épouser qn [epuze kɛlkɛ̃] | jdn heiraten |
| la face [la fas] | Seite *(einer Sache)* |
| **s'asseoir** [saswaʀ] | sich setzen, Platz nehmen |

### C1

| | |
|---|---|
| tient (*inf:* **tenir**) dans l'évier [tjɛ̃ dɑ̃ levje] | *hier:* besteht aus dem Waschbecken |
| tenir dans la main [t(ə)niʀ dɑ̃ la mɛ̃] | *hier:* in der Hand Platz haben; in der Hand halten |
| y'a plus de... (il n'y a plus de...) [ja ply də...] | es gibt kein/-e ... mehr |
| se mettre en train [sə mɛtʀ‿ɑ̃ tʀɛ̃] | sich wach machen, sich bereit machen |
| le frimas [lə fʀima] | Raureif |
| presser le pas [pʀese lə pa] | sich beeilen |
| se mettre en tas *m; fam* [sə mɛtʀ‿ɑ̃ ta] | sich in die Menge stürzen |
| Ça va la forme ? *fam* [sa va la fɔʀm] | Wie geht's?/Alles klar? |
| (Il) faudrait que je dorme (*inf:* falloir; dormir) [(il) fodʀɛ kə ʒ(ə) dɔʀm(ə)] | (Ich) müsste mal wieder schlafen. |
| énorme [enɔʀm] | riesig |
| classifier [klasifje] | ordnen, ablegen |
| la norme [la nɔʀm(ə)] | Norm, Vorschrift |
| s'aligner [saliɲe] | sich aneinanderreihen |
| sans éclat *m* [sɑ̃z‿ekla] | *hier:* endlos; glanzlos |
| **le chiffre** [lə ʃifʀ] | Ziffer; Zahl |
| le cawa *fam* [lə kawa] | Kaffee |
| le ticket-restau(rant) [lə tikɛ ʀesto(ʀɑ̃)] | Essensgutschein für Vertragsrestaurants |
| le gars *fam* [lə gɑ] | Junge |
| Je ne suis pas du lot. *fam* [ʒə n(ə) sɥi pa dy lo] | Ich verdrücke mich./Ich klinke mich aus. |
| le rencart *fam* [lə ʀɑ̃kaʀ] | Verabredung |
| par erreur *f* [paʀ‿eʀœʀ] | irrtümlich, aus Versehen |
| je partirai [ʒə paʀtiʀe] | *hier:* ich werde das Büro verlassen |
| avant de courir [avɑ̃ də kuʀiʀ] | bevor ich (los)laufe |
| combler le retard [kɔ̃ble lə ʀ(ə)taʀ] | *hier:* den Rückstand aufholen |
| **le retard** [lə ʀ(ə)taʀ] | Verspätung |
| cesser de [sɛse də] | aufhören zu |
| s'en mordre les doigts *fam* [sɑ̃ mɔʀdʀ(ə) le dwa] | (etw) schwer bereuen |

| | |
|---|---|
| **le doigt** [lə dwa] | Finger |
| Je ne suis pas… ni… [ʒə n(ə) sɥi pa… ni…] | Ich bin weder … noch … |
| le bercail [lə bɛʀkaj] | *hier:* Heim |
| draguer *arg* [dʀage] | anbaggern, anmachen |
| l'ennui *m* [lɑ̃nɥi] | Langeweile; Ärger |
| le frigo [lə fʀigo] | Kühlschrank |
| manquer d'appétit *m* [mɑ̃ke dapeti] | keinen Appetit haben |
| en signe *m* de vie *f* [ɑ̃ siɲ də vi] | als Lebenszeichen |
| la chaîne (de télévision) [la ʃɛn] | Fernsehprogramm |
| s'enchaîner [sɑ̃ʃene] | aufeinander folgen; ablaufen |
| les variétés *f* [le vaʀjete] | Shows, Unterhaltung |
| varier [vaʀje] | sich abwechseln, Abwechslung bringen |
| parfois [paʀfwa] | manchmal |

## C2

| | |
|---|---|
| a. (se) terminer [sə tɛʀmine] | enden |

## C4

| | |
|---|---|
| b. l'équivalent [lekivalɑ̃] | Entsprechung |

## C5

| | |
|---|---|
| étudier [etydje] | studieren |
| dans quel but… ? [dɑ̃ kɛl by(t)] | in welcher Absicht …? |
| le but [lə by(t)] | Absicht, Zweck; (Fußball)Tor |

## S

| | |
|---|---|
| le parcours [lə paʀkuʀ] | Strecke |
| professionnel/le [pʀɔfɛsjɔnɛl] | beruflich, Berufs- |
| la crèche [la kʀɛʃ] | Kindertagesstätte; Krippe |
| **le stage** [lə staʒ] | Praktikum |

# 12 Rêves et projets

| | |
|---|---|
| le rêve [lə ʀɛv] | Traum |
| Un jour viendra. (*inf:* **venir**) [ɛ̃ ʒuʀ vjɛ̃dʀa] | Der Tag wird kommen. |
| rebrancher [ʀəbʀɑ̃ʃe] | wiedereinschalten |
| l'émetteur *m* [lemetœʀ] | Sender |
| l'illustration *f* [lilystʀasjɔ̃] | Bild, Abbildung |
| la crainte [la kʀɛ̃t] | Furcht, Angst |
| il y aura (*inf:* **avoir**) [iljɔʀa] | es wird geben |

## A1

| | |
|---|---|
| a. le titre [lə titʀ] | Titel |
| la technologie [la tɛknɔlɔʒi] | Technologie |
| **l'économie** *f* [lekɔnɔmi] | Wirtschaft |
| **le tourisme** [lə tuʀism] | Tourismus |
| les communications *f* [le kɔmynikasjɔ̃] | Medien und Kommunikation |
| la hausse du trafic [la 'os dy tʀafik] | Zunahme des Straßenverkehrs |
| le textile [lə tɛkstil] | Textilindustrie |
| portugais/e [pɔʀtygɛ, pɔʀtygɛz] | portugiesisch |
| en pleine mutation [ɑ̃ plɛn mytasjɔ̃] | im völligen Wandel, im Umbruch |
| le job *fam* [lə dʒɔb] | Job |
| le capital, *pl:* les capit**aux** [lə kapital, le kapito] | Kapital(Markt) |
| se faire rare [sə fɛʀ ʀaʀ] | sich rar machen; sich nur noch selten sehen lassen |
| la rétrospective [la ʀetʀɔspɛktiv] | Rückblick |
| (se) consacrer à qch [(sə) kɔ̃sakʀe a kɛlkəʃoz] | (sich) einer Sache widmen; verwenden zu/für |
| remporter un grand succès [ʀɑ̃pɔʀte ɛ̃ gʀɑ̃ syksɛ] | großen Erfolg haben, viel Beifall ernten |
| exclusif/-ive [ɛksklyzif, ɛksklyziv] | exklusiv |
| l'entretien *m* [lɑ̃tʀətjɛ̃] | Unterhaltung; (Vorstellungs)Gespräch |
| le/la candidat/e [lə kɑ̃dida, la kɑ̃didat] | Kandidat,-in |
| placer sur orbite [plase syʀ ɔʀbit] | in den Weltraum schicken |
| le satellite [lə satelit] | Satellit |
| la vache (à lait) [la vaʃ(a lɛ)] | (Milch)Kuh |
| **l'identité** *f* [lidɑ̃tite] | Identität |
| l'Union Européenne *f* [lynjɔ̃ øʀɔpeɛn] | Europäische Gemeinschaft |
| conclure un accord [kɔ̃klyʀ ɛ̃n‿akɔʀ] | einen Vertrag abschließen |
| l'accord de pêche *m* [lakɔʀ də pɛʃ] | Fischereiabkommen |
| la pêche [la pɛʃ] | Fischfang |
| le prix amical [lə pʀi amikal] | Freundschaftspreis |
| le Premier ministre [lə pʀəmje ministʀ] | Premierminister |
| turc, turque [tyʀk] | türkisch |
| rejeter [ʀəʒ(ə)te] | ablehnen, zurückweisen |
| b. **particulier/-ère** [paʀtikylje, paʀtikyljɛʀ] | besonders, speziell |
| le référendum [lə ʀefeʀɑ̃dɔm] | Referendum, Volksbefragung |

## A2

| | |
|---|---|
| le quinquennat [lə kɛ̃kɛna] | fünfjährige Amtszeit |
| la crise [la kʀiz] | Krise |

## A3

| | |
|---|---|
| a. le domaine [lə dɔmɛn] | Bereich |
| **couper (en deux)** [kupe (ɑ̃ dø)] | (in zwei Teile) schneiden, zerschneiden; trennen |
| cohérent/e [kɔeʀɑ̃, kɔeʀɑ̃t] | *hier:* passend; zusammenhängend |
| la vision [la vizjɔ̃] | Vision |

## A5

| | |
|---|---|
| faire le portrait-robot de qn [fɛʀ lə pɔʀtʀɛ ʀɔbo də kɛlkɛ̃] | *hier:* jdn skizzieren; das Phantombild von jdm erstellen |
| l'Européen/ne *m/f* [løʀɔpeɛ̃, løʀɔpeɛn] | Europäer,-in |
| pratiquer un sport [pʀatike ɛ̃ spɔʀ] | einen Sport ausüben |

## B1

| | |
|---|---|
| a. bouleverser [bulvɛʀse] | durcheinanderbringen, auf den Kopf stellen |
| le Secours Catholique [lə s(ə)kuʀ katɔlik] | Caritas |
| survenir [syʀvəniʀ] | eintreten, sich ereignen |
| poursuivre [puʀsɥivʀ] | verfolgen, nachjagen |
| b. l'état civil *m* [leta sivil] | *hier:* Familienstand; Standesamt |
| l'éditeur/-trice *m/f* [leditœʀ, leditʀis] | Redakteur,-in; Verleger,-in |
| le pays d'origine [lə pei dɔʀiʒin] | Ursprungsland |
| **la naissance** [la nɛsɑ̃s] | Geburt |
| monter à Paris [mɔ̃te a paʀi] | nach Paris (um)ziehen /gehen |
| la société [la sɔsjete] | Unternehmen; Gesellschaft |
| rentrer aux services de… [ʀɑ̃tʀe o sɛʀvis də…] | eine Tätigkeit bei … aufnehmen |
| s'expatrier [sɛkspatʀije] | auswandern, ins Ausland gehen |
| **quitter** [kite] | verlassen |
| s'installer [sɛ̃stale] | wohnen; Platz nehmen; sich niederlassen |
| ne… personne [nə… pɛʀsɔn] | niemanden |
| le/la retraité/e [le, la ʀ(ə)tʀete] | Rentner,-in |
| le décès [lə desɛ] | Ableben, Todesfall |
| prendre des responsabilités *f* [pʀɑ̃dʀ(ə) de ʀɛspɔ̃sabilite] | Verantwortung übernehmen |
| au sein de [o sɛ̃ də] | in, innerhalb |
| l'association caritative *f* [lasɔsjasjɔ̃ kaʀitativ] | Wohltätigkeitsverein |
| le/la vice-président/e [lə vis pʀezidɑ̃, la vis pʀezidɑ̃t] | Vize-Präsident,-in |
| grandir [gʀɑ̃diʀ] | (heran)wachsen |
| le directeur pédagogique [lə diʀɛktœʀ pedagɔʒik] | pädagogischer Leiter |
| l'école de langues *f* [lekɔl də lɑ̃g] | Sprachschule |
| premièrement [pʀəmjɛʀmɑ̃] | erstens |
| être obligé/e de [ɛtʀ‿ɔbliʒe də] | gezwungen sein zu |
| deuxièmement [døzjɛmmɑ̃] | zweitens |
| démissionner [demisjɔne] | kündigen *(von Seiten des Arbeitnehmers)*; zurücktreten |
| les guillemets *m, pl* [le gijmɛ] | Anführungszeichen |
| à l'époque [a lepɔk] | damals, zu dieser Zeit |
| **l'époque** *f* [lepɔk] | Zeitabschnitt, Epoche |
| la volonté déterminée [la vɔlɔ̃te detɛʀmine] | fester Wille |
| la passion [la pasjɔ̃] | Leidenschaft |
| l'hésitation *f* [lezitasjɔ̃] | Zögern |
| célibataire [selibatɛʀ] | ledig |
| le/la veuf/-ve [lə vœf, la vœv] | Witwer, Witwe |
| **divorcé/e** [divɔʀse] | geschieden |
| c. Elle a perdu (*inf:* **perdre**) son mari. [ɛl‿a pɛʀdy sɔ̃ maʀi] | Sie hat ihren (Ehe)-Mann verloren. |
| déménager [demenaʒe] | umziehen |
| tomber amoureux/-euse [tɔ̃be amuʀø, amuʀøz] | sich verlieben |
| **tomber malade** [tɔ̃be malad] | krank werden |

## B3

| | |
|---|---|
| b. … les groupes de mots auxquels se rapportent… [le gʀup də mo okɛl sə ʀapɔʀt…] | … die Wortgruppen, die sich auf … beziehen |
| faire partie de [fɛʀ paʀti də] | gehören zu, dabeisein bei |
| Nous nous y plaisons. (*inf:* se plaire) [nu nuz‿i plɛzɔ̃] | Es gefällt uns dort. |

## B5

| | |
|---|---|
| l'adolescent/e *m/f* [ladɔlesɑ̃, ladɔlesɑ̃t] | Heranwachsender,-e |
| dans quelle mesure… ? [dɑ̃ kɛl məzyʀ] | inwieweit/inwiefern …? |
| **la guerre** [la gɛʀ] | Krieg |
| survivre [syʀvivʀ] | überleben |
| calmement [kalməmɑ̃] | ruhig |
| l'adolescence *f* [ladɔlesɑ̃s] | *Zeit des Heranwachsens* |
| juste *adv* [ʒyst] | nur, gerade |
| la génération [la ʒeneʀasjɔ̃] | Generation |
| **seulement** [sœlmɑ̃] | nur |
| de famille modeste [də famij mɔdɛst] | aus einfachen Verhältnissen |
| modeste [mɔdɛst] | anspruchslos, bescheiden |
| **amusant/e** [amyzɑ̃, amyzɑ̃t] | lustig |
| automatiquement [otɔmatikmɑ̃] | automatisch |

## B6

| | |
|---|---|
| a. **se rappeler** [sə ʀap(ə)le] | sich erinnern |

## C1

| | |
|---|---|
| a. le/la gaucher/-ère [le goʃe, la goʃɛʀ] | Linkshänder,-in |
| b. l'alliance *f* [laljɑ̃s] | *hier:* Ehering; Bund |
| la rive [la ʀiv] | Ufer, Küste(nstreifen) |

## C2

| | |
|---|---|
| utopique [ytɔpik] | utopisch |
| le roman [lə ʀɔmɑ̃] | Roman |
| l'archipel *m* [laʀʃipɛl] | Inselgruppe |
| ignorer [iɲɔʀe] | nicht kennen/wissen |
| le/la géographe [lə, la ʒeɔgʀaf] | Geograf,-in |
| abriter [abʀite] | schützen; beherbergen; verstecken |
| **la population** [la pɔpylasjɔ̃] | Bevölkerung |
| le/la droitier/-ère [lə dʀwatje, la dʀwatjɛʀ] | Rechtshänder,-in |
| la minorité [la minɔʀite] | Minderheit |
| minuscule [minyskyl] | winzig |
| l'utopiste [lytɔpist] | Utopist,-in |
| avoir pour but [avwaʀ puʀ by(t)] | zum Ziel haben |
| une colossale question [yn kɔlɔsal kɛstjɔ̃] | eine wichtige Frage |
| austral/e [ostʀal] | südlich |
| l'enfer *m* [lɑ̃fɛʀ] | Hölle |
| **le rapport** [lə ʀapɔʀ] | Verhältnis, Beziehung |

| | |
|---|---|
| tendre [tɑ̃dʀ] | zärtlich, zart |
| l'aristocrate *m/f* [laʀistɔkʀat] | Adlige,-r |
| la montgolfière [la mɔ̃gɔlfjɛʀ] | Heißluftballon |
| l'auto(mobile) *f* [loto (mɔbil)] | Auto |
| le chariot [lə ʃaʀjo] | Wagen, Karren |
| le/la cavalier/-ère [lə kavalje, la kavaljɛʀ] | Reiter,-in; Kavalier |
| circuler à gauche [siʀkyle a goʃ] | links fahren |
| **évidemment** [evidamɑ̃] | offensichtlich |
| désirable [deziʀabl] | begehrenswert |
| sexy [sɛksi] | sexy |
| tasser [tase] | zusammenpferchen, drängen |
| la voiture à moteur [la vwatyʀ a mɔtœʀ] | motorisierter Wagen |
| écarter [ekaʀte] | ablehnen, zurückweisen |
| **la boîte aux lettres** [la bwat o lɛtʀ] | Briefkasten |
| l'époux/-se (les époux *m,pl*) [lepu, lepuz (lezepu)] | Gatte, Gattin; (Eheleute) |
| la fierté [la fjɛʀte] | Stolz |
| naturellement [natyʀɛlmɑ̃] | natürlich |
| intérieur/e [ɛ̃terjœʀ] | Innen-; innere,-r,-s |
| être à l'image de qn [ɛtʀ‿a limaʒ də kɛlkɛ̃] | das Ebenbild/Abbild von jdm sein |
| le/la maître/-sse de maison [le mɛtʀ(ə), la mɛtʀɛs də mɛzɔ̃] | Hausherr,-in |
| **suivre qch** [sɥivʀ(ə) kɛlkəʃoz]] | sich nach etw richten |
| **suivre qn** [sɥivʀ(ə) kɛlkɛ̃] | jdm folgen |
| la métamorphose [la metamɔʀfoz] | Verwandlung |
| frappant/e [fʀapɑ̃, fʀapɑ̃t] | auffällig |
| le bout [lə bu] | *hier:* Stückchen |
| tropical/e, *pl:* tropic**aux**/**-ales** [tʀɔpikal, tʀɔpiko] | tropisch |
| certes [sɛʀt] | gewiss, natürlich; zwar |
| le trait [lə tʀɛ] | (Charakter/Gesichts)Zug |
| le/la Parisien/ne [lə paʀizjɛ̃, la paʀizjɛn] | Pariser,-in |
| le regard [lə ʀəgaʀ] | Blick |
| filtrer [filtʀe] | *hier:* durchscheinen |
| solaire [sɔlɛʀ] | Sonnen- |
| l'être *m* [lɛtʀ] | Wesen |
| la délectation [la delɛktasjɔ̃] | Genuss, Hingabe |
| en retour [ɑ̃ ʀ(ə)tuʀ] | wieder-, zurück- |
| l'interdiction *f* [lɛ̃tɛʀdiksjɔ̃] | Verbot |
| éclairer [eklеʀe] | beleuchten |
| la bougie [la buʒi] | Kerze |
| l'instauration *f* [lɛ̃stɔʀasjɔ̃] | Einführung, Einsetzung |
| à durée limitée [a dyʀe limite] | auf begrenzte Zeit, mit begrenzter Dauer |
| le divorce [lə divɔʀs] | Scheidung |
| la réparation [la ʀepaʀasjɔ̃] | *hier:* Schadenersatz, Wiedergutmachung |
| le tribunal, *pl:* les tribun**aux** [lə tʀibynal, le tribyno] | Gericht |
| excessif/-ive [eksesif, eksesiv] | übermäßig, übertrieben |
| la réapparition [la ʀeapaʀisjɔ̃] | Wiedererscheinen |
| officiel/le [ɔfisjɛl] | offiziell |
| l'institut géographique *m* [lɛ̃stity ʒeɔgʀafik] | Geographisches Institut |
| la suppression [la sypʀesjɔ̃] | Abschaffung |

## C5

| | |
|---|---|
| b. quotidien/ne [kɔtidjɛ̃, kɔtidjɛn] | täglich, Alltags- |
| **paraître** [paʀɛtʀ] | (er)scheinen |
| absurde [absyʀd] | absurd |
| **impossible** [ɛ̃pɔsibl] | unmöglich |
| distinct/e [distɛ̃(kt), distɛ̃kt] | unterschiedlich |
| glorieux/-euse [glɔʀjø, glɔʀjøz] | ruhmreich |
| l'individualité *f* [lɛ̃dividɥalite] | Individualität |
| (se) fondre [(sə) fɔ̃dʀ] | (ver)schmelzen |
| étroitement [etʀwat(ə)mɑ̃] | eng |
| l'unité supérieure *f* [lynite sypeʀjœʀ] | übergeordnete Einheit |
| constituer [kɔ̃stitɥe] | darstellen; bilden |
| la fraternité [la fʀatɛʀnite] | Brüderlichkeit; Bruderschaft; Verbundenheit |
| le boulet [lə bulɛ] | (Kanonen-)Kugel |
| la bombe [la bɔ̃b] | Bombe |
| **remplacer** [ʀɑ̃plase] | ersetzen |
| le vote [lə vɔt] | Wahl, Abstimmung, Stimme |
| le/la physicien/ne [lə fizisjɛ̃, la fizisjɛn] | Physiker,-in |
| le/la créateur/-trice de haute-couture [le kʀeatœʀ, la kʀeatʀis də 'ot kutyʀ] | Modeschöpfer,-in |
| le/la président/e [lə pʀezidɑ̃, la pʀezidɑ̃t] | Präsident,-in |
| la République française [la ʀepyblik fʀɑ̃sɛz] | französische Republik |
| combiner [kɔ̃bine] | anordnen |
| collectif/-ive [kɔlɛktif, kɔlɛktiv] | gemeinsam |

## ENTRACTE 3

### 1

| | |
|---|---|
| il fait nuit [il fɛ nɥi] | es ist dunkel, Nacht |
| jardiner [ʒaʀdine] | Gartenarbeit machen |

### 2

| | |
|---|---|
| le langage [lə lɑ̃gaʒ] | Sprache |

### 3

| | |
|---|---|
| la mélodie [la melɔdi] | Melodie |
| **neutre** [nøtʀ] | neutral |
| la colère [la kɔlɛʀ] | Zorn, Ärger, Wut |
| la joie [la ʒwa) | Freude |
| l'étonnement *m* [letɔnmɑ̃] | Erstaunen , Verwunderung |
| la confidence [la kɔ̃fidɑ̃s] | vertrauliche Mitteilung |
| la demande d'informations [la d(ə)mɑ̃d dɛ̃fɔʀmasjɔ̃] | Bitte um Auskunft |

## 4

| | |
|---|---|
| anonyme [anɔnim] | anonym |
| le capitaine [lə kapitɛn] | Kapitän |
| la tôle [la tol] | Blech(Wand) |
| le diadème [lə djadɛm] | Diadem |
| de bon matin [də bɔ̃ matɛ̃] | in aller Frühe |
| Nom de nom ! [nɔ̃ də nɔ̃] | Mensch! |
| chacun croit que... (*inf:* **croire**) [ʃakɛ̃ kʀwa kə...] | jeder glaubt, dass... |

## 5

| | |
|---|---|
| les règles du jeu *f* [le ʀɛgl dy ʒø] | Spielregeln |
| Mettez les pions *m* sur la case *Départ.* [mete le pjɔ̃ syʀ la kaz depaʀ] | Stellen Sie die Läufer auf *Start.* |
| Avancez les pions sur les cases... [avɑ̃se le pjɔ̃ syʀ le kaz...] | Rücken Sie mit den Läufern auf die Felder vor ... |
| selon le chiffre [səlɔ̃ lə ʃifʀ(ə)] | entsprechend der Zahl |
| ... vous devez répondre aux questions correspondantes (*inf:* **devoir**) [... vu d(ə)ve ʀepɔ̃dʀ o kɛstjɔ̃ kɔʀɛspɔ̃dɑ̃t] | ... müssen Sie die jeweiligen Fragen beantworten. |
| ... si vous avez répondu correctement à la question posée.[... si vuz‿ave ʀepɔ̃dy kɔʀɛktəmɑ̃ a la kɛstjɔ̃ poze] | *hier:* ... ob Sie die Ihnen gestellte Frage richtig beantwortet haben. |
| ... reculez sur la case jaune précédente.[... ʀəkyle syʀ la kaz ʒon pʀesedɑ̃t] | ... gehen Sie auf das nächste gelbe Feld zurück. |
| ... saluez-le et avancez d'une case. [... salɥe lə e avɑ̃se dyn kaz] | ... grüßen Sie ihn und rücken Sie ein Feld weiter. |
| ... qui arrive directement sur la case *Arrivée...* [... ki aʀiv diʀɛktəmɑ̃ syʀ la kaz aʀive...] | ... der mit der gewürfelten Augenzahl direkt auf *Ziel* kommt ... |
| laisser un message [lese ɛ̃ mesaʒ] | eine Nachricht hinterlassen |
| le répondeur [lə ʀepɔ̃dœʀ] | Anrufbeantworter |
| à votre disposition [a vɔtʀ(ə) dispozisjɔ̃] | zu Ihrer Verfügung |
| citer [site] | nennen; zitieren |
| désigner [deziɲe] | kennzeichnen, hinweisen |
| la formule de politesse [la fɔʀmyl də pɔlitɛs] | Höflichkeitsformel |
| emmener [ɑ̃mne] | mitnehmen |
| **la quantité** [la kɑ̃tite] | Menge |
| **le couteau**, *pl:* -x [lə kuto] | Messer |
| la prophétie [la pʀɔfesi] | Voraussage, Prophezeihung |
| le contraire de [lə kɔ̃tʀɛʀ də] | das Gegenteil von |
| formuler [fɔʀmyle] | formulieren, schreiben |
| différent/e [difeʀɑ̃, difeʀɑ̃t] | verschieden, unterschiedlich |
| la forme verbale [la fɔʀm vɛʀbal] | Verbform |
| l'architecte *m/f* [laʀʃitɛkt] | Architekt,-in |

# Alphabetische Wortliste

- Die Zahlen verweisen auf die Lektion und die Übung, in der das betreffende Wort zum ersten Mal vorkommt.
- Eine fettgedruckte Lektionszahl *ohne* Angabe der Übung verweist auf die Auftaktseite, ein großes S auf die Abschlussseite einer Lektion.
- E (**2** oder **3**) bedeutet Entracte.

## A

à huit heures et quart um Viertel nach neun **5**C2
à moto mit/auf dem Motorrad **8** B7
à Noël an Weihnachten **8**C4
à nouveau noch einmal **9**C4
à pied zu Fuß **8**
à peu près ungefähr **8**C1
à tour de rôle der Reihe nach, einer nach dem anderen **8**C6
**à travers** quer durch, über **9**C2
à durée limitée auf begrenzte Zeit, mit begrenzter Dauer **12**C2
à plat sur le sol flach auf dem Boden **9**C9
à temps partiel Teilzeit- **11**A6
à l'arrière-plan *m* im Hintergrund **10**B2
à l'époque damals, zu dieser Zeit **12**B1
à l'étranger *m* im/ins Ausland **8**A1
à **l'extérieur** draußen; außerhalb **11**A6
à mon avis meiner Meinung nach **5**b
à mon tour meinerseits **10**C2
à votre disposition zu Ihrer Verfügung **12E3**,5
à ce propos in diesem Zusammenhang **9**C2
à l'aide de mit Hilfe von **5**A4
**à côté de** neben **5**B6
à destination de... nach *(Richtung)* **8**S
**à droite de** rechts von **5**B6
**à gauche de** links von **5**B6
à partir de *hier:* anhand von; von ... an **8**C3
**à quel moment ?** wann? **5**b
à quelle heure um wie viel Uhr **5**C2
abandonner aufgeben **7**A4
abriter schützen; beherbergen; verstecken **12**C2
absurde absurd **12**C5
accessible zugänglich, erreichbar **8**B2
l'accessoire *m* Accessoire **9**B3
accomplir voll-, beenden; erfüllen **10**C5
l'accord de pêche *m* Fischereiabkommen **12**A1
**acheter** kaufen **5**A1
l'acrylique *m* Polyacryl **9**B4
l'action *f* Handlung **5**A1
**l'addition** *f* Rechnung **7**S
**admirer** bewundern **8**B2
l'adolescence *f* *Zeit des Heranwachsens* **12**B5
l'adolescent/e *m/f* Heranwachsender,-e **12**B5
adopter *hier:* nehmen; adoptieren; annehmen **8**A1
l'aéronautique *f* Flugzeugbau **5**B10
**l'aéroport** *m* Flughafen **8**A4
l'affection *f* Zuneigung **6**
agir handeln **8E2**,2
**l'agneau**, *pl:* -x *m* Lamm **7**B3
**aider qn** jdm helfen **5**B3
l'ail *m* Knoblauch **7**A4
**l'air** *m* Anschein; Luft **6**A2
**ajouter** hinzufügen **9**A6
l'alimentation *f* Ernährung; Lebensmittel **9**C1
aller visiter qch etw besichtigen **5**B1
**aller tout droit** geradeaus gehen/-fahren **5**B1
aller manger essen gehen **6**A7
(aller) **danser** tanzen (gehen) **6**B1
**l'aller-retour** *m* Hin- und Rückfahrkarte; Hin- und Zurück **8**A6
l'alliance *f* *hier:* Ehering; Bund **12**C1
**allumer** einschalten; anzünden **5**B3
alsacien/ne elsässisch **7**A3
l'amande *f* Mandel **7**C1
l'amant/e *m/f* Liebhaber/ Geliebter/ Geliebte **8E2**,3
l'ambiance *f* *hier:* Hintergrundgeräusch; Stimmung **7**
l'âme *f* Seele **9**C1
**amicalement** mit herzlichen Grüßen *(in Briefen)* **6**
**l'amitié** *f* Freundschaft **6**
amoureux/-euse verliebt **10**B2
amusant/e witzig, lustig **10**B2
**amusant/e** lustig **12**B5
anglais/e englisch **7**C8
l'Angleterre *f* England **7**C7
les années cinquante *f* die Fünfziger Jahre **10**B1
**l'annonce** *f* Anzeige **5**C1
anonyme anonym **12E3**,4
apparaître erscheinen, auftauchen **8**B6
l'appel téléphonique *m* Telefonanruf **11**B3
l'appréciation *f* Beurteilung, (Ein-) Schätzung **10**A2
apprécié/e geschätzt **7**B5
apprécier schätzen **8**B6
apprendre une langue étrangère eine Fremdsprache lernen **6**B1
d'après nach, gemäß **11**A2
l'après-guerre *m* Nachkriegszeit **10**B2
l'archipel *m* Inselgruppe **12**C2
l'architecte *m/f* Architekt,-in **12E3**,5
**l'argent** *m* Geld; Silber **5**a
l'aristocrate *m/f* Adlige,-r **12**C2
l'arôme *m* Aroma, Duft **7**C1
**arrêter** aufhören **12**B1
arriver à faire qch etw fertig bringen **9**C2
arroser gießen **9**C2
**l'assiette** *f* Teller **7**B3
assis/e im Sitzen, sitzend **7**C1
**l'association** *f* Verein; Verband; Vereinigung **11**B2
l'association caritative *f* Wohltätigkeitsverein **12**B1
associer assoziieren; zusammenschließen, verbinden **5**A3
atteindre erreichen **8**B2
**attendre** (er)warten **5**A5
**aujourd'hui** heute **10**
austral/e südlich **12**C2
**l'auteur** *m/f* Autor, Schriftsteller,-in **10**C1
automatiquement automatisch **12**B5
**l'automne** *m* Herbst **9**C2
l'auto(mobile) *f* Auto **12**C2
autoritaire autoritär **6**A9
**autour** drumherum **9**C3
**autrefois** früher, einst **6**B1
autrement anders; sonst **9**C2
les autres die Anderen **7**C7
l'Autriche *f* Österreich **7**C1
**au-dessus de** über, oberhalb (von) **9**C9
avaler (ver)schlucken **10**C1
**l'avantage** *m* Vorteil **11**A2
**l'avenir** *m* Zukunft **7**B9
l'aventure *f* Abenteuer **10**C1
aventureux/-euse abenteuerlustig **6**A9
l'avenue *f* Avenue **5**B1
l'aveugle *m/f* Blinde,-r **11**B1
**l'avis** *m* Meinung **5**b

avoir un rhume Schnupfen haben, erkältet sein **9**C4
avoir mal à la tête Kopfschmerzen haben **9**C6
avoir qch en perspective etw in Aussicht haben **11**
avoir droit à qch *hier:* etw essen dürfen; auf etw Anspruch haben **9**A5
avoir pour but zum Ziel haben **12**C2
avoir l'air so aussehen, als ob **6**A2
avoir **l'impression** *f* den Eindruck haben **9**C2
avoir la sécurité de l'emploi *m* einen sicheren Arbeitsplatz haben **11**A6
avoir les nerfs *m* solides starke Nerven haben **11**A2
avoir des loisirs (Frei)Zeit haben **7**B5
avoir envie *f* de faire qch Lust haben, etw zu tun **6**B2
**avoir besoin de** brauchen, benötigen **9**C2
avoir l'intention de faire qch beabsichtigen etw zu tun **6**C1
J'ai mal au cœur. Mir ist übel. **9**C6

## B

le baby-sitting Babysitten **11**B2
**les bagages** *m* Gepäck **8**C1
**la balade** Spaziergang **6**B1
la balconnière Balkonpflanze **9**C2
la balle Ball, Kugel **9**A6
la balustrade Geländer, Gitter **8E2**,3
la bande dessinée, la B.D. Comic **6**C5
le banquier Bankier, Banker **6**B4
au bar am Tresen; in der (Steh)Kneipe **7**C1
la barbe (Voll)Bart **6**A5
battre vite schnell schlagen **9**C9
le beaujolais nouveau der neue Beaujolais **7**S
la beauté Schönheit **8**B6
le bercail *hier:* Heim **11**C1
bercer wiegen, schaukeln **8**B6
**le besoin** Bedürfnis, Not **6**
**bête** dumm, einfältig **10**B2
la bicyclette Fahrrad **5**A8
**le billet** Fahrkarte,-schein **8**A5
la biscotte Zwieback **9**A5
le biscuit Keks, Gebäck **9**B11
le bistrot Bistro, Kneipe **8E2**,1
**blond/e** blond **6**A2
le boa Boa *(Schlangenart)* **10**C2
le bœuf, *pl:* les bœufs Ochse, Rind **7**A3
le bœuf bourguignon Rindergulasch in Weißsoße **7**A3
Bof! Ach Mensch! **5**C2
**boire** trinken **7**C1
**le bois** Wald; Holz **6**B1
**la boîte aux lettres** Briefkasten **12**C2
le bol (Trink)Schale **7**C1
la bombe Bombe **12**C5
Bon rétablissement! Gute Besserung! **6**C6
Bon voyage! Gute Reise! **8**
bon marché billig **9**B9
**le bonheur** Glück **6**C6
le bonhomme Knirps, kleiner Mann; gutmütiger Mann **10**C6
Bonne continuation! Weiterhin alles Gute! **7**B9
**la bouche** Mund **8E2**,4
**le bouchon** (Verkehrs)Stau; Korken **8**A1
**bouger** bewegen **9**C2
la bougie Kerze **12**C2
le bouillon Brühe, Bouillon **9**A5
**la boulangerie** Bäckerei **9**A3
le boulet (Kanonen-)Kugel **12**C5
le boulevard Boulevard **5**B5
bouleverser durcheinanderbringen, auf den Kopf stellen **12**B1
le boulot *fam* Arbeit, Beschäftigung **11**
la bourse d'échange Tauschbörse **11**B3
la boussole Kompass **8**B8
le bout *hier:* Stückchen **12**C2
le bout de bois Holzstück, Stöckchen **10**B2
**au bout de** am Ende von; nach *(zeitlich)* **5**B1
**la bouteille** Flasche **8**B8
le bouton Knopf; Knospe; Pickel **5**B3
**le bras** Arm **9**C6
bref kurz und gut, mit einem Wort **11**B2
les bretelles *f* Hosenträger **9**B2
la brioche Brioche *(frz. Hefegebäck)* **7**C1
la brochure Broschüre, Prospekt **8**C1
bronzer braun werden, sich sonnen **8**B2
**la brosse à dents** Zahnbürste **8**B8
brun/e braun(haarig) **6**A2
la bulle (Sprech)Blase **9**C2
le bus (Stadt)Bus **8**
le buste Oberkörper, Büste **9**C9
le but Absicht, Zweck; (Fußball)Tor **11**C5

## C

Ça dépend du temps. Das hängt vom Wetter ab. **8**C1
ça se passe das findet statt **9**C4
**Ça fait 800 F.** Das sind dann 800 Francs. **5**C2
**le cadre** Rahmen/Umgebung; leitender Angestellter **7**A1
le café crème Kaffee mit Milch **7**C1
le café liégeois Eiskaffee **7**C1
**la caisse** Kiste; Kasse **6**C9
le calcul Rechnung, Berechnung **10**C2
le calme Ruhe, Stille **8**B6
calmement ruhig **12**B5
**la campagne** Land *(im Gegensatz zur Stadt)* **8**A3
le canard Ente **7**A3
le/la candidat/e Kandidat,-in **12**A1
le capitaine Kapitän **12E3**,4
le capital, (*pl:* les capit**aux**) Kapital-(Markt) **12**A1
le car (Reise)Bus **8**C1
**le caractère** Charakter **6**A4
caractériser charakterisieren, kennzeichnen **6**A4
le carré d'agneau Lammrippe **7**B3
**le carrefour** Kreuzung **5**B1
la carte de vœux Glückwunschkarte **6**C6
la carte bancaire Kreditkarte **7**S
la carte routière Straßenkarte **8**A5
la carte d'accès *m* à bord Bordkarte **8**S
**casser** (zer)brechen **9**C6
la cassette vidéo Videokassette **6**B1
le cassoulet *weißer Bohneneintopf* **5**B10
la cathédrale Dom **5**B1
le/la cavalier/-ère Reiter,-in; Kavalier **12**C2
le cawa *fam* Kaffee **11**C1
ce qu'il vous faut was Sie brauchen **9**A2
**C'est combien?** Was kostet das? **5**C2
la ceinture Gürtel **9**B2
célibataire ledig **12**B1
le centre commercial Einkaufszentrum **5**A9
**au centre-ville** in der Stadtmitte **5**B1
la céramique Keramik **8E2**,3
les céréales *f,pl Sammelbegriff für Getreideprodukte wie Müsli, Cornflakes usw.* **7**C7
la cerise Kirsche **7**B3
**certain/e** bestimmter,-e,-es; gewisser,-e,-es; sicher **7**B5
certains produits bestimmte Produkte **7**B5
certes gewiss, natürlich; zwar **12**C2
cesser de aufhören zu **11**C1
cet **été** diesen/kommenden Sommer **6**C1
**chacun/e** jeder,-r,-s **6**S
la chaîne (de télévision) Fernsehprogramm **11**C1
la chaîne Hi-Fi Stereoanlage **8**B8
la chambre d'hôte Fremdenzimmer **8**B2
la chambre double Doppelzimmer **8**C1
la chambre simple Einzelzimmer **8**C6
le chameau, *pl:* **-x** Kamel **8**
la chance Glück; Chance; Gelegenheit **6**C1
**le changement** (Ver)Änderung **10**S
**changer** ändern, wechseln **7**B5
**changer d'avis** seine Meinung ändern **10**C3
changer de gare den Bahnhof wechseln **8**A6
se changer sich umziehen **9**C2
le chant des grillons *m* das Zirpen der Grillen **8**B6

**chanter** singen **6**B1
le chapitre Kapitel **10**C2
chaque jede,-r,-s **6**C2
le chariot Wagen, Karren **12**C2
**le chauffeur** Fahrer **8E2**,3
la chaussette Strumpf, Socke **9**B2
le chausson aux pommes Apfeltasche **10**B2
**la chaussure** Schuh **8E2**,3
chauve kahl(köpfig) **6**A5
le/la chef de service Abteilungsleiter,-in **11**A9
le chef cuisinier Küchenchef **7**B3
le chef-d'œuvre Meisterwerk **10**C1
**le chemin** Weg **5**B2
la chemise Hemd **9**B2
le chemisier Bluse **9**B2
le/la chercheur/-euse Forscher,-in **10**A2
**le cheval**, *pl:* **les chevaux** Pferd **8**
**le cheveu**, *pl:* **-x** Haar **6**A 2
le chèvre chaud warmer Ziegenkäse **7**B3
la chicane *hier:* verkehrsberuhigende Maßnahme; Hindernis, Schikane **8E2**,2
**le chiffre** Ziffer; Zahl **11**C1
la Chine China **7**A2
chinois/e chinesisch **7**A2
le/la Chinois/e Chinese,-in **7**A2
le choix (Aus)Wahl **8**C6
**le chômage** Arbeitslosigkeit **11**B2
la chorale Chor **6**B1
**la chose** Sache; Ding **6**C1
chronologique chronologisch **9**A6
**le ciel**, *pl:* **les cieux** Himmel **6**S
**la cigarette** Zigarette **8E2**,3
le circuit Rundgang,-fahrt **5**B11
le circuit organisé organisierte Rundreise,-fahrt,-gang **8**C1
**la circulation** (Straßen)Verkehr **8**A 1
circuler herumgehen,-laufen; fahren **9**B10
circuler à gauche links fahren **12**C2
cité/e genannt **8**A1
citer nennen; zitieren **12E3**,5
ci-dessous nachstehend, folgend; untenstehend **6**
**clair/e** hell- *(Farbe)*,; klar, deutlich **9**B7
classifier ordnen, ablegen **11**C1
le classique Klassiker **7**C1
la clef/clé Schlüssel **6**C2
**le/la client/e** Kunde,-in **7**B5
la clientèle Kundschaft **7**B5
**le club de sport** Sportverein **5**A9
le cocktail Cocktail **7**C6
cohérent/e *hier:* passend; zusammenhängend **12**A3
**le/la coiffeur/-euse** Friseur,-euse **5**C7
la colère Zorn, Ärger, Wut **12E3**,3
le/la collaborateur/-trice Mitarbeiter,-in **11**B2
le collage Collage **5**a
collectif/-ive gemeinsam **12**C5
**la collection** Sammlung **8**B8
le/la collègue Kollege, Kollegin **11** A 5
**coller** kleben **6**C5
le collier Halskette **9**B2
une colossale question eine wichtige Frage **12**C2
Combien coûte... ? Wie viel kostet ... ? **5**A2
la combinaison Kombination **5**B5
combiner anordnen **12**C5
le/la comédien/ne Schauspieler,-in **10**B1
**commander** bestellen **7**C2
comme **les autres** wie alle anderen **5**
**commencer** beginnen, anfangen **5**C7
commencer par faire qch damit anfangen, etw zu tun **9**C2
Comment dites-vous... ? Wie sagen Sie ... ? **5**A8
commenter kommentieren **7**A4
**le commerce** Handel; Geschäft **8E2**,2
les commerces *m,pl* Einkaufszentrum **8E2**,2
communicatif/-ve mitteilsam, gesprächig **6**A9
les communications *f* Medien und Kommunikation **12**A1
**comparer** vergleichen **5**B4
le compartiment Zugabteil **8**A6
le compliment Kompliment **9**B10
se composer (de) zusammengesetzt sein/bestehen (aus) **7**C6
**composter le billet** die Fahrkarte entwerten **8**A5
la compote Kompott **7**C7
comprendre *hier:* enthalten **8**C1
le/la comptable Buchhalter,-in **11** A 5
compter sur qn auf jdn zählen **6**A2
se concentrer sur qch sich auf etw konzentrieren **8**C1
le concert d'orgue Orgelkonzert **5**C 2
conclure un accord einen Vertrag abschließen **12**A1
le/la conducteur/-trice Fahrer,-in **11**A9
conduire fahren; steuern **11**A2
la confidence vertrauliche Mitteilung **12E3**,3
**confirmer** bestätigen **8**C6
**la confiture** Marmelade **7**C1
le confort Bequemlichkeit, Komfort **8**C5
confortable bequem, komfortabel **8E2**,1
le/la conjoint/e Ehegatte,-gattin **10**B2
la conjugaison Konjugation **5**A5
se conjuguer konjugiert werden **7**B7
**connaître** kennen **7**B9
**connu/e** bekannt **5**B10
conquérant/e *hier:* selbstbewusst; eroberungslustig **10**B2
**conseiller qch à qn** jdm etwas raten **10**C2
conservé/e erhalten; aufbewahrt **5**B1
**la consigne** Arbeitsanweisung; Gepäckaufbewahrung **5**B3
constamment *adv* ständig **7**B5
constituer darstellen; bilden **12**C5
**construire** bauen; bilden **8**B2
le conte (erfundene) Geschichte, Erzählung; Märchen **11**B3
contempler betrachten **10**B2
content/e zufrieden, froh **6**C1
**continuer** weitergehen, fortfahren **5**B1
**le contraire** Gegenteil **9**C2
le contraire de das Gegenteil von **12E3**,5
au contraire im Gegenteil **9**C2
le contraste Kontrast, Gegensatz **8**B6
le contrôle *hier:* Klassenarbeit; Kontrolle **10**A2
**le copain, la copine** *fam* Freund,-in **6**A2
la copie Kopie **10**C2
le coq au vin Hähnchen in Weinsoße **7**B4
**le coquillage** Muschel **8**B2
**le corps** Körper **9**C1
le corsaire Seeräuber **8**B6
corse korsisch **8**B2
**la côte** Küste **8**B1
la côte normande normannische Küste **10**B2
la côte d'agneau Lammkotelett **7**B4
le coton Baumwolle **9**B4
**se coucher** zu Bett gehen, sich hinlegen **11**A8
**la couchette** Liegewagenplatz **8**A6
coudre nähen **11**B4
**couper (en deux)** (in zwei Teile) schneiden, zerschneiden; trennen **12**A3
le couple (Ehe)Paar **6**B4
**le courage** Mut **10**A2
courageux/-euse mutig **6**A9
courant/e häufig, geläufig **5**B5
**courir** laufen **6**B1
le cours de pâtisserie Backkurs **11**A8
**court/e** klein; kurz **6**A5
le couscous royal *marokkanisches Gericht* **6**A2
le cousin/la cousine Cousin/Cousine **5**B1
**le couteau**, *pl:* **-x** Messer **12E3**,5
**coûter** kosten **5**A2
la couture Nähen, Schneidern **11**B3
la crainte Furcht, Angst **12**
le crayon Bleistift **8**B8
le crayon de couleur Farbstift **10**C1
le créateur/-trice d'entreprise Unternehmensgründer/-in **11**A6
le/la créateur/-trice de haute-couture Modeschöpfer,-in **12**C5
créatif/-ive kreativ **11**A6
la crèche Kindertagesstätte; Krippe **11**S
le crédit Kredit **11**B2
le Crémant *frz. Sektart* **7**B3

**la crème** (Kaffee)Sahne **7**C6
la crème anglaise Vanillesoße **7**C8
crier schreien **9**C9
la crise Krise **12**A2
cristallin/e *hier:* kristallklar; kristallisch **8**B6
le critère Kriterium **9**A1
le croque-monsieur *überbackenes Sandwich* **9**A5
les crudités *f,pl* Rohkost(Salat) **7**B3
**la cuillère** à café Teelöffel **9**A2
la **cuillère** à soupe Esslöffel **9**A2
**le cuir** Leder **9**B5
cuisiner kochen **6**B1
le/la cuisinier/-ière Koch, Köchin; Herd *f* **6**A2
**cuit/e** gekocht; gar **9**B11
culinaire kulinarisch **7**B3
la culture Kultur **5**C1
culturel/le kulturell **11**A8
**curieux/-euse** neugierig; merkwürdig **11**B2
la curiosité Neugier **7**B5
**le cœur** Herz **6**

## D

la dame Frau, Dame **11**B3
**dangereux/-euse** gefährlich **8**B2
dans quelle mesure... ? inwieweit/inwiefern ... ? **12**B5
**la date** Datum, Termin **7**B2
de bon matin in aller Frühe **12E3**,4
de temps en temps manchmal; hin und wieder **6**B1
une de ces activités eine dieser Aktivitäten **6**B1
de sa part von ihm/ihr **6**C1
de votre choix *m* Ihrer Wahl **5**B2
de nos jours heutzutage **8**B2
du premier coup d'œil auf den ersten Blick **10**C2
du côté de *hier:* in der Gegend von **8**B2
**debout** im Stehen, stehend **7**C1
**le début** Anfang, Beginn **10**C2
au début de... zu Beginn, am Anfang von ... **5**B1
le décès Ableben, Todesfall **12**B1
se décider sich entscheiden **11**A2
décider de faire qch (sich) entscheiden etw zu tun **6**C8
la déclaration d'impôts Steuererklärung **11**B4
le/la décorateur/-trice Dekorateur,-in; Innenarchitekt,-in **10**A2
la découverte Entdeckung **8**B2
**décrire** beschreiben **6**A1
la définition Definition, Erklärung **11E3**,5
la délectation Genuss, Hingabe **12**C2
délicieusement *adv* köstlich, angenehm **8**B6
la demande d'informations Bitte um Auskunft **12E3**,3
déménager umziehen **12**B1
la demeure Heim, Bleibe **10**A6
démissionner kündigen *(von Seiten des Arbeitnehmers)*; zurücktreten **12**B1
la demi-pension Halbpension **8**C1
**la dent** Zahn **8**B8
**le départ** Abfahrt, Abreise **8**A5
**dépenser** (de l'argent) (Geld) ausgeben **8**C5
se déplacer *hier:* fahren; sich fortbewegen **8**A1
**depuis** seit **5**B1
**depuis longtemps** seit langem **6**B4
**dernier/-ère** letzte,-r,-s **6**C1
dernièrement *adv* in letzter Zeit, neulich **7**B8
**descendre** heruntergehen,-tragen **7**B7
descriptif/-ive beschreibend **10**C6
la description Beschreibung **5**B6
le désert Wüste **10**C6
désert/e unbewohnt,einsam **8**B8
désigner kennzeichnen, hinweisen **12E3**,5
le désir Wunsch; Verlangen **10**A6
désirable begehrenswert **12**C2
Vous désirez ? Was hätten Sie gerne?/ Was darf es sein? **7**
le dessert Nachtisch, Dessert **7**B3
le destin Schicksal **7**B9
la destination Ziel, Bestimmungsort; Richtung **8**A6
se détendre sich entspannen **9**C4
détester verabscheuen **9**
deuxièmement zweitens **12**B1
le deux-roues Zweirad **8**A1
**devenir** werden **7**B5
**devoir** müssen, sollen; schulden **9**B1
le diadème Diadem **12E3**,4
dialoguer sich unterhalten **5**A7
le dictionnaire encyclopédique Enzyklopädie **8**B8
**la différence** Unterschied **5**A6
**différent/e** verschieden, unterschiedlich **12E3**,5; andere,-r,-s **5**B6
**difficile** schwierig **6**A9
**la difficulté** Schwierigkeit **11**A2
digérer verdauen **10**C2
la digestion Verdauung **10**C1
la dimension Dimension, Bereich; Ausmaß **9**C1
le diplôme Abschluss, Diplom **6**C6
le directeur pédagogique pädagogischer Leiter **12**B1
**la direction** Richtung; Geschäftsleitung **5**B3
se diriger vers *hier:* in Richtung ... gehen **7**B3
la discothèque Diskothek **5**A9
discret/-ète diskret, zurückhaltend **8E2**,1
**la discussion** Diskussion; Auseinandersetzung **8**C3
disposer *hier:* legen; anordnen, arrangieren **9**A2
se disputer sich streiten **6**B4
**le disque** (Schall)Platte **8**B8
**la distance** Entfernung **5**B10
distinct/e unterschiedlich **12**C5
le divorce Scheidung **12**C2
**divorcé/e** geschieden **12**B1
**le document** Dokument **8**S
**le doigt** Finger **11**C1
le domaine Bereich **12**A3
le domicile Wohnsitz **5**a
donner son **avis** *m* seine Meinung sagen **10**A6
donner une raison begründen, einen Grund nennen **11**A6
**dormir** schlafen **8**B6
**le dos** Rücken **9**C6
le dossier Akte; aktuelles Thema *(Presse)* **11**A2
le dossier touristique *hier:* Informationsmappe für Touristen **8**C1
doucement langsam; sanft; leise **9**C9
**la douche** Dusche **8**C6
**doux, douce** sanft; süß; zart **9**C9
draguer *arg* anbaggern, anmachen **11**C1
le/la droitier/-ère Rechtshänder,-in **12**C2
**les droits** *m* Rechte **11**A6
**dur/e** hart, schwer **9**A5
la durée Dauer **5**C3
durer dauern **5**C2
**d'ailleurs** übrigens, überdies **9**C2
**d'habitude** gewöhnlich **6**C5

## E

écarter ablehnen, zurückweisen **12**C2
échangeable contre eintauschbar/einzutauschen gegen **11**B2
échanger austauschen **5**B10
échanger des informations Informationen austauschen **8**B6
éclairer beleuchten **12**C2
l'école de langues *f* Sprachschule **12**B1
**l'économie** *f* Wirtschaft **12**A1
**économique** billig, sparsam, wirtschaftlich **9**A1
l'écrit *m* Geschriebene(s) **8E2**,2
l'écrivain *m/f* Schriftsteller,-in **6**B4
l'éditeur/-trice *m/f* Redakteur,-in; Verleger,-in **12**B1
l'éducation *f* Erziehung **10**A2
effectivement tatsächlich, in der Tat **9**C2
**l'effort** *m* Anstrengung, Bemühung **10**A2
également ebenfalls **9**C2
égaré/e verirrt, verlaufen **10**C2
**l'église** *f* Kirche **5**B6
l'Egypte *f* Ägypten **7**C1
**élégant/e** elegant **8E2**,3
**l'élément** *m* Element; Teil **7**B7
l'embouteillage *m* (Verkehrs)Stau **8**A1

l'émetteur *m* Sender **12**
emmener mitnehmen **12 E3**,5
l'emplacement *m* Platz *(z. B. auf dem Campingplatz)* **8** C6
**l'emploi** *m* Arbeitsplatz, Stelle **6** C8
**employer** verwenden; anstellen **9** B8
**emporter** mitnehmen **8** B8
en général im Allgemeinen **7** C1
en échange de im Tausch gegen **11** B3
**en face de** gegenüber von **5** B6
**l'endroit** *m* (Stand)Ort, Stelle **5** B2
l'enfance *f* Kindheit **10** B5
l'enfer *m* Hölle **12** C2
engager la conversation eine Unterhaltung beginnen **11** A2
**enlever** ausziehen *(Kleider)*; wegnehmen **9** C2
l'ennemi/e *m/f* Feind,-in **6**
l'ennui *m* Langeweile; Ärger **11** C1
énorme riesig **11** C1
enregistrer aufnehmen (Ton); speichern **11** B3
**enseigner** lernen, unterrichten **10** C7
ensoleillé/e sonnig **8** A2
**entendre** hören **5** A5
entendre parler de qn/qch von jdm/etw hören **8 E2**,3
**entier/-ère** *hier:* unzerkleinert; ganz, voll(ständig) **10** C2
entre parenthèses in Klammern **10** C6
l'entrecôte *f* Rippenstück **7** B3
l'entrée *f* Einfahrt,-gang **5** B3
**l'entreprise** *f* Firma, Unternehmen **11** A6
entretenir erhalten **6**
l'entretien *m* Unterhaltung; (Vorstellungs)Gespräch **12** A1
**environ** ungefähr, zirka **5** B10
environnant/e umliegend **9** C2
**l'environnement** *m* Umwelt **8** B2
**envoyer** *hier:* (über-)bringen; schicken **9** C2
l'épaule *f* Schulter **9** C7
épicé/e scharf, gewürzt **7** A4
**l'épicerie** *f* Lebensmittelgeschäft **9** A3
**l'époque** *f* Zeitabschnitt, Epoche **12** B1
épouser qn jdn heiraten **11** B8
l'époux/-se (les époux *m,pl*) Gatte, Gattin; (Eheleute) **12** C2
l'équipe *f* Mannschaft **5** A4
l'équivalent *m* Entsprechung **11** C4;6
l'escalope *f* de veau Kalbsschnitzel **7** B4
l'escargot *m* Schnecke **7** B3
l'Espagne *f* Spanien **7** C7
espagnol/e spanisch **7** A3
l'espoir *m* Hoffnung **6** S
l'essai *m* Versuch **11** A6
**essayer** versuchen; (an)probieren **7** B5
essentiellement hauptsächlich, im Wesentlichen **9** C2
c'est exact das stimmt **10** C2
établir une liste eine Liste erstellen **9** A2
l'état civil *m hier:* Familienstand; Standesamt **12** B1
les Etats-Unis *m,pl* Vereinigte Staaten **7** C7
**l'été** *m* Sommer **6** C1
éternel/le ewig **10** B2
l'étiquette *f* Etikett; Etikette **9** B4
l'étoile *f* Sterne **8** C1
l'étonnement *m* Erstaunen , Verwunderung **12 E3**,3
**étranger/-ère** ausländisch, fremd **5** C1
l'être *m* Wesen **12** C2
être allergique à qch gegen etw allergisch sein **9** C6
être bénévole ehrenamtlich tätig sein **11** B2
être bien dans sa peau sich wohlfühlen in seiner Haut **9** C6
... être large de breit sein **8** B6
... être long de lang sein **8** B6
être obligé/e de gezwungen sein zu **12** B1
être **pressé/e** es eilig haben **8** A1
être à l'image de qn das Ebenbild/Abbild von jdm sein **12** C2
être au programme auf dem Programm stehen **8** C1
être à la retraite im Ruhestand sein **11** B6
être à l'heure pünktlich ankommen, sein **8** A1
être de bonne humeur guter Laune sein **6** A7
être de retour zurück sein **9** C9
être d'origine *f* aus ... stammend **7** B3
être en bonne santé gesund sein **9** C2
être en pleine forme topfit/in Hochform sein **9** C6
être en train de dabei sein (etw zu tun) **11** B1
étroitement eng **12** C5
**les études** *f,pl* Studium **6** C8
étudier studieren **11** C5
l'Européen/ne *m/f* Europäer,-in **12** A5
**l'événement** *m* Ereignis **6** C8
éventuellement unter Umständen, gegebenenfalls **8** A1
**évidemment** offensichtlich **12** C2
**éviter** vermeiden **7** B4
excentrique exzentrisch **10** B4
exceptionnel/le außergewöhnlich,-ordentlich **10** A1
excessif/-ive übermäßig, übertrieben **12** C2
exclure ausschließen **9** C2
exclusif/-ive exklusiv **12** A1
**l'exemple** *m* Beispiel **5** A9
exotique exotisch **6** A2
l'expérience *f* Erfahrung; Versuch **9** C9
l'expert-comptable *m/f* Wirtschafts-, Buchprüfer **10** A2
**l'explication** *f* Erklärung **10** C2
l'expo(sition) *f* Austellung **5** C1
exprimer ausdrücken **11** A3;6C
**extraordinaire** außerordentlich, seltsam **10** C6

# F

fabriquer herstellen **9** B4
la face Seite *(einer Sache)* **11** B8
**facile** einfach, leicht **5** B1
**facilement** einfach, leicht **8** B2
la faculté Universität; Fähigkeit **11** A1
**faire** machen, tun **5** a
**faire attention à** achten auf, achten auf **9** C2
faire peur à qn jdm Angst machen **10** C1
faire partie de gehören zu, dabeisein bei **12** B3
faire le clown den Clown spielen **6** A2
faire le ménage sauber machen, putzen **10** C7
faire le plein volltanken **8** A5
faire le pont einen Brückentag nehmen **11**
faire le portrait de qn von jdm das Portrait anfertigen; jdn beschreiben **6** A5
faire le portrait-robot de qn *hier:* jdn skizzieren; das Phantombild von jdm erstellen **12** A5
faire le tour du monde eine Weltreise machen **6** C8
faire la cuisine kochen **6** B1
faire la lecture à qn jdm etw vorlesen **11** B1
faire la queue Schlange stehen **5** a
faire les boutiques einen Einkaufsbummel machen **6** A2
faire les courses *f* einkaufen **5** a
faire ses études *f,pl* studieren **8 E2**,3
faire un bisou ein Küsschen geben **10** A2
faire une balade spazieren gehen **6** B1
faire une conférence einen Vortrag halten **11** B3
faire des marches *f* wandern **9** C2
faire du café Kaffee kochen/machen **7** C8
faire du sport Sport treiben **6** B1
faire du stop per Anhalter fahren **8** A1
faire du vélo Fahrrad fahren **6** B1
faire griller grillen, toasten **9** A2
se faire rare sich rar machen; sich nur noch selten sehen lassen **12** A1
il fait nuit es ist dunkel, Nacht **12 E3**, 1
le fait Tatsache **9** C2
en fait *hier:* also; in der Tat, tatsächlich; eigentlich **6** B1
la falaise abrupte Steilklippe **8** B6
familier/-ère vertraulich, vertraut **6** C5
il faut (*inf:* **falloir**) man muss/braucht **8** A5
le fauve wildes Tier **10** C1
**les félicitations** *f,pl* Glückwünsche **6** C1

féliciter qn jdm gratulieren **8 E2**,1
**la femme** (Ehe)Frau **5** A1
**la fenêtre** Fenster **6** S
**la ferme** Bauernhof,-haus **8** B6
fermé/e geschlossen **9** C7
fermer schließen **9** C9
**le ferry** Fähre **8**
le festival, *pl:* les festivals Festival **8 E2**,2
fêter feiern **7** C8
**le feu,** *pl:* **-x** Feuer; Licht; Ampel **5** B3
**la feuille** Blatt **9** B4
le feutre Filzhut **8 E2**,3
la ficelle Bindfaden **10** B2
fidèle treu **6** A9
la fierté Stolz **12** C2
**la fille** Mädchen; Tochter **6** A7
**le fils** Sohn **10** A1
filtrer *hier:* durchscheinen **12** C2
finalement schließlich, endlich **9** C9
financier/-ère finanziell **11** A2
fin/e dünn, fein **9** A2
**finir** beenden **9** A6
fixe fest **5** a
**fixer** vereinbaren, festsetzen **7** A5
**le fleuve** Fluss **5** A9
foncé/e dunkel- *(Farbe)* **9** B5
fonder une famille eine Familie gründen **11** A2
la forêt vierge Urwald **10** C1
**la formation** Ausbildung **11** A1
**la forme** Form, Gestalt **7** B6
la forme verbale Verbform **12 E3**,5
la formule Kategorie, Angebot; Formel **8** C5
la formule de politesse Höflichkeitsformel **12 E3**,5
formuler formulieren, schreiben **12 E3**,5
le foulard Hals(Tuch), Schal **9** B2
le four Backofen **9** A2
la fraise Erdbeere **7** B4
la framboise Himbeere **7** B3
frappant/e auffällig **12** C2
la fraternité Brüderlichkeit; Bruderschaft; Verbundenheit **12** C5
**freiner** bremsen **5** B3
fréquent/e häufig, ständig wiederkehrend **7** B4
le frigo Kühlschrank **11** C1
le frimas Raureif **11** C1
frisé/e lockig **6** A5
la frisée Friseesalat **9** A2
frit/e gebacken; frittiert **7** B3
la frontière Grenze **11** B7
fumé/e geräuchert **7** B3
**fumer** rauchen **6** C8
fumeur Raucher **8** A6
le futur Futur *(Zeit)*; Zukunft **11** B5
futur/e (zu)künftig **11** B6

## G

**gagner** gewinnen; verdienen **8** A1
gagner au loto im Lotto gewinnen **6** C8
gai/e fröhlich **6** A5
le gamin (Lause)Junge, Bengel **8 E2**,2
**le garçon** Junge; Ober, Kellner **10** B2
**garder** behalten; beaufsichtigen **6** C5
se garder en bonne santé gesund bleiben **9** C2
**la gare** Bahnhof **8** A4
garni/e mit (Fleisch/Gemüse) Beilage **7** A3
le gars *fam* Junge **11** C1
le/la gaucher/-ère Linkshänder,-in **12** C1
**le gaz** Gas **8 E2**,4
la génération Generation **12** B5
le genou, *pl:* **-x** Knie **9** C7
le/la géographe Geograf,-in **12** C2
la girafe Giraffe **10** C7
le gîte Ferienhaus,-wohnung **8** C6
**la glace** Eis(Creme); Spiegel **7** C6
la gloire Ruhm, Ehre **11**
glorieux/-euse ruhmreich **12** C5
**le goût** Geschmack **6** A2
**goûter** schmecken; probieren **8 E2**,4
le goûter Kaffee und Kuchen **10** B2
la grammaire Grammatik **10** C2
**le gramme** Gramm **9** A2
la grande personne Erwachsene, -r **10** C2
la grand(e)-tante Großtante **10** B2
la grandeur Größe **8** B6
**la grand-mère** Großmutter **10** B2
le grand-père Großvater **10** B3
**les grands-parents** *m,pl* Großeltern **10** B3
grandir (heran)wachsen **12** B1
le granit Granit **8** B6
le gratin *mit Käse überbackenes Gericht* **7** B3
gratuit/e umsonst, kostenlos, gratis **5** C2
grec, grecque griechisch **7** A2
le Grec, la Grecque Grieche,-in **7** A2
la Grèce Griechenland **7** A2
**la guerre** Krieg **12** B5
**le guichet** Schalter **8** A6
les guillemets *m,pl* Anführungszeichen **12** B1
la guitare Gitarre **10** C7
la gymnastique Gymnastik **9** C1

## H

**l'habitant/e** *m/f* Einwohner,-in **5** B8
**l'habitude** *f* Gewohnheit **9** C3
habituellement gewöhnlich, üblicherweise **8** A1
la hausse du trafic Zunahme des Straßenverkehrs **12** A1
haut/e hoch (gelegen); groß **8** B6
le haut-parleur, *pl:* les haut-parleurs Lautsprecher **8** A4
l'hébergement *m* Unterkunft **8** C5
les herbes *f,pl* Kräuter **7** B3
l'hésitation *f* Zögern **12** B1
hésiter zögern **11** B8
l'heure *f* (Uhr)Zeit; Stunde **5** C2
les heures d'ouverture Öffnungszeiten **5** C4
les heures de fermeture *f* Ladenschlusszeiten **5** C7
**heureux/ -euse** glücklich, froh **6** C6
**hier** gestern **6** S
des histoires vécues *f* wahre Geschichten **10** C2
**l'hiver** *m* Winter **8** B2
**l'homme** *m* Mensch; Mann **5** A1
l'homme/la femme au foyer Hausmann, Hausfrau **11** A9
**l'hôpital**, *pl:* les hôpit**aux** *m* Krankenhaus **11** A2
**les horaires** *m hier:* Arbeitszeit; Fahrpläne **5** C7
**le hors-d'œuvre** Vorspeise **7** B3
l'hôte *m hier:* Gast; Wirt **8** B2
l'hôtel-de-ville *m* Rathaus **5** B5
**l'huile** d'olive *f* Olivenöl **9** A2
**l'huile** de noix *f* Walnussöl **9** A2
humain/e menschlich **9** C7
l'humeur *f* Laune; Stimmung **6** A7
**humide** feucht **9** C2
l'hypermarché *m* Einkaufszentrum **5** C7

## I

idéal/e, idéaux/-ales ideal **9** C2
idéaliste idealistisch **6** A9
**l'identité** *f* Identität **12** A1
ignorer nicht kennen/wissen **12** C2
l'île Maurice *f* Mauritius **7** A2
l'île flottante *f Süßspeise mit Eischneehaube* **8** B1
l'illustration *f* Bild, Abbildung **12**
illustrer bebildern, illustrieren **11** A8
**l'image** *f* Bild, Abbildung **10** B2
imbattable unschlagbar **8 E2**,2
immense unermesslich, unendlich **6** S
l'impasse *f* Sackgasse **5** B5
impatient/e ungeduldig **6** A9
l'imperméable *m* Regenmantel **9** B2
l'importance *f* Bedeutung, Wichtigkeit **11**
**important/e** wichtig, bedeutend **5** B8
**impossible** unmöglich **12** C5
impressionnant/e eindrucksvoll, beeindruckend **11** A2
inclus/e inbegriffen **8** C6
l'inconvénient *m* Nachteil **11** A9
indien/ne indisch **7** A3
**indiquer** anzeigen; einzeichnen **6** B5
l'individualité *f* Individualität **12** C5
l'ingrédient *m* Zutat **9** A1
l'instauration *f* Einführung, Einsetzung **12** C2
l'institut géographique *m* Geographisches Institut **12** C2
l'instituteur/-trice *m/f* Grundschullehrer,-in **8 E2**,3
**l'instrument** *m* Instrument **10** B2
l'interdiction *f* Verbot **12** C2

**interdire** verbieten **8**B2
intéresser interessieren **5**C8
l'intérieur *m* das Innere **10**C2
intérieur/e Innen-; innere,-r,-s **12**C2
international/e international **11**B7
interroger (be)fragen; verhören **7**B8
intimidé/e eingeschüchtert **8E2**,3
invariablement jedes Mal, regelmäßig **10**B2
inventer erfinden **6**S
l'Irlande *f* Irland **7**C1
italien/ne italienisch **7**A2
l'Italien/ne *m/f* Italiener,-in **7**A2

## J

jaloux/-ouse eifersüchtig **6**A9
**la jambe** Bein **9**C7
le jambon Schinken **7**C7
japonais/e japanisch **7**A4
jardiner Gartenarbeit machen **12E3**,1
le jean Jeans **9**B2
**le jeu**, *pl:* -x Spiel **6**B1
le job *fam* Job **12**A1
le jogging Jogging **9**C1
la joie Freude **12E3**,3
**jouer** au tennis Tennis spielen **6**B1
jouer aux cartes Karten spielen **6**B1
jouer aux dominos *m* Domino spielen **10**B2
jouer de la musique Musik machen **6**B1
le jouet Spielzeug **10**B2
le jour férié Feiertag **11**
le jour de **congé** freier Tag **5**C7
le jour de fermeture *f* Ruhetag **5**C1
**le journal,** *pl:* les journ**aux** Zeitung **5**a
le jugement Meinung; Urteil **6**A10
la jungle Dschungel **10**C1
**la jupe** Rock **9**B2
**jusqu'à la rue...** bis zur ... Straße **5**B1
juste *adv* nur; gerade **12**B5
**justement** *hier:* direkt; genau; gerade (so)eben **8E2**,3

## K

**le kilo** Kilo **9**A3

## L

la laine Wolle **9**B4
laisser de côté *hier:* aufgeben, sein lassen **10**C2
laisser un message eine Nachricht hinterlassen **12E3**,5
laisser reposer au frais an einem kühlen Ort lagern **9**A2
la laitue Kopfsalat **9**A2
lancer werfen **5**A5
le langage Sprache **12E3**,2
**se laver** sich waschen **11**A8
**léger/-ère** leicht **9**C1
**les légumes** *m* Gemüse **9**A5
**lentement** *adv* langsam **8E2**,3
les lentilles *f* Linsen **7**B3
**Lequel/Laquelle/Lesquels/Lesquelles ?** *Pron* Welcher,-e,-es? **9**B5
au lever du jour bei Tagesanbruch **10**C6
**se lever** aufstehen, sich erheben **9**C2
la lèvre Lippe **9**C9
la liaison Bindung **6**B5
libanais/e libanesisch **10**A6
le lien Verbindung **6**S
**le lieu** Ort **5**A1
la limousine Limousine **8E2**,3
le lin Leinen; Flachs **9**B4
lire à voix haute vorlesen **9**B4
en lisant (*inf:* **lire**) beim Lesen **9**C2
la liste des courses Einkaufsliste **9**A2
**le litre** Liter **9**C2
la location Verleih, Vermietung **8**C1
**le logement** Unterbringung; Wohnung **8**C6
loger wohnen, absteigen; beherbergen **8**C5
**loin (de)** weit (von) **5**B6
**au loin** in der Ferne, weit weg **9**C9
longtemps lange (Zeit) **6**B4
lorsque *conj* wenn, als **8**A1
**lourd/e** schwer, *hier:* schwer verdaulich **7**A4
**la lumière** Licht **6**S
**la lune** Mond **6**S
**les lunettes** *f,pl* Brille **5**A8

## M

le macadam *hier: Name einer Zeitung*; Asphalt **5**a
la mâche Feldsalat **9**A2
mâcher kauen **10**C1
la machine à coudre Nähmaschine **10**B2
**le magasin** Geschäft, Laden **5**A9
la magie Magie, Zauber **10**C7
le magret de canard Entenbrust **7**B3
**mai** *m* Mai **7**B2
maigrir abnehmen **7**C7
le maillot de bain Badeanzug **8**B8
**la main** Hand **8E2**,4
se maintenir en forme sich fit halten **9**C2
**la mairie** Rathaus **5**B5
le/la maître/-sse de maison Hausherr,-in **12**C2
**la majorité** Mehrheit **8**B6
mal **rasé** unrasiert **6**A2
le/la malade Kranke,-r **11**A2
la mandoline Mandoline **10**B2
**manquer** fehlen **9**A2
manquer d'appétit *m* keinen Appetit haben **11**C1
le manuel de français Französisch-Lehrbuch **9**B1
le maquis *hier:* Buschwald, Macchia **8**B6
**au marché** auf dem Markt **9**A3
**la marche** Wandern; Marsch, Stufe **9**C1
**marcher** (zu Fuß) gehen; treten **8**A1
la margarine Margarine **9**A5
**le mari** (Ehe)Mann, Gatte **8**A3
**le mariage** Hochzeit; Ehe **6**C6
marié/e verheiratet **11**B6
**se marier** (sich ver) heiraten **10**B2
le marin Seemann **8**B6
le Maroc Marokko **7**A2
marocain/e marokkanisch **7**A2
le/la Marocain/e Marokkaner,-in **7**A2
le massage Massage **9**C1
le matelas pneumatique Luftmatratze **8**B8
maternel/e mütterlich, mütterlicherseits **10**B2
la matière *hier:* Material; Fach **9**B4
**le matin** Morgen; am Morgen, morgens **5**
la matinée Vormittag **11**A8
mauricien/ne mauritisch **7**A2
le/la Mauricien/ne Mauritier,-in **7**A2
au **maximum** *hier:* so viel wie möglich **9**C2
**le médecin** Arzt **11**A2
la Méditerranée Mittelmeer **8**B6
mélangé/e gemischt **9**A2
**mélanger** (ver)mischen **9**A2
la mélodie Melodie **12E3**,3
**le membre** Mitglied **11**A9
la même chose dasselbe **6**C1
la mémoire Erinnerung; Gedächtnis **10**B2
**le ménage** Haushalt; (Ehe)Paar **10**C7
**la mère** Mutter **8E2**,3
merveilleux/-euse wunderbar **6**C6
le message Botschaft; Nachricht **9**C1
la métallurgie Metallindustrie **5**B10
la métamorphose Verwandlung **12**C2
le métier Beruf **10**C2
**mettre** legen, setzen, stellen **9**A2
se mettre en train sich wach machen, sich bereit machen **11**C1
**le meuble** Möbel(Stück) **9**B1
mexicain/e mexikanisch **7**A3
le miel Honig **7**C1
**au milieu de** in der Mitte von, mitten in **5**B6
mimer nachahmen **5**A4
la miniature Miniatur **8**B6
le minimum *hier:* möglichst wenig; Minimum **8**C5
la minorité Minderheit **12**C2
**minuit** Mitternacht **5**C4
minuscule winzig **12**C2
la mise en commun *hier:* Vergleich **8**C1
mi-long/ue halblang **6**A2
la mobylette Mofa, Moped **8**
moche *fam* mies; hässlich **9**B9
le modèle Modell **9**B5
modeste anspruchslos, bescheiden **12**B5
le mohair Mohair **9**B4

**Moi aussi.** Ich *(betont)* auch. **6**A8
moi-même ich *(betont)* selbst **7**B3
Moi non plus. Ich *(betont)* auch nicht. **6**A8
Moi pas ! Ich *(betont)* nicht. **6**A8
Moi si ! Aber ich *(betont)*! Ich schon *(betont)*! **6**A8
**le mois** Monat **7**B2
**la moitié** Hälfte **8**C1
**le moment** Moment, Augenblick **6**
**le monde** Welt; Weltall **6**C8
**monter** hinaufgehen,-tragen **7**B7
la montgolfière Heißluftballon **12**C2
**la montre** Armbanduhr **5**C4
**montrer qch à qn** jdm etw zeigen **10**A2
un monument à voir Sehenswürdigkeit **5**B10
la moule Miesmuschel **7**A3
le mouton Schaf **10**C6
**le mouvement** Bewegung **7**B7
**le moyen de transport** Verkehrsmittel **8**
**municipal/e** Gemeinde- **11**B3
le muscadet *trockener Weißwein aus dem Loire-Tal* **9**A2
le/la musicien/ne Musiker,-in **5**A9

## N

**nager** schwimmen **8**B4
**la naissance** Geburt **12**B1
le/la narrateur/-trice Erzähler,-in **10**C3
natal/e Geburts-, Heimat- **8**B6
la natation Schwimmen, Schwimmsport **9**C1
**la nationalité** Nationalität, Staatsangehörigkeit **7**A2
naturellement natürlich **12**C2
**ne… aucun/e** kein,-e **10**B2
**(ne)… jamais** nie(mals) **6**B2
ne… pas de… kein,-e **5**A1
ne… personne niemanden **12**B1
ne… que nur **6**
Je suis né/e… Ich wurde … geboren. **5**B1
la négation Verneinung **9**C4
**neuf/neuve** neu(wertig) **5**B1
**neutre** neutral **12E3**,3
**le nez** Nase **8E2**,4
le noir Dunkel **6**S
la noix, *pl:* les noix (Wal)Nuss **7**B3
**le nom** Name **5**B4
Nom de nom ! *fam* Mensch! **12E3**,4
**le nombre** d'habitants Einwohnerzahl **5**B8
non-fumeur Nichtraucher **8**A6
normand/e normannisch; (aus) der Normandie **10**B2
la norme Norm, Vorschrift **11**C1
la note Note, Zensur **10**A2
la nouvelle Nachricht; Neuigkeit **6**C1
nu/e nackt, unbekleidet **9**C9

## O

**l'objet** *m* Objekt, Gegenstand **9**B2
observer beobachten **5**C5
**l'œil**, *pl:* **les yeux** *m* Auge **6**
**l'œuf**, *pl:* **les œufs** *m* Ei **7**C7
**l'office de/du tourisme** *m* Verkehrsamt **5**B1
officiel/le offiziell **12**C2
**offrir** anbieten; schenken **8E2**,3
**l'oiseau**, *pl:* **-x** *m* Vogel **9**C1
**l'ombre** *f* Schatten **10**B2
l'oncle *m* Onkel **10**B3
opaque trübe, undurchsichtig **10**B2
**l'or** *m* Gold **8E2**,3
**ordinaire** einfach, gewöhnlich, normal **9**B7
**l'ordre** *m hier:* Speisenfolge; Reihenfolge; Ordnung **7**B4
l'oreille *f* Ohr **8E2**,4
**organiser** oganisieren **8**C1
l'orgue *m* Orgel **5**C2
**l'origine** *f* Ursprung, Herkunft **7**A3
l'oubli *m* Vergessen(heit) **11**B7
**ouvrir** öffnen, aufmachen **9**C9
ouvrir en journée continue durchgehend geöffnet sein **5**C7

## P

le pain au chocolat *frz. Gebäck mit Schokofüllung* **7**C1
le pain de mie Toastbrot **9**A5
la paire Paar **9**B5
une paire de chaussures ein Paar Schuhe **9**B5
**la panne** Panne **10**C6
le panneau, *pl:* **-x** Schild **5**B3
**le pantalon** Hose **9**B2
le paquet Schachtel, Paket, Päckchen **9**A3
par cœur auswendig **5**C7
par contre hingegen **7**B5
par erreur *f* irrtümlich, aus Versehen **11**C1
par **exemple** zum Beispiel **6**B1
par jour pro Tag **9**C2
par rapport à in Bezug auf, was … betrifft **7**B5
par retour umgehend, postwendend **8**C6
le paragraphe Abschnitt **6**C2
**paraître** (er)scheinen **12**C5
**le parapluie** Regenschirm **9**B2
le parcours Strecke **11**S
**les parents** *m,pl* Eltern; Verwandte **6**
paresseux/-euse faul, träge **11**
parfois manchmal **11**C1
le/la Parisien/-ne Pariser,-in **12**C2
parler de von etw; über etw sprechen **6**B4
**parmi** (mitten) unter; aus **5**C1
**partagé/e** geteilt **6**S
partager teilen **9**S
**participer à qch** an etw teilhaben, -nehmen **11**B2
**particulier/-ère** besonders, speziell **12**A1
**la partie** Teil **7**B3
en partie zum Teil **7**B3
**partir** weggehen/ -fahren; abreisen **5**a
**partir au travail** zur Arbeit gehen/ fahren **5**A1
partir en voyage verreisen **7**C7
partout überall **10**C2
le pas Schritt **6**S
pas cher/-ère preiswert **7**A1
pas du tout überhaupt nicht **6**A10
pas seulement nicht nur **7**B5
**le passage** Überfahrt **8**B2
**le passé** Vergangenheit **6**C6
passer un examen eine Prüfung ablegen **11**A1
la passion Leidenschaft **12**B1
**la pâte** Teig **11**
le pâté Pastete **7**B4
le pays d'origine Ursprungsland **12**B1
les Pays-Bas *m,pl* Niederlande **7**C1
la peau, *pl:* **-x** Haut **9**C2
la pêche Fischfang **12**A1
pêcher angeln, fischen; sündigen **8**B4
le pêcheur Fischer **8**B2
la péniche Kahn **8**
la pensée Gedanke, Denken **10**A6
perdre du temps Zeit verlieren **8**A1
la période d'essai Probezeit **11**A6
la permanence (telefonischer) Bereitschaftsdienst **11**B2
le personnage Person; Figur **5**A1
la personne Person **5**A2
le petit-fils Enkel **10**B3
la petite-fille Enkelin **10**B3
les petits-enfants *m,pl* Enkel **10**B2
le petit pain Brötchen **7**C7
un peu ein wenig, ein bisschen; etwas **6**A10
Peut-être que… Vielleicht … **5**B1
**la pharmacie** Apotheke **5**B6
photographier fotografieren **10**B2
la phrase-clef Schlüsselsatz, Kernsatz **6**C2
le/la physicien/ne Physiker,-in **12**C5
le physique Aussehen,Äußeres **6**A4
**le pied** Fuß **9**C7
**le/la piéton/ne** Fußgänger,-in **5**B3
le pigeon Taube **5**A9
la pile solaire Solarzelle **8**B8
le pilote Pilot **6**A2
piloter steuern *(Flugzeug, Schiff)* **10**C1
le pinot noir *Rotweinrebe, u. a. aus Burgund* **7**B3
**la piscine** Schwimmbad **9**C1
placer sur orbite in den Weltraum schicken **12**A1
**plaire à qn** jdm gefallen **9**A1
**le plan** Plan, Karte **5**B1
la planche Brett **11**
planter pflanzen **8**B6

**le plat** Gericht **6**A2
le platane Platane **5**B1
le plein tarif voller Preis **8**C1
en pleine mutation im völligen Wandel, im Umbruch **12**A1
la pluie Regen **9**B11
plus **tôt** früher **5**C7
plus de mehr als **10**B4
**plusieurs** mehrere, verschiedene **8**B5
**le pneu**, *pl:* les pneus Reifen **8**A5
poché/e pochiert **7**B3
la poésie Dichtung **10**A2
le poète Dichter **10**A6
le poids lourd Lastwagen, LKW **11**A9
le poil (Körper/Bart)Haar **11**
**le point** Punkt **9**C2
au point de vue financier vom finanziellen Standpunkt aus **11**A2
la pointure (Schuh)Größe **9**B5
le poisson Fisch **7**B3
**le poivre** Pfeffer **9**A2
la pomme Apfel **10**B2
**la pomme de terre** Kartoffel **9**A5
**le pont** Brücke **5**B1
**la population** Bevölkerung **12**C2
**le port** Hafen **5**A9
**porter** tragen **9**B4
le porte-monnaie Portemonnee **5**A2
portugais/e portugiesisch **12**A1
se poser la question sich die Frage stellen **10**A2
**positif/-ive** positiv **10**S
la possession Besitz **6**C3
la possibilité Möglichkeit **6**C5
**possible** möglich **5**B5
**la poste** Post/-amt **5**B1
le pouce Daumen **11**
le poulet au curry Huhn/Hähnchen in Currysoße **7**A3
la poupée Puppe **8**B6
pour cent Prozent **11**B7
pour la période du... au... für den Zeitraum von ... bis ... **8**C6
poursuivre verfolgen, nachjagen **12**B1
**pousser** drücken, stoßen **5**B3
le pousse-café *Verdauungsschnaps* **7**C1
**pratique** praktisch **8**A2
pratiquer un sport einen Sport ausüben **12**A5
précédent/e vorhergehend, vorig **5**C2
préciser genauer beschreiben **6**A10
la préférence Vorliebe **7**B5
le Premier ministre Premierminister **12**A1
premièrement erstens **12**B1
prendre contact in Verbindung treten **9**C2
prendre soin de pflegen **9**C2
prendre un bain de soleil ein Sonnenbad nehmen, sich sonnen **8**B4
prendre un verre etw trinken (gehen) **6**B1
prendre une décision Eine Entscheidung treffen, entscheiden **6**C9
prendre des poses *f* (vor dem Fotoapparat) posieren **10**B2
prendre des responsabilités Verantwortung übernehmen **12**B1
prendre son temps sich Zeit lassen/nehmen **8**B2
la préparation Zu-, Vorbereitung **9**A2
**préparer** vorbereiten **5**B3
**près de** bei, in der Nähe von **5**B6
présenter qch/qn etw/jdn vorstellen **5**C8
présenter son passeport seinen Pass vorzeigen **8**A5
**se présenter** sich vorstellen **5**B1
préserver erhalten, bewahren **8**B2
le/la président/e Präsident,-in **12**C5
**pressé/e** eilig, in Eile **6**S
presser le pas sich beeilen **11**C1
la prestation Leistung **11**B2
Je vous en prie. Bitte./Keine Ursache. **8**C1
le prince/la princesse Prinz,-essin **10**C2
**principal/e** *pl:* **principaux/principales** Haupt-, hauptsächlich **5**A1
le principal Hauptsache **6**C5
principalement vor allem **9**C2
le printemps Frühling **9**C2
la priorité Vorrang; Vorfahrt **11**A6
**le prix** Preis **5**C3
le prix amical Freundschaftspreis **12**A1
**prochain/e** nächste,-r,-es **5**B6
le Proche-Orient Naher Osten **7**C1
**la profession** Beruf **5**C7
professionnel/le beruflich, Berufs- **11**S
le profil Profil **11**A6
**profiter de qch** etw (aus)nutzen **11**B2
la proie Beute **10**C1
**se promener** spazieren gehen **9**C9
prononcer (aus)sprechen **9**B11
la prophétie Voraussage, Prophezeiung **12E3**,5
le prospectus Prospekt **5**B11
la protection sociale soziale (Ab)Sicherung; soziales Netz **11**A6
provençal/e aus der Provence **7**B3
le proverbe Sprichwort **6**
**puisque** da, weil **7**B3
**le pull** Pulli, Pullover **9**B2
pur/e rein; pur **9**B4
le pyjama Schlafanzug **9**B2

## Q

**le quai** Kai, Ufer-; Bahnsteig **5**B5
**quand même** dennoch, trotzdem **5**B1
**la quantité** Menge **12E3**,5
Quelle somme... ? Wie viel ... ? **5**A2
quelqu'un jemand **10**B2
le quinquennat fünfjährige Amtszeit **12**A2
**quitter** verlassen **12**B1
quotidien/ne täglich, Alltags- **12**C5

## R

la race Rasse **8E2**,3
raffiné/e fein; gepflegt **7**A1
**ralentir** verlangsamen; langsamer fahren **8E2**,2
**ramasser** auf-, einsammeln **8**B4
ramener nach Hause bringen **8E2**,3
**rapide** *adj* schnell **8**A2
**se rappeler** sich erinnern **12**B6
**le rapport** Verhältnis, Beziehung **12**C2
se rapporter à qch sich auf etw beziehen **9**B8
**rare** selten, rar; knapp **8**B6
le rasoir Rasierapparat **9**B2
**réalisé/e** *hier:* gemacht **10**B1
**réaliser** verwirklichen, realisieren **10**B1
la réapparition Wiedererscheinen **12**C2
rebondir wieder in Gang kommen; wieder aktuell werden **11**A6
rebrancher wiedereinschalten **12**
la recette (Koch)Rezept **7**C6
recevoir empfangen;erhalten **7**B9
rechercher suchen nach **5**C5
réciproque gegenseitig **6**
le récit Erzählung, Bericht **10**C5
reconstituer wiederherstellen, zusammenfügen **8**C1
rédiger qch etw abfassen, (auf)schreiben **9**A7
redistribuer neu verteilen **9**B4
**la réduction** Ermäßigung **8**A6
réduit/e ermäßigt **5**C2
**réellement** wirklich, in Wirklichkeit **9**C2
le référendum Referendum, Volksbefragung **12**A1
**réfléchir** (sich) überlegen **8**C1
le refrain Refrain, wiederkehrender Reim **6**S
le regard Blick **12**C2
regarder la télé(vision) fernsehen **6**B1
le régime Diät **9**A5
les règles du jeu *f,pl* Spielregeln **12E3**,5
le regret Bedauern **11**A3
**regretter** bedauern; vermissen **11**A2
régulièrement regelmäßig **10**B5
rejeter ablehnen, zurückweisen **12**A1
le relais *hier:* Hilfsküche; Raststätte **11**B7
relaxant/e entspannend **9**C2
relever heraussuchen, auflisten **7**B2
**remarquer** bemerken, feststellen **7**A2
remettre qch dans l'ordre etw in die richtige Reihenfolge/in Ordnung bringen **8**B5
**remplacer** ersetzen **12**C5
**remplir** (aus)füllen **9**A6
remporter un grand succès großen Erfolg haben, viel Beifall ernten **12**A1

remuer bewegen; umrühren **9**C9
le rencart *fam* Verabredung **11**C1
la rencontre Begegnung, Treffen **10**C6
se rendre utile sich nützlich machen **11**
**rendre visite à qn** jdn besuchen **5**B1
se rendre compte sich klarmachen **9**C2
se renouveler *hier:* etw Neues bringen **7**B5
rénover erneuern; auffrischen **6**C1
se renseigner de Informationen einholen, sich erkundigen **8**C3
en rentrant *hier:* beim Heimkommen **10**B2
rentrer aux services de... eine Tätigkeit bei ... aufnehmen **12**B1
rentrer du travail von der Arbeit heimkehren **9**C2
**la réparation** Reparatur **11**B2; Schadenersatz, Wiedergutmachung **12**C2
**réparer** reparieren **11**B1
**répartir** verteilen; aufteilen **9**A2
**le repas** Essen, Mahlzeit **7**A1
repeindre neu streichen **11**B4
repérer (kenn-)zeichnen, markieren **8**B2
le répondeur Anrufbeantworter **12E3**,5
**répondre à qch/qn** etw beantworten, jdm antworten **5**B7
**reprendre** noch einmal (zur Hand) nehmen **5**B7
**représenter** darstellen **10**C2
la République française französische Republik **12**C5
réputé/e berühmt **7**B5
le réseau d'échanges *m* de savoirs *m* Netzwerk für Wissensaustausch **11**B2
réservé/e zurückhaltend, reserviert **6**A2
**réserver** reservieren **7**A5
la respiration Atmung **9**C9
la responsabilité Verantwortung, Verantwortlichkeit **11**A6
le/la restaurateur/-trice Wirt,-in; Restaurantbesitzer,-in **7**B2
**le retard** Verspätung **11**C1
**le retour** Rückkehr **8**B2
en retour wieder-, zurück- **12**C2
**retourner** zurückkehren, -gehen **7**C3; wenden **9**A2
**la retraite** Ruhestand, Pensionierung **11**B2
le/la retraité/e Rentner,-in **12**B1
la rétrospective Rückblick **12**A1
réussir gelingen **10**C2
**réussir qch** etw zustande bringen/ fertig bringen **10**A1
la réussite Erfolg **10**A2
le rêve Traum **12**
**réveiller qn** jdn wecken **10**A2
**se réveiller** auf-, erwachen **11**A8
**revenir** zurückkommen **7**B7
**rêver** träumen **6**B4
le rhume Schnupfen, Erkältung **9**C6
rien d'autre (sonst) nichts anderes **8**C3
rigoler *fam* Witze machen, lachen **6**A2
rimer sich reimen **6**S
**rire** lachen **6**C1
la rive Ufer, Küste(nstreifen) **12**C1
**le riz** Reis **9**A5
le roi/la reine König,-in **8**B6
**le rôle** Rolle **5**B2
romain/e römisch **5**B1
le roman Roman **12**C2
le roquefort *frz. Blauschimmelkäse* **7**B3
la rose trémière Stockrose **8**B2
rôti/e gebraten, im Ofen gebacken **7**B3
la roulotte Wohnwagen **8**C1
en route unterwegs **8**
russe russisch **7**A2
le/la Russe Russe,-in **7**A2
la Russie Russland **7**A2
le rythme de vie Lebensrhythmus **8**B2

# S

le sable Sand **9**C9
**la salade** Salat **7**B3
la salle de cours Klassenzimmer **9**C9
le sandre Zander **7**B3
**le sandwich** *pl:* les sandwiches belegtes Brötchen **9**B11
**sans doute** *m* wahrscheinlich **10**B2
sans éclat *m* *hier:* endlos; glanzlos **11**C1
le satellite Satellit **12**A1
la satisfaction Zufriedenheit; Befriedigung **11**A3
la sauce au raifort Merrettichsoße **7**B3
le saumon Lachs **7**B3
sauvage wild, ungezähmt; *hier:* wildwachsend **8**B6
**savoir** wissen **5**a
**savoir reconnaître** erkennen können **10**C2
la scène Szene **7**C1
le scooter Motorroller **8**A1
le/la S. D.F. (sans domicile fixe) Obdachloser,-e **5**a
(se) consacrer à qch (sich) einer Sache widmen; verwenden zu/für **12**A1
(se) détendre (sich) entspannen **6**B1
(se) fondre (ver)schmelzen **12**C5
**(se) permettre** (sich) erlauben **8**C1
**(se) réaliser** (sich) verwirklichen, durchführen **9**A2
(se) relaxer (sich) entspannen **9**C2
**(se) rencontrer** (sich) begegnen/ treffen **6**B1
**(se) revoir** (sich) wiedersehen **6**S
(se) terminer enden **11**C2
se trouver enden **11E2**,1
s'aligner sich aneinanderreihen **11**C1
**s'amuser** sich amüsieren, vergnügen **6**A7
**s'arrêter** *hier:* stehen bleiben **5**A1
**s'asseoir** sich setzen, Platz nehmen **11**B8
s'enchaîner aufeinander folgen; ablaufen **11**C1
s'encourager sich Mut machen **6**B4
s'entraîner trainieren, üben **9**B11
s'éveiller wach werden, sich munter machen **9**C2
s'expatrier auswandern, ins Ausland gehen **12**B1
(s')imaginer sich vorstellen, ausdenken **5**C8
s'informer sur les horaires sich über die Fahrtzeiten informieren **8**A5
**s'inscrire** sich einschreiben **11**A1
(s')inspirer (de) (sich) inspirieren lassen (von) **10**B1
s'installer wohnen; Platz nehmen; sich niederlassen **12**B1
**s'intéresser à qch** sich für etw interessieren **10**C2
s'internationaliser international werden **7**A2
**s'occuper** (de) sich kümmern (um) **9**C2
**sec, sèche** trocken **9**A2
une seconde fois ein zweites Mal **7**B2
le Secours Catholique Caritas **12**B1
le secours populaire Volksfürsorge *(Hilfsorganisation für sozial Schwache)* **11**B7
**secret/-ète** geheim, verborgen **8**B6
la Sécu (Sécurité Sociale) *Name der frz. Krankenversicherungsanstalt* **11**A6
le sein Busen **9**C7
au sein de in, innerhalb **12**B1
**le sel** Salz **9**A2
selon le chiffre entsprechend der Zahl **12E3**,5
selon vous Ihrer Meinung nach **5**C6
**le sens** Sinn; Richtung **8**C4
la sensation Empfindung, Eindruck **9**S
sensible sensibel, feinfühlig; empfindlich **6**A9
**le sentiment** Gefühl **6**
**sentir** fühlen; riechen **6**S
**séparer** trennen **6**S
la sérénité Ausgeglichenheit, Ruhe **8**B6
le serpent Schlange *(Tier)* **10**C1
serré/e gedrängt **8**A1
**le service** Abteilung, Bereich; Dienstleistung **11**A1
le service public *hier:* Behörde; Öffentlicher Dienst **11**B2
servi/e *hier:* angerichtet **7**B3
**servir à qch** zu etw nütze sein; zu etw dienen **6**B4
**la seule façon** die einzige Art **8**A1
**seulement** nur **12**B5
sexy sexy **12**C2

le shampooing Shampoo; Haarwäsche 9C1
**si** wenn, falls; ob **5**B1
si nécessaire falls nötig **9**A7
le sida AIDS **11**B7
**le siècle** Jahrhundert **5**B1
signalé/e angezeigt, angekündigt **8E2**,2
**le signe** (Stern)Zeichen **6**A9
en signe *m* de vie *f* als Lebenszeichen **11**C1
le silence Stille **8**B6
simple einfach, leicht **8**C6
simplement *adv hier:* nur; einfach **8**A1
sinon außer; sonst, andernfalls **8**A
la situation géographique geographische Lage **8**B6
le slogan Slogan, Werbespruch **10**A1
la société Unternehmen; Gesellschaft **12**B1
la soie Seide **9**B4
**soigner** pflegen, gesund machen **11**B3
le soin Sorge; Pflege **9**C2
la soirée diapositives Dia-Abend **11**B4
la soirée de jeux Spielabend **6**B1
solaire Sonnen- **12**C2
**le soleil** Sonne **8**B4
la solidarité Solidarität **11**B7
**solide** stark **11**A2
la solitude Einsamkeit, Alleinsein **11**B2
le son Laut, Klang **9**B11
la sonnette Klingel **8**B6
**la sortie** Ausgang,-fahrt **8**C3
**sortir (de)** hinausgehen, herauskommen; ausgehen **5**a
**souhaiter qch à qn** jdm etw wunschen **7**B9
souligner unterstreichen; betonen **7**B6
la soupe maison Suppe nach Art des Hauses **7**B3
souriant/e freundlich **7**B9
sourire lächeln **8E2**,3
**le souvenir** Erinnerung; Andenken **6**S
le spectacle Vorstellung, Aufführung **5**C1
spirituel/le geistig **9**C1
spontané/e spontan **6**A9
**le sport** Sport **9**C1
le sport collectif Mannschaftssport **6**B1
les sports de plein air *m* Freiluftsportarten **9**C1
sportif/-ive sportlich **9**B7
**le stage** Praktikum **11**S
**le stationnement** Parken **8**A1
la statistique Statistik **6**B2
le stress Stress **8**B6
studieux/-euse fleißig; strebsam **6**A9
le/la Suisse Schweizer,-in **7**A2
**la suite** Folge, Fortsetzung **6**C1
suite à mon appel im Anschluss an meinen Anruf **8**C6
suivant/e folgend **5**B10
**suivre qch** sich nach etw richten **12**C2
**suivre qn** jdm folgen **12**C2
le sujet Thema; Subjekt **6**A8
au sujet de zu, über **10**A2
**superbe** wunderbar,-schön **6**A2
**le supermarché** Supermarkt **5**A9
**le supplément** Zuschlag, Aufpreis **8**A6
**supporter** ertragen, aushalten **8**B8
la suppression Abschaffung **12**C2
sur la **plage** am Strand **8**B2
sûr/e sicher **11**B2
surmonter überwinden **8E2**,3
le surnom Bei-, Spitzname **8**B6
**la surprise** Überraschung **7**B4
surveiller kontollieren, überwachen, beaufsichtigen **9**C2
survenir eintreten, sich ereignen **12**B1
survivre überleben **12**B5
le symbole Symbol **10**C6
la sympathie Sympathie **6**
systématiquement *hier:* immer; systematisch **8**A1

## T

**la taille** Größe; Taille **11**A2
le tailleur (Damen)Kostüm **9**B2
le talon Absatz **9**B5
en tant que père als Vater **10**A2
la tante Tante **10**B3
**le tarif** réduit Ermäßigung, ermäßigter Preis **5**C2
le tarif étudiant Studentenermäßigung **5**C2
la tarte aux fraises Erdbeertorte,-kuchen **7**B4
la tartine Schnitte, Butterbrot **7**C1
tasser zusammenpferchen, drängen **12**C2
**le taxi** Taxi **11**A2
la technologie Technologie **12**A1
la télécopie Fax **8**C6
**la température** Temperatur **9**C2
le temple Tempel(Anlage) **5**B1
tendre zärtlich, zart **12**C2
la tendresse Zärtlichkeit **10**A2
tenir dans la main *hier:* in der Hand Platz haben; in der Hand halten **11**C1
se tenir bien droit sich ganz gerade halten **9**C9
tenter in Versuchung führen **9**
terminer beenden **6**C5
le terrain de jeux Spielplatz **11**B1
**la terre** Erde **6**C9
terriblement *adv* schrecklich **6**A2
le test Test **11**A6
le textile Textilindustrie **12**A1;5
thaïlandais/e thailändisch **7**B5
le théâtre municipal Stadttheater **11**B3
le thème Thema **9**C1
**le ticket** Fahrkarte,-schein **5**B3
le ticket-restau(rant) Essensgutschein für Vertragsrestaurants **11**C1
le timbre Briefmarke **6**C5
le tissu Stoff **8E2**,2
le titre Titel **12**A1
le toast Toast **7**C6
la tôle Blech(Wand) **12E3**,4
tomber amoureux/-euse sich verlieben **12**B1
**tomber malade** krank werden **12**B1
tomber sur qn auf jdn treffen, an jdn geraten **11**A2
total/e völlig; gesamt **8E2**,2
**toucher** anfassen, berühren **8E2**,4
**le tourisme** Tourismus **12**A1
**tourner** abbiegen; wenden **5**B1
tous **ensemble** alle zusammen, gemeinsam **6**B2
le tout das Ganze, alles **9**A2
**tout le monde** alle, jeder **6**
**tout le temps** die ganze Zeit **6**A2
tout de suite sofort **7**S
tracer entwerfen, aufzeichnen **10**C1
le tracteur Traktor **8**B2
**traduire** übersetzen **5**A8
le trafic Verkehr; Handel **11**A2
tragiquement auf tragische Weise **10**B1
le trait (Charakter/Gesichts)Zug **12**C2
le tramway Straßenbahn **8**
**la tranche** Scheibe **9**A2
**tranquille** ruhig **8E2**,3
tranquillement in Ruhe, ruhig **9**C2
transmettre qch à qn jdm etw vermitteln/übermitteln **10**A2
le transport Transport **8**C1
**transporter** transportieren **8**B2
travailler dur hart, schwer arbeiten **6**C1
**traverser** über-/durchqueren; durchgehen durch **5**B1
trembler zittern **8E2**,3
tremper eintauchen,-tunken **7**C1
le tribunal, *pl:* les tribun**aux** Gericht **12**C2
tricoter stricken **11**B4
**triste** traurig **6**A2
tropical/e, *pl:* tropicaux/-ales tropisch **12**C2
la troupe Truppe **6**A2
la trousse de toilette Kulturbeutel **9**B2
**se trouver** sich befinden **8**C1
la truite Forelle **9**B11
tuer töten **11**
tuer le temps *fam* die Zeit totschlagen **11**
la Tunisie Tunesien **7**C1
turc, turque türkisch **12**A1
**le type** Art, Typ **7**A4

## U

un/e seul/e ein Einziger, eine Einzige **8**B6
l'Union Européenne *f* Europäische Gemeinschaft **12**A1
l'unité supérieure *f* übergeordnete Einheit **12**C5
**l'université** *f* Universität **5**A9
en urgence dringend, eilig **11**B3
**usé/e** abgenutzt **9**B7
**l'usine** *f* Fabrik **5**A9
utiliser benutzen; verwenden **6**C6
utopique utopisch **12**C2
l'utopiste *m/f* Utopist,-in **12**C2

## V

la vache (à lait) (Milch)Kuh **12**A1
la vague Welle **8**B4
**la valise** Koffer **9**B2
**la vallée** Tal **6**C1
varié/e verschieden, wechselnd **7**B3
varier sich abwechseln, Abwechslung bringen **11**C1
les variétés *f* Shows, Unterhaltung **11**C1
le veau Kalb **7**B4
végétarien/ne vegetarisch **7**C7
la végétation Vegetation **8**B6
**la veille** Vortag; Vorabend **9**A1
**le/la vendeur/-euse** Verkäufer,-in **5**A1
**vendre** verkaufen **5**a
la vente Verkauf **8E2**,2
la vente totale Ausverkauf **8E2**,2
**le ventre** Bauch **9**C7
le verbe irrégulier unregelmäßiges Verb **5**A4
le verbe pronominal réfléchi reflexives Verb **9**C4
véritable wahr(haft), echt **9**C2
**vers** gegen, in Richtung, nach **6**S
**le vêtement** Kleidungsstück **9**B1
le/la veuf/-ve Witwer, Witwe **12**B1
**la viande** Fleisch **7**B3
le/la vice-président/e Vize-Präsident,-in **12**B1
vide leer **8**B8
vieillot/te altmodisch **9**B9
**vieux, vieil, vieille** alt **6**B4
le vinaigre Essig **7**B3
la vinaigrette *Salatsoße aus Essig und Öl* **9**A2
**le visage** Gesicht **9**C9
visible offensichtlich; sichtbar **8E2**,3
la vision Vision **12**A3
la visite Besichtigung; Besuch **8**C1
la visite guidée Führung **8**C1
**vite** *adv* schnell **6**C9
la vitrine Schaufenster; Vitrine **9**B5
vivant/e lebendig **9**C9
Vivement dimanche ! Hoffentlich ist bald Sonntag! **11**A8
**vivre** leben **6**B4
le voile Schleier, Tuch **10**B1
**voir** sehen **8E2**,4
la voiture à moteur motorisierter Wagen **12**C2
la voiture-restaurant Speisewagen **8**A6
**la voix** Stimme **9**B4
**voler** stehlen; fliegen **8**A1
la volonté déterminée fester Wille **12**B1
le vote Wahl, Abstimmung, Stimme **12**C5
vouvoyer siezen **6**C4
**le vœu**, *pl:* **-x** Glückwunsch **6**C6

## W

le wagon-lit Schlafwagen **8**A6

## Y

le yoga Yoga **11**B3

## Z

le zodiaque Tierkreis **6**A9
la zone piétonne Fußgängerzone **5**A9

# HÖRTEXTE

## Leçon 5

### B1 a.

Je suis un monument d'Orange, mais j'ai un cousin à Paris. Je suis né au début du premier siècle, je connais donc toute l'Histoire de France. Si vous venez à Orange, n'oubliez pas d'aller visiter quelques monuments magnifiques et très bien conservés pour leur âge : le Temple Romain, le Théâtre Antique et moi ! Vous préférez peut-être prendre un verre à la terrasse d'un café sous les platanes de la Place Clémenceau, au centre-ville... Prenez votre temps, le Théâtre et le Temple vous attendent depuis des siècles... Mais venez quand même me rendre visite ! Comment me trouver ? C'est très facile : vous êtes Place Clémenceau et la cathédrale est devant vous. Prenez la petite rue à gauche et continuez jusqu'à la rue Victor Hugo. Là, vous tournez à droite et vous allez tout droit jusqu'au carrefour. Traversez alors le Pont de Langes, je suis au bout de l'avenue. Je vous attends. Me reconnaissez-vous ? Qui suis-je ?

### C5 c.

*Horloge parlante :* Lundi 26 juin 2000. Au quatrième top, il sera : neuf heures quarante-six minutes.
*Dans la rue :* – Excusez-moi, vous avez l'heure, s'il vous plaît?
– Oui, monsieur, il est dix heures moins le quart.
*Radio :* France Info Express, quinze heures vingt-trois.
*Au bureau :* – Pouvez-vous me dire s'il est déjà trois heures ?
– Non, il est trois heures moins dix.
*France 3 :* Rendez-vous avec l'inspecteur Derrick à vingt-heures cinquante-cinq sur France 3.

### C7 a.

*Journaliste :* Quelle est votre profession ?
– Eh bien, je suis coiffeuse et je travaille toute la semaine.

*Journaliste :* A quelle heure vous commencez le matin ?
– Nous commençons à neuf heures, nous finissons à midi les trois premiers jours de la semaine, et... quatorze heures jusqu'à dix-neuf heures le soir, nous faisons une nocturne le jeudi soir jusqu'à vingt heures.
Ensuite, le vendredi et le samedi, nous commençons à neuf heures et nous finissons à dix-neuf heures le soir. Ça nous fait une semaine de quarante-cinq heures.

*Journaliste :* Quel est votre jour de congé ?
– Alors le jour de congé, c'est le dimanche et le lundi.

### C7 b.

*Journaliste :* Quels sont les horaires en France des grands magasins comme celui-ci, des hypermarchés ?
– Alors, les hypermarchés, à peu près, hein, parce que je ne les sais pas par cœur, ouvrent en journée continue de dix heures du matin à vingt-deux heures.

*Journaliste :* Et les petits magasins ?
– Ils ouvrent généralement beaucoup plus tôt le matin, c'est à dire sept heures trente, ferment généralement à douze heures trente et rouvrent à seize heures, jusqu'à vingt heures.

## Leçon 6

### B1 a.

*Journaliste :* Qu'est-ce que vous aimez faire quand vous vous retrouvez avec vos amis ?
– On va souvent au cinéma ensemble et après, on va dans un café pour discuter du film. Quand on se retrouve avec nos amis on aime bien danser, faire la fête, rigoler, s'amuser. On aime bien après le travail se détendre, aller faire du sport, par exemple jouer au tennis.

*Journaliste :* Quand vous rencontrez vos amis, qu'est-ce que vous aimez faire avec eux ?
– Bon, on aime bien regarder la télé.
– On aime bien discuter, puis s'amuser dans des soirées ou alors... sortir au cinéma... ou faire du sport, c'est tout.
– Avec mes amis, j'aime beaucoup faire la cuisine et pourquoi pas aller au restaurant. J'aime beaucoup jouer aux cartes et regarder des cassettes vidéo de temps en temps.
– Ce qui m'intéresse avant tout avec les amis, c'est la communication. Et puis j'aime bien... j'aime bien faire du sport quand c'est des sports collectifs, aller courir dans les bois, dans la nature.
– En fait j'aime beaucoup inviter mes amis et je leur fais la cuisine. J'aime beaucoup jouer de la musique et moi-même j'aimais beaucoup autrefois chanter dans une chorale et il m'arrive encore de le faire, de retrouver donc des amis pour chanter dans une chorale.

*Journaliste :* Nicole, avec vos copines ou avec vos amis, qu'est-ce que vous aimez bien faire ?
*Nicole :* On aime bien jouer aux cartes, faire des soirées de jeux.

**Chanson "La même lune que moi", Enzo Enzo.**

Je regarde à la fenêtre
Je nous revois autrefois
Qui sait peut-être une lettre
Me parlera de toi.
Les souvenirs dansent
Dans le ciel immense
Iront-ils vers toi
Pour te dire que je pense à toi.
Tous ces moments partagés
J'les oublierai jamais.

Ami ami ami
Toi qui vis loin d'ici
Dis-moi si la nuit
Tu vois la même lune que moi
Une lumière dans le noir
Comme un signe, un espoir
De se revoir.

Quand nous refaisions le monde
Le voyais-tu aussi grand.
Les distances si longues
Le pas pressé du temps.
La vie nous sépare.
Chacun son histoire.
Mais en moi je sens
Que tu es là tout comme avant.
Ce lien du bout de la terre
J'y tiens demain comme hier.

Ami ami ami
Toi qui vis loin d'ici
Dis-moi si la nuit
Tu vois la même lune que moi.
Une lumière dans le noir
Comme un signe, un espoir
De se revoir.

Ami ami ami
Toi qui vis loin d'ici
Dis-moi si la nuit
Tu vois la même lune que moi.
Une lumière dans le noir
Comme un signe, un espoir
De se revoir.
Au revoir.

## Leçon 7

### B2 a.

*J. : Journaliste ; C.B. : Cyril Blavier*

*J. :* Vous êtes à Stuttgart depuis quand ?
*C.B. :* A Stuttgart depuis bientôt cinq ans. Je crois que je suis arrivé au mois de mai 1990.
*J. :* Vous avez ouvert le restaurant quand ? Ça fait longtemps ?
*C.B. :* Euh... ça fera donc quatre ans en avril... de cette année, 95.

### B3 a.

*J. :* Quelles sont vos spécialités dans le restaurant ?
*C.B. :* Nos spécialités culinaires sont en partie provençales, puisque moi-même, j'ai passé une grande partie de ma vie en Provence, avec mes parents. Donc, nous avons... comme le chèvre chaud, servi sur sa salade, ou le carré d'agneau rôti aux herbes, ce sont des spécialités de Provence. Ensuite, nous avons un chef cuisinier, Yves Sande, qui est, lui, d'origine alsacienne. Donc, une deuxième partie de la carte aussi se dirige vers des produits un peu plus alsaciens, comme... le saumon servi sur ses lentilles, et sauce au raifort, par exemple.

### B5

*C.B. :* Nous avons des préférences sur certains produits donc, qui sont restés sur la carte depuis quelques années déjà...
*J. :* Et qui marchent bien donc...
*C.B. :* Voilà ! Ce qu'il faut dire, c'est que notre carte change minimum deux fois par an, avec toujours des nouveaux produits. On essaie constamment de se renouveler. Par contre, il y a des produits qui sont vraiment appréciés de la clientèle, donc, qui sont devenus eux-mêmes des spécialités et qui restent à la carte, comme le fromage de chèvre, par exemple, ou en dessert la tarte Tatin aussi, qui est assez réputée.

*J. :* Et vous aimez... vous préférez la cuisine alsacienne ou la cuisine provençale ?
*C.B. :* J'aime bien toutes les cuisines, en fait, et même pas seulement les françaises ou régionales françaises, mais... bon, quand j'ai des loisirs, j'aime bien aller au restaurant thaïlandais ou japonais. J'ai une curiosité par rapport à ma profession.

### B9

*J. :* Vous pensez rester longtemps à Stuttgart ?
*C.B. :* Eh bien euh... Personne ne connaît son destin, mais oui, je pense que nous sommes heureux ici, et je pense que l'avenir sera plus souriant que n'était le passé.
*J. :* Je vous le souhaite aussi ; et puis, je vous remercie beaucoup aussi de nous avoir reçus aujourd'hui pour cette interview, et d'avoir répondu à toutes mes questions. Puis, je vous souhaite bonne continuation à Stuttgart.
*C.B. :* Ça m'a fait grand plaisir. Je vous remercie aussi. Au revoir !
*J. :* Au revoir !

## Leçon 8

### A1 a.

– Oh, pour moi, le moyen de transport le plus pratique à Paris, c'est vraiment le métro. Je me déplace toujours en métro. A mon avis, c'est la seule façon d'éviter les embouteillages et d'être à l'heure à ses rendez-vous ; et en plus, j'aime ça. Je sais que c'est pas le cas de tout le monde, mais moi j'aime beaucoup le métro : même quand on est serré, on a toujours une petite place pour lire son journal, alors ça va.

*Journaliste :* Bonjour madame, quel est votre moyen de transport préféré ?
– Mon moyen de transport préféré à Paris est la voiture. Simplement, il est très difficile d'avoir une voiture à Paris. D'abord parce qu'il y a beaucoup de circulation, donc vous perdez beaucoup de temps. Ensuite ça coûte très très cher d'avoir une voiture à Paris. Donc, là, j'ai acheté il y a un mois, un scooter, un deux roues. On gagne beaucoup de temps, on va à l'autre bout de Paris en un quart d'heure, vingt minutes. Simplement, je viens de me le faire voler... Donc, il n'y a plus la voiture, il n'y a plus le scooter... Je fais comme tout le monde, je prends le métro et le bus.

*Journaliste :* Bonjour monsieur, qu'est-ce que vous prenez comme moyen de transport habituellement ?
– Lorsque je suis à Paris et lorsqu'il fait beau, j'adore marcher, et éventuellement, je prends le bus. Si je suis très pressé, je prends un taxi. Pour mes voyages à l'étranger, j'adopte systématiquement l'avion. En France, ma préférence va au train, et si possible le TGV.

### A3 a.

*Journaliste :* Bonjour madame, quel est votre moyen de transport préféré ?
– C'est le train en général... Quand je n'ai pas d'argent, ben je fais du stop !

*Journaliste :* Bonjour madame, c'est quoi votre moyen de transport préféré ?
– Et bien, j'aime bien prendre mon vélo pour faire mes courses dans mon village. Sinon, les jours de grands déplacements, eh bien je vais en voiture avec mon mari.

## B8

- Une bouteille vide, un crayon et du papier !
- Une boussole et un chien.
- Moi, j'emporte un grand dictionnaire encyclopédique.
- Mon maillot de bain.
- Une chaîne Hi-Fi avec des piles solaires et ma collection de disques de Mozart.
- Un chapeau, car je ne supporte pas le soleil.
- Vendredi.
- Un matelas pneumatique.
- Ma brosse à dents.

## C2 a.

*A : l'employée de l'office de tourisme ;*
*B et C : le couple de touristes*

*A :* Bonjour, messieurs-dames, je peux vous aider ?
*B :* Oui, une question... On voudrait visiter la vallée de la Loire, il y a des circuits organisés ?
*A :* Oui. Attendez, je... prends une brochure... Voilà. Il y a plusieurs circuits possibles, en car, à bicyclette ou en roulotte.
*C :* A bicyclette ? C'est une idée ! Ça dure combien de jours ?
*A :* Entre cinq et huit jours.
*B :* Oh, c'est bien... Et quels sont les prix ?
*A :* Pour un circuit de 7 jours, c'est 2890 F et pour 5 jours, c'est 2010 F. Ces prix comprennent la chambre double dans un hôtel de deux ou trois étoiles, la demi-pension, la location de la bicyclette, le transport des bagages et un dossier touristique.
*C :* Ah c'est parfait ! La visite du château de Chambord est au programme ?
*A :* Oui, bien sûr, c'est très bien organisé, vous savez... Vous voulez réserver ?
*B :* Euh... Si vous permettez, nous allons réfléchir encore un peu. Nous ne savons pas encore combien de jours, nous allons rester dans la région. Et puis ça dépend du temps ! Vous pouvez nous donner la brochure ?
*A :* Bien sûr ! Vous désirez d'autres renseignements ?
*C :* Euh non... Ah si ! Il y a des visites guidées du château de Blois ?
*A :* Oui, la visite commence à 10 heures, tous les jours, devant le château.
*B :* Ça dure longtemps ?
*A :* Deux heures à peu près. C'est 32 F par personne. Ah, il y a une visite qui commence dans dix minutes, si vous voulez...
*B :* Non, on attend demain... Merci encore, au revoir !
*A :* Je vous en prie, au revoir !
*C :* Au revoir.
*B :* Tu exagères, c'est chaque fois la même chose !

# Leçon 9

## B5

*V : le vendeur ; A et B : deux clientes*

*V :* Bonjour madame, je peux vous aider ?
*A :* Je regarde, merci...
*V :* Madame ?
*B :* J'ai vu une paire de chaussures dans la vitrine...
*V :* Lesquelles ?
*B :* Les bleu foncé, là.
*V :* Quelle est votre pointure ?
*B :* 37–38.
*V :* Je vais voir... Un instant, s'il vous plaît. Voilà ! Mais je les ai seulement en 37.
*B :* Bon, je vais essayer... Oh, je crois qu'elles sont trop petites.
*V :* En 38, il reste seulement des rouges.
*B :* Non, pas du rouge. Vous n'avez pas un autre modèle en bleu ?
*V :* Oui, venez voir... Voici un modèle italien.
*B :* Ah oui, je le trouve plus original, mais le talon est trop haut.
*V :* C'est un très beau cuir, vous savez.
*B :* Oui, c'est vrai, et elles sont plus jolies... Elles me plaisent bien. Je vais essayer...
Ces chaussures coûtent combien ?
*V :* 389 F.
*B :* Ah, elles sont moins chères que les autres !
*V :* Elles vous vont bien, je trouve.
*B :* Vous trouvez ? Alors je les prends !

## C2 a.

*Journaliste :* Sabine, qu'est-ce que tu fais, à quoi fais-tu attention pour te garder en bonne santé ?

*Sabine :* Il y a une chose qui me tient beaucoup à cœur et qui me détend réellement, c'est... c'est tout ce qui concerne la relation avec la nature, c'est de pouvoir faire une grande promenade, par exemple, avec mon chien... et je m'occupe des plantes de mon balcon, des balconnières : j'arrose mes fleurs... le fait de m'occuper des fleurs, c'est une autre façon de m'occuper de moi.

*Journaliste :* Jean, qu'est-ce que tu fais pour t'occuper de ta santé ?

*Jean :* Pour m'occuper de ma santé ? Je poserais la question autrement : est-ce que je m'occupe de ma santé ? En fait, je m'en rends compte que..., une partie des décisions que je prends concerne effectivement ma santé et ça commence par me lever le matin et faire un peu de mouvements de gymnastique. Et à ce propos, je... tous les matins, je vais courir, pas longtemps, vingt minutes, une demi-heure... et ce petit jogging du matin me permet de... d'abord de prendre contact avec la température du matin, humide ou sèche, froide ou fraîche, ou au contraire, lourde et chaude, et de voir le ciel. Je m'amuse à penser que les oiseaux, le matin, sont joyeux et sont en bonne santé et qu'ils m'envoient le message : regarde, comme la vie est belle ! C'est aussi... c'est aussi un message que je me donne. J'ai l'impression que, par cette petite demi-heure prise le matin, je m'éveille à travers les cinq sens, je m'éveille à la nature, je m'éveille à l'environnement. C'est un véritable cadeau que me donne la nature environnante et dont je n'exclus pas d'ailleurs toute une dimension spirituelle.

*Journaliste :* Que faites-vous pour vous maintenir en forme ?

*Claire :* Pour me maintenir en forme, la première chose, c'est... pour moi, c'est de boire de l'eau. J'ai besoin de deux litres d'eau par jour, sinon ça ne va pas. Ça c'est un premier point. Et je surveille mon alimentation, j'essaye de manger léger, je n'y arrive pas toujours mais j'essaye. Beaucoup de légumes, principalement. J'ai besoin de bouger également, donc cela va dépendre des saisons : le printemps et l'automne sont idéals *(sic)* pour courir ou pour faire des marches, pour des randonnées, l'été ça sera plutôt la piscine, la natation. Donc, j'essaye de faire... au maximum, des sports de plein air.

*Journaliste :* Et le soir ? Quand vous rentrez du travail, que faites-vous pour vous détendre ?

*Claire :* Alors, pour me détendre, déjà, je me change : j'ai besoin de me changer, d'enlever les chaussures, d'écouter de la musique. Ça déjà, ça me relaxe bien.

*Journaliste :* Comment prenez-vous soin de vous pour vous sentir le mieux possible dans votre peau ?

*Claire :* Eh bien, ça va se passer essentiellement le week-end parce qu'en semaine, on n'a pas toujours le temps, mais le week-end, c'est vrai que j'aime bien me lever tranquillement, prendre un petit-déjeuner très tranquillement, en musique ou en lisant ou..., et ensuite ça va être les soins du corps : ça va être le bain, la douche, ou un massage, ça va être le shampooing, et puis ça va être ensuite des crèmes et tout ça est très très relaxant, ça demande du temps, donc c'est vrai que ça se passe essentiellement le week-end.

### C 9 a.

Tenez-vous bien droit, les pieds à plat sur le sol, les mains sur les genoux. Fermez les yeux. Ecoutez votre respiration... Ecoutez votre cœur... Votre cœur bat vite ?... fort ?... Vous sentez votre corps : les pieds..., les jambes..., le ventre..., le buste..., les bras..., les épaules..., la tête... Imaginez... vous êtes sur une plage... et vous vous promenez pieds nus... Vous marchez sur la plage... Le sable est chaud et doux... Vous entendez la mer... la mer et les vagues... la musique de la mer au loin... Vous entendez les oiseaux... Ils chantent... Ils crient... Ils sont libres et heureux... Au-dessus de vous, le ciel est bleu, très bleu... et devant vous, la mer est bleue aussi... Il fait beau, il fait soleil... Il y a un peu de vent... Il vient de la mer et vous sentez le parfum de la mer sur votre visage... Vous avez un goût de sel sur les lèvres... Puis, imaginez... quelque chose est sous vos pieds... Est-ce que c'est dur ?... vivant ?... grand ?... De quelle couleur ?... De quelle forme ?... Observez bien cet objet. Avez-vous envie de le toucher ? Prenez-le dans vos mains... puis finalement... vous le posez au bord des vagues... Vous l'abandonnez... Vous lui dites au revoir... et vous retournez sur le sable... Vous revenez doucement dans la salle de cours... Vos yeux sont encore fermés... Vous remuez vos pieds, vos jambes, vos mains, vos bras, vous tournez la tête à gauche, à droite, et puis vous ouvrez les yeux. Voilà : vous êtes de retour dans la salle de classe.

## Leçon 10

### A 2 a.

- Quand j'ai une minute, je veux voir les notes, les contrôles et les appréciations des professeurs. Aujourd'hui, la situation économique est très difficile et en tant que père, je dois leur apprendre à travailler dur.
- ○ Raoul, 50 ans, chercheur. Trois fils de 19 à 12 ans.

- A quoi je sers ? Franchement, je ne me suis jamais posé la question. Je travaille, je gagne de l'argent, ma femme s'occupe des enfants... On est d'accord, ça marche, voilà, c'est tout. Et c'est très bien comme ça.
- ○ Antoine, 49 ans, expert-comptable. Une fille de seize ans, un fils de quatorze ans.

- Je veux donner à mes enfants tout l'amour et toute la tendresse que je peux. Le matin, ma femme reste au lit et moi, je les réveille, j'entre tout doucement dans leur chambre et je leur fais des bisous, plein de bisous.
- ○ Claude, 30 ans, décorateur. Une fille de dix ans et un fils de sept ans.

- Pour moi, être père, c'est être responsable de ma fille. J'essaye de lui apprendre le courage, l'effort, le plaisir du travail et l'amour de la poésie. Je veux lui transmettre ma culture et lui montrer le monde.
- ○ Armand, 54 ans, instituteur. Une fille de treize ans.

## Leçon 11

### B 3 a.

- Allô, oui !
- Oui, bonjour, je suis bien au Réseau d'Echanges de Savoirs ?
- Oui, madame.
- Je téléphone parce que j'ai vu votre annonce dans le journal et je voudrais avoir quelques renseignements, je voudrais savoir comment ça marche.
- C'est comme une bourse d'échange, madame, vous proposez une activité en échange d'une autre.
- Et qu'est-ce que je peux faire ?
- Aujourd'hui, il y a un baby-sitting en urgence ou bien vous pouvez aider à fabriquer des costumes pour le théâtre municipal. C'est comme vous voulez, madame.
- C'est tout, vous n'avez rien d'autre ?
- Ah si, j'ai aussi une demande pour enregistrer des cassettes pour les aveugles.
- Et comment je fais ?
- Ecoutez, le mieux c'est de venir ici, vous vous inscrivez et on vous trouvera quelque chose.
- D'accord, je viens cet après-midi. Merci.
- De rien, au revoir, madame.

### B 8 a.

Ils sont très amis.
C'est sur la Côte d'Azur.
Il n'hésite plus, il l'épouse mardi.
La première face est terminée.
Elle s'appelle Françoise.
Jacques vient ce soir.
Il a une Peugeot.

# Leçon 12

## B1 a.

*J : Journaliste ; L : Laurent ; H : Huguette ; M : Michel*

*J :* Nous avons interviewé trois Français pour parler des changements qui surviennent dans la vie, qui bouleversent la vie. Des changements parfois positifs, parfois négatifs. Si nous prenons la décision de changer notre vie de tous les jours, de changer de métier, de ville, c'est souvent pour poursuivre un rêve, pour nous réaliser. Avons-nous réussi à réaliser nos rêves d'enfants ?

*J :* Bonjour Laurent,
*L :* Bonjour.
*J :* Vous avez presque trente ans, et vous êtes éditeur de bandes dessinées. Vous avez pris dernièrement une décision qui a changé votre vie. Pouvez-vous m'en parler un peu ?
*L :* Oui, je travaillais en France, mon pays d'origine et mon pays de naissance, et je travaillais à Paris depuis presque dix ans, où j'étais monté pour faire mes études et où je suis resté après, et une importante société de bandes dessinées belge m'a proposé de rentrer à leurs services, donc je n'ai pas hésité longtemps et j'ai décidé de m'expatrier et de quitter mon pays, ma famille, mes amis, pour m'installer dans une ville que je ne connaissais pas et... en plus, je n'y connaissais personne.
*J :* Quelle ville ?
*L :* Bruxelles.

*J :* Huguette, vous avez soixante ans. Vous habitez au Havre, où vous êtes née, et vous êtes retraitée. Quels ont été les grands changements dans votre vie ?
*H :* Bah le décès de mon mari, bien sûr.
*J :* Oui, bien sûr... Mais d'autres choses ?
*H :* Un grand changement dans ma vie ? Non, non... Euh oui, bah... oui, que j'ai pris des responsabilités au sein d'une association caritative. C'était un grand changement puisque j'en étais la vice-présidente, et puis... j'ai pris beaucoup beaucoup de responsabilités là.
*J :* Et puis, vous les avez toujours ?
*H :* Non, non, j'ai arrêté au bout de huit ans.
*J :* Alors vous avez arrêté, et ça vous manque un peu ?
*H :* Ça m'a beaucoup manqué, j'y pense encore parfois, mais maintenant ça y est, ça fait un an et demi, mais ça m'a beaucoup beaucoup manqué. Oh ça fait comme quelqu'un qui prend sa retraite, si vous voulez.
*J :* Et qu'est-ce que vous voulez encore réaliser dans les années qui viennent ?
*H :* Oh bah maintenant, penser à moi !
*J :* Penser à vous !
*H :* Oui, me faire des petits plaisirs.
*J :* Ah, oui ? Quoi par exemple ?
*H :* Bah... Visiter une expo, faire de la gymnastique un petit peu, un voyage, pour découvrir une culture... Comme projet, bah, j'ai surtout le projet de voir grandir mes petits-enfants.

*J :* Michel, vous venez d'avoir quarante ans et vous avez pris la décision de changer de profession. Vous êtes à présent directeur pédagogique d'une école de langues. En quoi ça a changé votre vie ?
*M:* Premièrement, j'ai été obligé de quitter la Côte d'Azur pour venir habiter dans le Centre de la France, à Vichy. Deuxièmement, comme moi je partais, ça a bouleversé ma vie de famille puisque ma femme aussi a dû démissionner de son travail pour "suivre son mari" - entre guillemets. Mon fils qui est un petit garçon a dû abandonner tous ses copains.
*J :* Est-ce qu'à l'époque, la décision a été facile à prendre ?
*M:* Pour moi, la décision a été très facile à prendre, parce que c'est une volonté déterminée de faire ce métier. C'est le choix d'une profession, c'est le choix d'une passion, donc il n'y a pas eu du tout d'hésitations personnelles.

## B5

*J : Journaliste ; H : Huguette ; M : Michel ; L : Laurent*

*J :* Huguette ? Quels étaient vos rêves d'enfant, d'adolescente ? Dans quelle mesure les avez-vous réalisés ?
*H :* Mes rêves d'adolescente... Bah c'était la guerre...
*J :* Oui, c'était la guerre à l'époque.
*H :* Bon bah, on survivait, et après bon ça a été de fonder une famille, d'être heureuse calmement, ça s'arrêtait là. Ça s'arrêtait là mes rêves d'adolescence... C'était, vous savez, à notre époque, une femme ne travaillait pas. Elle travaillait juste ce qu'il fallait et puis après elle s'arrêtait quand elle avait ses enfants. Je pense que pour vous maintenant, la génération, ça a beaucoup changé. Non, mes rêves d'adolescence, c'était... oui, d'être à la maison, au milieu d'enfants, mon mari, mes parents...
*J :* Vous n'aviez pas eu envie d'une profession ?
*H :* Oh bah, oui, oui, je voulais être infirmière et puis la guerre est venue, et puis j'étais seulement secrétaire.

*J :* Michel, quels étaient vos rêves d'enfant et dans quelle mesure se sont-ils réalisés ?
*M:* Pour moi c'était... être utile, c'était aussi... bon, je viens d'une famille qui est modeste, très très modeste, dans laquelle beaucoup de rêves ne pouvaient pas être réalisés. Et moi, enfant, je me disais... euh... ils n'ont pas pu réaliser leurs rêves, ils pensent que les rêves ne sont pas possibles à réaliser, et moi, je me disais : il faut réaliser tes rêves à toi. Et aujourd'hui, je vois que certains rêves sont réalisés et ce qui est très amusant, c'est que quand on réalise un rêve, automatiquement, il y a un nouveau rêve...

*J :* Laurent, avez-vous réalisé vos rêves d'enfant ?
*L:* Petit, je lisais des bandes dessinées, depuis l'âge de sept ans, le "Journal de Spirou", aujourd'hui je travaille pour le "Journal de Spirou", donc je pense que c'est plutôt réussi.

## 5 LA VIE EN VILLE

a. *Reihenfolge der Aussagen:* 4 ; 1 ; 2 ; 5 ; 3.

**A1** b. *Lösung*: un S.D.F.

**A2** a. *Lösung*: La jeune femme, les gens devant le cinéma (quatre personnes) achètent le journal du S.D.F., l'homme d'affaires et la vendeuse de roses ne l'achètent pas.

b. Le journal coûte 10 F.

c. 50 F.

**A3** a. *Lösungsvorschlag:* Un/Une S.D.F. n'a pas de travail/ ne travaille pas/plus, n'a pas d'argent, pas de domicile fixe. Il/Elle est dans la rue le matin, l'après-midi et le soir et vend le journal "Macadam" pour avoir un peu d'argent.

**A4** a. il/elle/on fait ; ils/elles font.

b. Je fais **la cuisine, des randonnées, les courses, la queue.** ; Vous faites **du sport** ? ; Ça fait **combien** ? ; Il fait **froid, beau**.

**A5** a. il/elle/on vend ; il/elle/on sort.

**A6** a. je **pars** ; j'**entends** ; qui **vend** ; je le **vends** ; ils ne l'**entendent** pas ; Ils **partent** ; ils **attendent** ; nous **faisons** ; Nous **partons** ; nous **sortons** ; nous **allons** ; Le S.D.F. **attend** ; il ne **sort** pas.

c. Il ach**è**te mit [ɛ] wie in **ä**ndern ; Ach**e**tez mit [ə] wie in bitt**e**.

**A8** a. Elle **n'**a **pas d'**argent. Sie hat kein Geld.
Ils **n'**ont **pas de** maison et **pas d'**adresse.
*ne... pas* de wird im Deutschen durch **keine** wiedergegeben

**B1** a. *Vgl. Kassettentext*, S. 204.
b. *Wörter, die im Hörtext zu hören sind:*
le Théâtre Antique ; les platanes ; début du premier siècle ; la terrasse d'un café ; le carrefour

c. devant vous ; Prenez ; à gauche ; à droite ; allez ; le pont ; *Lösung:* l'Arc de Triomphe.

d. ... il y a un arc de triomphe, un théâtre antique, une cathédrale, un office de tourisme, une poste ; ... on trouve des cafés avec des terrasses, des rues et des boulevards, des places.

**B3** a. Prenez ; Continuez ; Tournez ; Traversez ; Allez.
Die 1. Person Singular und die 2. Plural (aber ohne Personalpronomen!)

b. Je freine. Je prépare mon argent. J'allume mes feux. Je pousse le bouton et je traverse la rue. Je prends un ticket et je mets ma voiture au parking.

c. Regardez ; Choisissez ; Complétez ; Cherchez ; Demandez ; Jouez ; Observez ; Répétez ; Ecoutez ; Imaginez.

**B4** a. Rue du Noble ; Rue du Palais Royal ; Rue de la République ; Rue de la Baronnette ; Rue de la Renaissance ; Rue de la Concorde ; Avenue de l'Arc de Triomphe ; Rue des Prés ; Avenue des Thermes.

b. au ; à la ; à l' ; aux.

**B5** a. Place de la Mairie ; Quai de l'Europe ; Boulevard de l'Hôtel-de-Ville ; Place du Palais ; Avenue des Champs-Elysées ; Boulevard de l'Université ; Place du Champ-de-Mars.

**B6** a. à droite **du** nymphéa ; en face **de la** fleur ; à côté **de la** fleur ; au milieu **des** fleurs/nymphéas.

b. à côté **de l'**Eglise Saint-Jacques ; en face **de la** pharmacie ; jusqu'**au** prochain carrefour ; au bout **de la** rue ; près **du** jardin ; en face **du** supermarché ; jusqu'**aux** feux ; la rue **du** Musée ; en face **de** vous ; la rue **des** Platanes ; jusqu'**à l'**avenue.

**B9** quel nombre ; quelle ville ; quels monuments ; quelles spécialités.

**B10** a. Quel (1., 2., 3., 7.) ; Quelle (4., 6.) ; Quels (5.) ; Quelles (8.)

**C1** b. Le matin : à Paris, on peut aller au Louvre ; à La Rochelle, au musée maritime.
L'après-midi : à Paris, on peut aller au Louvre ; à Bruxelles, au musée de marionnettes ; à La Rochelle, au musée maritime.
Le soir : à l'Abbaye de Saint-Gall, à un concert d'orgue ; à Saint-Laurent d'Oingt, aux soirées de jazz ; à Bruxelles, au théâtre de marionnettes ; à Paris, au Grand Prix Cycliste du XVe.

Les jours de fermeture : au Louvre, le mardi ; au théâtre de Toone, le dimanche et le lundi.

**C2** 1. le Théâtre de Toone ; 2. le concert d'orgue du mercredi à l'Eglise/Musée des Augustins.

**C3** demander le prix : C'est combien ? Il y a un tarif étudiant ?
demander l'heure : C'est à quelle heure ?
demander la durée : Le spectacle dure combien de temps ?
donner le prix : C'est 400 F et 250 F tarif réduit. Ça fait 800 F.
donner l'heure : C'est à huit heures et demie. Rendez-vous à l'entrée à huit heures et quart.

**C4** a. ... de **9** heures du matin...

b. Il est trois heures.

c. Wie viel Uhr/Wie spät ist es? ; Es ist ein Uhr. ; Um wie viel Uhr? ; Um 8 Uhr.

**C5** a. Il est huit heures et quart. Il est huit heures et demie.

b. Il est dix-huit heures vingt-quatre ; vingt et une heure cinquante-cinq ; quatre heures et demie ; neuf heures et quart ; minuit moins le quart.

c. *Vgl. Kassettentext*, S. 204
neuf heures quarante-six ; dix heures moins le quart ; quinze heures vingt-trois ; trois heures moins dix ; vingt heures cinquante-cinq.

**C6** b. Entre sept heures et demie et huit heures du soir ; Souvent après huit heures du soir ; Jusqu'à dix heures du soir dans les hypermarchés ; Vers sept heures.

**C7** a. *Vgl. Kassettentext*, S. 204
Coiffeuse ; Le mardi, mercredi, jeudi, elle commence à neuf heures du matin et finit à midi. Elle recommence le travail à quatorze heures/deux heures de l'après-midi et termine à dix-neuf heures le soir/sept heures du soir. Le jeudi, elle tra-

vaille en nocturne jusqu'à vingt heures/huit heures du soir. Le vendredi et le samedi, elle commence à neuf heures du matin et finit à dix-neuf heures le soir/sept heures du soir. Ses jours de congé sont le dimanche et le lundi ; Elle travaille quarante-cinq heures par semaine.

b. *Vgl. Kassettentext*, S. 204
Les hypermarchés ouvrent à dix heures et ferment à vingt-deux heures/dix heures du soir.
Les petits magasins ouvrent vers sept heures et demie du matin/sept heures trente et ferment vers midi et demie/douze heures trente, puis ils rouvrent vers quatre heures de l'après-midi/seize heures et ferment vers huit heures du soir/vingt heures.

## EN BREF

**A1** 1. Le matin, je fais du sport.
2. Qu'est-ce que tu fais/vous faites le dimanche matin ?
3. Le samedi, je sors avec des amis.
4. Je n'ai pas de chien.

**2** Du matin au **soir**,
On peut le voir :
Il **vend** des journaux
A l'entrée du **métro**,
dans les centres commerciaux
et à la sortie **des bureaux**.
La rue, c'est son pays
Les autres S.D.F., ses amis.

**B1** 1. S'il vous plaît, monsieur/madame, où est l'office de tourisme ?
2. Pardon, monsieur/madame, est-ce que la poste est près d'ici ?/la poste, c'est près/loin d'ici ?
3. Quels sont les monuments à voir dans cette ville ?

**C1** 1. A quelle heure est-ce que le concert commence ?
Combien de temps est-ce qu'il dure ?
2. Alors, rendez-vous ce soir !
3. Est-ce qu'il y a une réduction pour les personnes du troisième âge ?

# 6 LES AMIS D'ABORD

*Reihenfolge der Aussagen:* 9, 3, 6, 5, 4, 8, 7, 1, 2.

**A3** *Von links nach rechts:* Luc, Martine, Olivier, la personne qui parle, Eric, Chantal.

**A4**

| | physique | caractère | activité |
|---|---|---|---|
| Luc : | mal rasé | rigole beaucoup | fait du théâtre |
| Eric : | beaux yeux bleus | réservé et sympa | fait du théâtre |
| Chantal : | cheveux mi-longs | | pilote |
| Martine : | grande et blonde | on peut compter sur elle ; a du goût | fait les boutiques |
| Olivier : | brun avec des lunettes | | adore cuisiner |

**A5** *Illustration:* Il a des yeux bleus. Il a des lunettes. Il est très grand. Il est mal rasé. Elle a l'air un peu triste. Elle a des cheveux mi-longs.

*Lösungsvorschlag:* Elle est brune. Elle a des lunettes. Elle est un peu réservée. Elle n'est pas très grande. Elle adore faire les magasins.

**A7** a. moi ; lui ; elle.

b. 1. sur elle ; 2. avec moi/nous ; 3. avec eux ; 4. avec toi, Et toi, tu es... ; 5. avec elles ; 6. sur vous , Nous, on..., avec toi/vous ; 7. moi, je...

**B1** a. *Vgl. Kassettentext*, S. 204
faire la fête ; aller au cinéma ; discuter ; aller danser ; faire du sport ; jouer au tennis ; aller au restaurant ; cuisiner ; chanter dans une chorale ; jouer aux cartes.

b. faire la/une fête, faire une balade ; faire du sport, du vélo, du jogging.
jouer au tennis, aux cartes ; jouer de la clarinette.

**B5** a. Elles‿aiment faire la fête de temps‿en temps.
Ils‿ont une maison en Provence.
Ce sont mes‿amis et ils sont très sympathiques.
C'est ton‿amie ?
Ils‿aiment jouer aux cartes.
Vous‿avez de superbes‿yeux bleus.
Nous‿habitons à côté d'Orange.
Les‿amis de mes‿amis sont mes‿amis.

**C2** a. Les amis d'Etienne s'appellent Marie-Paule, André et Jérôme.
Etienne veut faire du vélo dans la vallée de la Loire.

*Lösungsvorschlag:* Marie-Paule a réussi un examen difficile. Elle doit encore passer d'autres examens. Après ses examens, elle doit chercher un travail et ce n'est pas toujours très facile de trouver un travail intéressant tout de suite.

**C3** ta, sa ; mes, tes, ses.

**C4** **votre** lettre ; à **vous** ; pour **vous** ; **vous avez** travaillé ; **Vous avez** déjà fait ; **Racontez** ; parlé de **vous** ; de **vos** nouvelles ; **Avez-vous** envie ; Je **vous** embrasse.

**C5** a. *sich für einen Brief bedanken:* Merci pour ta lettre.
*jemanden beglückwünschen:* Je suis vraiment content pour toi. Toutes mes félicitations !
*eine Absicht äußern:* Nous avons l'intention de + verbe
*Grüße ausrichten lassen:* Félicitations de sa part ! Mes amitiés à...
*einen Brief beenden:* Je t'embrasse bien fort.

b. Nous vous embrassons *(bei guten Freunden)*. Affectueux bonjour ! *(eher informell)*.

**C6** a. Félicitations ! : 2, 3, 5
Meilleurs vœux ! : 1, 7
Je suis désolé/e de cette triste nouvelle. : 4
Tous nos vœux de bonheur ! : 3
Tous mes vœux de bon rétablissement ! : 6

**C7** J'**ai** beaucoup **pensé** ; tu **as travaillé** ; Tu **as** déjà **fait** ; J'**ai pris** et j'**ai rénové** ; André **a fêté** ; on **a** bien **ri** ; Nous **avons** beaucoup **parlé** ; il **a demandé**.

Das *passé composé* besteht aus **2** Elementen: dem Hilfsverb *avoir* bzw. *être* und dem Partizip. Die Partizipendung von den Verben auf *-er* lautet *-é*. Die Partizipformen von *prendre* und *faire* lauten: ***pris*** und ***fait***.

**C8** a. 2. ; 5. ; 6. ; 7. ; 1. ; 3. ; 4.

**C9** J'ai terminé ; j'ai commencé ; J'ai passé ; ils ont acheté ; on a fait ; tu as pris ; Tu as parlé.

## EN BREF

**A1** 1. Moi, j'ai les cheveux courts et lui, il est chauve.
2. Tu peux compter sur moi.
3. Aujourd'hui tu as/vous avez l'air triste. Ça ne va pas bien ?

**B1** 1. Au week-end, je fais du sport. Et vous, qu'est-ce que vous faites ?
2. A votre avis, les amis ça sert à quoi ?
3. Je joue de la clarinette. Vous voulez venir au concert avec moi ?

2 a. Une **amitié** qui dure longtemps :
C'est **faire la fête** très souvent,
Se disputer de temps en temps,
Aller ensemble au restaurant.
**A mon avis**,
Les amis, c'est pour la vie.

**C1** 1. J'ai fêté mes 40 ans avec mon ami/e.
2. Où est-ce que vous avez passé vos vacances ?

| | | | | | |
|---|---|---|---|---|---|
| 2 | Mon | Ma | Mes | Notre | Nos |
| | Ton | Ta | Tes | Votre | Vos |
| | Son | Sa | Ses | Leur | Leurs |
| | Partons. | A l'opéra. | Pour la soirée. | C'est l'heure. | Mon cœur ! |

# 7 LE PLAT DU JOUR

**A2** a. la Chine : le restaurant chinois, la cuisine chinoise ; la Suisse : la cuisine suisse ; la Russie : le restaurant russe ; la cuisine russe ; l'Italie : la cuisine italienne ; le Maroc : la cuisine marocaine ; l'île Maurice : la cuisine mauricienne ; la Grèce ; la cuisine grecque.

b. ein russischer Musiker; Er ist Russe.

**A3** le canard à l'orange : spécialité chinoise ; les moules et les frites : spécialité belge ; les blinis : spécialité russe ; le poulet au curry : spécialité indienne ; la paëlla : spécialité espagnole ; les tacos : spécialité mexicaine ; le couscous : spécialité marocaine ; la moussaka : spécialité grecque ; la pizza : spécialité italienne ; la raclette : spécialité suisse ; la choucroute garnie : spécialité alsacienne ; le bœuf bourguignon : spécialité française.

**B2** b. *Vgl. Kassettentext,* S. 205
Cyril Blavier est arrivé à Stuttgart en mai 1990. Il a ouvert le restaurant en avril 1991.

**B3** a. *Vgl. Kassettentext,* S. 205
le fromage de chèvre sur un lit de salades, le carré d'agneau rôti aux herbes, le saumon.

b. Provence et Alsace.

**B4** a. 1. l'apéritif , 2. l'entrée ; 3. le plat principal ; 4. le fromage ; 5. le dessert ; 6. le café ; 7. le digestif.

b. le pâté : 4 ; le coq au vin : 3 ; les crudités : 5 ; la côte d'agneau : 2 ; la tarte aux fraises : 7 ; l'escalope de veau : 1 ; le saumon : 6

**B5** *Vgl. Kassettentext,* S. 205
Les clients de Cyril Blavier aiment beaucoup le fromage de chèvre et la tarte Tatin. Lui, il aime toutes les cuisines, mais surtout les cuisines thaïlandaise et japonaise.

**B6** Das *passé composé* mit *être:* das *participe passé* wird in Geschlecht und Zahl an das Subjekt angeschlossen.

**B7** a. Je suis allé/e ; je suis entré/e ; je suis monté/e ; je suis resté/e ; je suis sorti/e ; je suis parti/e.

**B8** vous **avez pris** ; vous **avez mangé** ; vous **avez fait** ; vous **avez travaillé** ; vous **êtes arrivé/e**.

**B9** *Vgl. Kassettentext,* S. 205
Je vous remercie beaucoup. : Ich bedanke mich herzlich/sehr bei Ihnen. Ich danke Ihnen sehr/vielmals. ; Je vous remercie aussi. : Ich bedanke mich auch. Ich danke Ihnen auch/meinerseits ; Je vous souhaite bonne continuation. : Ich wünsche Ihnen weiterhin alles Gute. Ça m'a fait grand plaisir. : Es hat mich sehr gefreut.

**C2** *Oben links:* en France : le vin rouge ; *Mitte:* en Irlande : l'Irish coffee ; *Rechts:* en Autriche: des gâteaux ; *Unten links:* en Grèce: un moka ; *Mitte:* en Tunisie : un moka (un thé à la menthe) ; *Rechts:* en Italie: un expresso.

**C3** a. **en** France ; **en** Egypte ; **au** Maroc ; **aux** Pays-Bas.

b. En Chine, on mange le canard à l'orange. En Belgique, on mange les moules et les frites. En Russie, on mange les blinis. En Inde, on mange le poulet au curry. En Espagne, on mange la paëlla. Au Maroc, on mange le couscous. Au Mexique, on mange les tacos. En Grèce, on mange la moussaka. En Italie, on mange la pizza. En Suisse, on mange la raclette. En Alsace, on mange la choucroute garnie. En France, on mange le bœuf bourguignon.

**C5** avec du beurre et de la confiture ; avec des gâteaux et de la chantilly.

**C6** a. Dans le café liégeois, il y a du café, de la glace, de la chantilly et du chocolat.
Pour faire un Irish coffee, on prend du café, du sucre, du whisky et de la crème.

VOUS AVEZ CHOISI ? *Reihenfolge:* Vous avez réservé ? ; une table pour deux ; deux menus à 148 F ; un beaujolais nouveau ; une eau minérale ; un expresso ; L'addition, s'il vous plaît ! ; Bien sûr, monsieur ! Au revoir !

## EN BREF

**A1** 1. On peut aller manger au restaurant indien ce soir ?
2.J'ai réservé une table pour 2 personnes pour huit heures et demie.
3. Au petit-déjeuner, il me faut du pain et de la confiture.

**B1** 1. Comme apéritif, je voudrais un verre/une flûte/une coupe de champagne.
2. Comme hors-d'œuvre, je prends des moules, comme plat principal, une côtelette d'agneau et comme dessert, une mousse au chocolat.
3. En mai 1999, je suis allé/e au Maroc.

2 Pour commencer la journée,
**Un bon café au lait.**
En fin d'après-midi,
**Un verre de whisky.**
Et le soir,
**Un grand café noir.**
Bonsoir !

**C1** 1. Au petit-déjeuner, mes amis français mangent des croissants avec du beurre ou de la confiture.
2. Je n'ai pas encore choisi mon menu.
3. Un thé au lait, s'il vous plaît !
4. Vous acceptez les cartes bancaires ?

# 8 EN ROUTE

la voiture = 12 ; le tramway = 2 ; la bicyclette = 10 ; l'avion = 1; le train = 3 ; le métro = 11 ; la péniche/le bateau = 8 ; le cheval = 5 ; le bus = 7 ; à pied = 13 ; le ferry = 4 ; le chameau = 6 ; la mobylette = 9.

**A1** b. *Vgl. Kassettentext,* S. 205
Interview 1 : le métro.
Interview 2 : moyen de transport préféré : la voiture ; également cités : le scooter (le deux-roues), le métro, le bus.
Interview 3 : la marche à pied, le bus, le taxi (à Paris), l'avion, le train, le T.G.V. (ailleurs).

c. 5. ; 3. ; 6. ; 2. ; 1. ; 8. ; 7. ; 9. ; 4.

**A2** a. A Paris, le moyen de transport le plus pratique, c'est le métro. Le moyen de transport le moins rapide, c'est la voiture. Le moyen de transport le plus agréable, c'est le bus. Le moins cher, c'est la bicyclette.
En Europe, la ville la plus ensoleillée, c'est Madrid.

**A3** a. *Vgl. Kassettentext,* S. 205
Interview 1 : le train, le stop.
Interview 2 : le vélo, la voiture.

**A4** 5. ; 2. ; 4. ; 1. ; 3.

**A5** Quand on prend **l'avion**, il faut réserver une place, acheter un billet, s'informer sur les horaires, être là une heure avant le départ, présenter son passeport.
Quand on prend **le train**, il faut acheter un billet, réserver une place, s'informer sur les horaires, composter son billet.
Quand on prend **sa voiture**, il faut faire le plein, prendre une carte routière, contôler les pneus.

**B2** b. l'île d'Ouessant, de Bréhat, de Sein, de Noirmoutier, d'Oléron, de Ré, d'Aix, la Corse.

**B3** Das deutsche Passiv kann im Französischen durch einen Aktivsatz mit unpersönlichem *on* wiedergegeben werden.

**B5** 1. **A Oléron**, on peut bronzer sur la plage.
On peut bronzer sur la plage **à Oléron**.
2. Il y a toujours beaucoup de vent **à Ouessant**.
**A Ouessant**, il y a toujours beaucoup de vent.
3. **Souvent**,les touristes regardent les pêcheurs **dans le port**.
Les touristes regardent **souvent** les pêcheurs **dans le port**.
**Dans le port**, les touristes regardent **souvent** les pêcheurs.
4. **En général**, les enfants aiment ramasser des coquillages.
Les enfants aiment ramasser des coquillages, **en général**.
Les enfants aiment **en général** ramasser des coquillages.

*Satzteile, die an verschiedenen Stellen stehen können:*
... mais, la mer est dangereuse, surtout en Bretagne, du côté ... **en hiver**.
On peut aussi prendre l'avion, **de nos jours**.
On a construit des ponts... **pour atteindre** plus facilement les îles...
On a interdit la voiture... où on transporte les touristes en tracteur, **pour préserver l'environnement.**

**B6** a. Bréhat : l'île rose ; 1,5 km ; bonjour ; Bar des Corsaires ; trois ; 250 ; 6 000.
La Corse : l'île de beauté ; 183 ; plages ; 250 000 ; Bastia ; Napoléon Bonaparte ; calme.

**B7** a. en été, en hiver, en Bretagne, en voiture, en tracteur, en chambre d'hôte
à pied, à bicyclette, à Bréhat.
sur les îles, sur la petite île d'Aix, sur l'île, sur Bréhat, sur la plage, sur l'île.

**B8** *Vgl. Kassettentext,* S. 205

**C1** Auskünfte: renseignements ; Buchung: réservation(s) ; Halbpension: (en) demi-pension ;
Doppelzimmer: chambre double ; voller Preis: plein tarif ;
Verleih: location ; täglich: tous les jours

**C2** a. *Vgl. Kassettentext,* S. 206
Circuits en car, à bicyclette, en roulotte.
Visite du château de Chambord ; visite guidée du château de Blois.

**C3** a. (Es hängt vom Wetter ab.) Ça dépend du temps.
(Gibt es Führungen?) Il y a des visites guidées ?
(Was kostet es?) Quels sont les prix ?
(Wie lange dauert die Führung?) La visite guidée dure combien de temps ?
Auf *merci* kann man mit: *Je vous en prie.* antworten.

**C4** a. Das *futur composé* besteht aus der Verbform von *aller* und dem Infinitiv eines zweiten Verbs.

**C5** a. Vous voulez rencontrer des gens : auberges de jeunesse, campings ;
...loger chez des personnes de la région : chambres d'hôte, gîtes de France ;
Vous faites de la randonnée : gîtes d'étapes ;
Pour vous, le confort n'est pas le plus important : camping, auberges de jeunesse, Logis de France ;
Vous voulez dépenser le minimum : camping, auberges de jeunesse ;
Vous ne trouvez plus de chambre libre : camping.

**C7** a. nous buvons ; bon ; le poisson ; le pain.

## EN BREF

**A1** 1. Je voudrais réserver 2 places dans un compartiment non-fumeurs dans le T.G.V. de 8 h 35 pour Quimper. Est-ce qu'il faut changer à Rennes ?
2. Pour moi, le moyen de transport le plus agréable, c'est le vélo.

2 ...
C'est le moyen **le moins cher**
...C'est le moyen **le plus pratique**
...C'est pour les gens **les plus pressés** ?
Les gens **les moins fatigués**
...

**B1** 1. Je suis allé/e à Paris en train.
2. J'aime bien ramasser des coquillages sur la plage mais je n'aime pas bronzer : c'est mauvais pour la santé.
3. J'ai oublié d'apporter ma brosse à dents.

2 ...
Pour aller à Oléron,
**Il y a un pont.**

**C1** 1. Je voudrais réserver une chambre pour une personne avec salle de bains et W.-C. pour la période du 15 au 30 juin.
2. Après le cours, je vais rentrer tout de suite à la maison parce que mes enfants vont arriver ce soir.
3. Pendant les vacances, je vais faire des randonnées en montagne.

## ENTRACTE 2

1. Bilan *Reihenfolge der Aussagen:* 12 ; 3 ; 11 ; 10 ; 7 ; 1 ; 5 ; 6 ; 8 ; 9 ; 2 ; 4.
10 ; 7 ; 6 ; 2 ; 9 ; 3 ; 8 ; 4 ; 11 ; 5 ; 1.

4. Les cinq sens : sentir : lavande ; gaz ; fleur ; fromage ; parfum
goûter : croissant ; fromage
voir/regarder : lavande ; chien ; croissant ; fleur ; fromage ; tableau ; robe ; téléphone ; télévision
écouter/entendre : chien ; téléphone ; télévision ; silence
toucher : chien ; robe

## 9 PLAISIR DES SENS

**A4** 300 g **de** salade ; une bouteille **de** vin blanc sec ; une cuillère à soupe **d'**huile ; 4 tranches **de** baguette
Im Französischen steht nach bestimmten Mengenangaben immer *de*. Bei unbestimmten Mengenangaben steht der Teilungsartikel: *du, de la, de l', des.*

**A5** a. 1. deux tranches **de** pain de mie, une tranche **de** jambon, **du** fromage et **du** beurre
2. un verre **de** jus de fruits, **des** biscottes avec **de la** margarine, un bol **de** thé,
un peu **de** viande et **des** pommes de terre à l'eau ou **du** riz, un bouillon **de** légumes

**A6** a. 7. ; 1 ; 6 ; 2 ; 9 ; 10 ; 12 ; 8 ; 11 ; 3 ; 5 ; 4.

b. 1. Mettez ; 2. Retournez ; 3. Laissez reposer ; 4. Préparez ; 5. Faites ; 6. Mélangez ; 7. Répartissez ; 8. Faites griller ; 9. Mettez ; 10. Mettez ; 11. Disposez ; 12. Servez.

c. mettre ; retourner ; laisser reposer ; préparer ; faire ; mélanger ; répartir ; faire griller ; disposer ; servir.

d. vous répartissez.

**B2** une robe : 5 ; un chemisier : 12 ; une jupe : 1 ; un collier : 8 ; un jean : 10 ; un parapuie : 2 ; un maillot de bain : 3 ; un foulard : 9 ; une ceinture : 4 ; un imperméable : 11 ; une trousse de toilette : 7 ; un tailleur : 6.
des chaussettes : 3 ; une chemise : 5 ; une cravate : 1 ; des chaussures : 6 ; un pantalon : 10 ; un rasoir : 2 ; des bretelles : 4 ; un pyjama : 9 ; une brosse à dents : 8 ; un pull : 7.

**B4** a. *Wörter, die unterstrichen werden:* fabriqué en Italie, laine, mohair, acrylique
coton, coton, lin, pure soie.

**B5** *Vgl. Kassettentext,* S. 206
La cliente veut acheter des chaussures. Comme pointure, elle fait du 38. Il reste seulement des rouges.
Elle trouve que le deuxième modèle est plus original mais que le talon est trop haut. La cliente achète le deuxième modèle.

**B6** Der Komparativ wird gebildet, indem man *plus* oder *moins* vor das Adjektiv stellt. Das Bezugswort wird mit *que* angeschlossen.

**B8** a. Je **le** trouve plus original. = le modèle italien.
Alors je **les** prends. = Ces chaussures.

b. Je **la** trouve bien. = la cravate jaune.
je **l'**aime bien. = Ta jupe.

c. Die Pronomen *le, la, l'* und *les* nennt man direkte Objektpronomen. Sie stehen für ein Substantiv, das schon erwähnt wurde. Sie stimmen mit diesem in Geschlecht und Zahl überein. Meistens stehen sie **vor** dem Verb.

d. Retournez-les. Mélangez-la. Die direkten Pronomen stehen nun **hinter** dem Imperativ.

**C1** a. sport : la natation ; les sports de plein air ; la piscine ; la gymnastique ; le jogging ; les randonnées ; la marche.
nature : les légumes ; les fleurs ; les saisons ; le chien ; les oiseaux ; le message de la nature ; l'eau.
alimentation : les légumes ; manger léger ; l'eau.
corps : la douche ; le massage ; le shampooing ; l'eau.
âme : la musique ; le message de la nature ; la dimension spirituelle.

**C2** a. *Vgl. Kassettentext,* S. 206, 207

b. und c. Sabine : fait des grandes promenades avec son chien et s'occupe des fleurs de son balcon.

Jean : fait un peu de mouvements de gymnastique. Il va courir tous les matins. Il prend contact avec la nature. C'est une dimension spirituelle pour lui.

Claire : boit beaucoup d'eau et surveille son alimentation. Elle mange léger et bouge beaucoup. Elle fait des sports de plein air et de la natation et prend soin de son corps pendant le week-end. Le soir, pour se relaxer, elle écoute de la musique.

**C4** Je **m'**occupe ; pour **vous** maintenir ; pour **me** détendre ; je **me** change ; j'aime bien **me** lever ; ça **se** passe ; pour **t'**occuper ; Je **m'**amuse ; Je **m'**éveille.

je **m'amuse** ; tu **t'amuses** ; il/elle/on **s'amuse** ; nous **nous amusons** ; vous **vous amusez** ; ils/elles **s'amusent**.
je m'appelle ; tu t'appelles ; il/elle/on s'appelle ; nous nous appelons ; vous vous appelez ; ils/elles s'appellent.

**C6** 4., 7., 6., 1., 8., 2., 5., 9., 3.

**C9** a. *Vgl. Kassettentext,* S. 207.

### EN BREF

**A1** 1. Je voudrais deux kilos d'oranges et un petit paquet de riz.
2. Je fais un régime et, le midi, je peux manger une tranche de jambon et deux pommes de terre à l'eau.
3. Au petit-déjeuner, il me faut du pain et de la confiture.

**B1** 1. Combien coûtent le pantalon en lin et le maillot de bain bleu, s'il vous plaît, monsieur/madame ?
2. Est-ce que je peux avoir des chaussettes pour essayer les chaussures ?
3. La jupe me va bien, je la prends.
4. Le pantalon est cher, je vais réfléchir.

**C1** 1. Le matin, je prends une douche froide pour être en pleine forme.
2. Pour me relaxer, je m'occupe de mes fleurs.
3. Qu'est-ce que tu fais/vous faites pour te/vous sentir bien dans ta/votre peau ?

## 10 Autrefois Aujourd'hui

**A2** a. *Vgl. Kassettentext,* S. 207
Interview 1 : Raoul, 50 ans.
Interview 2 : Antoine, 49 ans.
Interview 3 : Claude, 30 ans.
Interview 4 : Armand, 54 ans.

**A3** a. 1. Antoine ; 2. Raoul ; 3. Claude ; 4. Armand.

**A4** Je **leur** fais des bisous ; je veux **lui** transmettre ; et **lui** montrer le monde.
Die indirekten Pronomen *lui* und *leur* stehen vor dem konjugierten Verb oder vor dem Infinitiv.

**A5** 1. lui ; 2. leur ; 3. lui ; 4. lui.

**B2** *Reihenfolge der Fotos:* 5 ; 3 ; 1 ; 4 ; 2.

**B3** la **grand-mère** ; le **père** + la **mère** ; le **frère** + la **sœur** ; les **petits-enfants** ; la **fille** ; le **cousin** + la **cousine** ; l'**oncle** + la **tante**.

**B5** a. je la trouvais
Il était ; il adorait ; il aimait ; il inventait ; il nous apprenait ; il faisait ; il y avait
Elle avait avec elle ; elle pouvait contempler ; elle devait être
on faisait ; on prenait ; on se mariait
nous nous retrouvions
ils étaient amoureux
j'adorais ; il/elle/on adorait ; nous adorions ; ils/elles adoraient.

**C1** b. aventure : un avion ; piloter ; faire peur ; voler ; abandonner.
nature : un fauve ; un serpent ; dormir ; une proie ; la jungle ; la forêt vierge.
art : tracer ; un peintre ; dessiner ; un chef-d'œuvre ; un crayon de couleur ; un dessin.
repas : avaler ; mâcher ; la digestion.

**C3** a. Le narrateur rêvait de devenir peintre. Il est devenu pilote d'avion. Il a changé d'avis, car les grandes personnes lui avaient conseillé d'abandonner l'idée d'être peintre. Elles ne comprenaient pas le sens de ses dessins.
Ce qui est important dans la vie pour les enfants, c'est l'imagination. Les adultes, eux, sont plus sensibles à la réalité et ils ne comprennent pas le monde imaginaire des enfants.

**C4** Ich habe sie gefragt, ob sie sich vor meiner Zeichnung fürchteten.
Das ist sehr nützlich, wenn man sich nachts verfahren hat.
*Si* kann **ob** oder **wenn** heißen.

**C5** b. **description** : Lorsque j'avais six ans ; qui s'appelait ; Ça représentait ; qui avalait ; On disait ; Il était comme ça ; si mon dessin leur faisait peur ; Mon dessin ne représentait pas ; Il représentait un serpent boa qui digérait ; Mon dessin numéro 2 était ; Je savais reconnaître

**action accomplie** : j'ai vu ; J'ai alors beaucoup réfléchi ; j'ai réussi ; J'ai montré et je leur ai demandé ; Elles m'ont répondu ; J'ai alors dessiné ; Les grandes personnes m'ont conseillé ; j'ai abandonné ; J'ai donc dû choisir ; j'ai appris ; J'ai volé ; la géographie m'a beaucoup servi

**C6** a. j'ai eu ; j'ai dormi ; m'a réveillé ; J'ai bien regardé et j'ai vu.

b. *Lösungsvorschlag: oben links:* J'**avais** soif et j'**étais** très fatigué, car il n'y **avait** personne pour m'aider.
*unten links:* Ce n'**était** pas confortable et il **faisait** très froid dans le désert, la nuit.
*oben rechts:* La voix me **disait** : ...
*unten rechts:* Il **était** blond et **portait** un manteau vert et rouge. Il avait l'air égaré.

c. *Lösungsvorschlag:* Il y a six ans, j'ai eu une panne dans le désert, avec mon avion. J'avais soif et j'étais très fatigué, car il n'y avait personne pour m'aider. Le premier soir, j'ai dormi sur le sable. Ce n'était pas confortable et il faisait très froid dans le désert, la nuit. Au lever du jour, une drôle de petite voix m'a réveillé. La voix me disait... J'ai bien regardé et j'ai vu un petit bonhomme tout à fait extraordinaire. Il était blond et portait un manteau vert et rouge. Il avait l'air égaré.

**C7** Gi**s**èle, **g**âteau, **g**énial ; **g**irafe, **j**oué, **j**ardin, **j**ungle ; Coura**g**e, tou**j**ours, **g**aie, **g**uitare, s'arran**g**e ; **g**énéral, **J**uliette, **G**érard, ména**g**e, **j**eudi ; **g**agner, ar**g**ent, **j**'ensei**g**ne, **g**éo**g**raphie, **g**ymnastique ; ma**g**ie, **g**oûter, pla**g**e.

### EN BREF

**A1** 1. A mon avis, l'éducation des enfants est le rôle de la mère et du père.
2. Est-ce que vous pensez aussi que la tendresse des parents est la chose la plus importante pour les enfants ?
3. J'ai une amie en France. Je lui envoie une carte chaque année pour son anniversaire.
4. Mes enfants sont au Canada, mais je leur téléphone souvent.
5. Quand mes vêtements sont trop petits, je les donne à ma fille.

**B1** 1. Autrefois, ma grand-mère faisait des randonnées en montagne avec moi.
2. Qu'est-ce que vous aimiez faire quand vous étiez enfant ?
3. Où est-ce que vous habitiez quand vous étiez jeune ?
4. Combien de frères et sœurs est-ce que vous avez ?/Vous avez combien de frères et sœurs ?

2 ...
Ma mère Marion
Jouait du violon.
Mon père José
Aimait la télé.
...

**C1** 1. Qu'est-ce qui a changé dans votre pays depuis 20 ans ?.
2. Autrefois, on se mariait jeune, aujourd'hui, on vit d'abord ensemble.
3. Je t'écrivais une lettre quand tu m'as téléphoné.
4. Il faisait beau, nous mangions dans le jardin, mais un peu plus tard, le temps a changé.

## 11 Se rendre utile

*Reihenfolge der Aussagen:* 4, 2, 7, 1, 5, 8, 6, 3.

**A1** 9 ; 4 ; 7 ; 1 ; 6 ; 5 ; 8 ; 3 ; 2 ; 10.

**A2** b. Michel a 32 ans. Il est chauffeur de taxi. Il aime le contact avec les clients. Il travaille beaucoup et le trafic dans Paris n'est pas toujours facile. Maintenant qu'il a son taxi à lui, il aimerait fonder une famille.
Marie-José a 28 ans. Elle est infirmière dans un hôpital à Paris. Elle a fait ses études dans une école d'infirmières à Nancy. Elle aime aider les gens malades et trouve que la

petite taille de l'hôpital où elle travaille est un avantage. Elle aimerait aller dans d'autres services pour avoir une plus grande expérience et devenir un jour, responsable de toutes les infirmières de l'hôpital où elle travaille.

**A3** jugements : c'était plutôt difficile ; le trafic est impressionnant ; Il faut avoir les nerfs solides ; un client sympa qui engage la conversation, qui s'intéresse à mon métier ; J'aimerais fonder une famille ; C'est très humain ; Je souhaite aller...
regrets : même si je travaille... ; je ne regrette rien
satisfaction : c'était passionnant ; le plus agréable dans mon métier, c'est de... ; ce qui me plaît, c'est...

**A4** Die deutsche Entsprechung für das Relativpronomen *qui* lautet **der, die, das**.
Im französischen Relativsatz steht das Verb direkt hinter dem Subjekt.

**A5** *Lösungsvorschlag:* Un bon chauffeur de taxi, c'est quelqu'un qui a les nerfs solides dans les embouteillages.
Une bonne infirmière, c'est quelqu'un qui comprend les malades et aide les médecins.
Un bon comptable, c'est quelqu'un qui aide les entreprises du point de vue financier.
Un bon professeur, c'est quelqu'un qui fait des bons cours.
Un/e collègue sympathique, c'est quelqu'un qui a toujours un mot gentil pour les autres collègues quand la journée commence.
Un/e ami/e, c'est quelqu'un qui nous comprend et partage notre bonheur et qui est là pour nous dans le malheur.
Une bonne voiture, c'est une voiture qui ne tombe jamais en panne.
Une bonne formation, c'est une formation qui permet de trouver un travail intéressant.
Un travail intéressant, c'est un travail qui offre des responsabilités et qui permet de développer sa personnalité.

**A7** Das *passé composé* der reflexiven Verben wird mit dem Hilfsverb *être* gebildet.

**A8** Hier, je ne **me suis** pas **amusé**. Je **me suis réveillé** à 8 h. Ensuite, je **me suis levé**. Puis je **me suis lavé**. Toute la matinée, nous **nous sommes occupés** à illustrer un manuel de français. A midi, je **me suis détendu**. Puis je **me suis intéréssé** au programme du centre culturel. Et je **me suis inscrit** à un cours de pâtisserie. Après tout cela, je **me suis couché**. Vivement dimanche !

**A9** a.

| | Avantages | Inconvénients |
|---|---|---|
| chauffeur de taxi | est son propre patron ; peut tomber sur des clients sympa ; a des contacts avec le public ; choisit ses horaires. | difficile au point de vue financier ; le trafic est souvent difficile ; travaille jusqu'à 60 heures par semaine. |
| infirmier/-ière | peut aider les malades, être utile ; a un métier très humain ; a beaucoup de responsabilités. | a des horaires difficiles ; travaille avec des médecins pas toujours faciles. |

**B1** 2, 5, 1, 4, 3.

**B3** *Vgl. Kassettentext,* S. 207
a. Une dame téléphone parce qu'elle voudrait avoir des renseignements sur le réseau d'échanges de savoirs.

b. *angebotene Aktivitäten:* fabriquer des costumes de théâtre ; faire du baby-sitting ; enregistrer une cassette pour les aveugles.

**B5** a. vous surveillerez ; vous planterez ; vous réparerez ; vous lirez ; vous rédigerez ; vous participerez ; vous aurez ; vous profiterez.

b, nous particip**erons** ; vous particip**erez**.

**B8** a. *Vgl. Kassettentext,* S. 207

**C2** a. **les lieux** : salle de bains/cuisine/à la maison/dans l'autobus;
au bureau;
au restaurant chinois ou italien, au bistro;
en faculté au cours du soir ;
au bercail/à la maison.

**les moments de la journée :** le matin/au petit-déjeuner ;
à l'heure de la pause ;
le soir, après le travail ;
la nuit.

b. **personnes rencontrées :** les gens dans le bus, les collègues, "une fleur" (une jolie jeune fille/femme).
**Pour terminer sa journée,** il regarde la télévision./Il termine sa journée assis devant son poste de télé.

**C3** **strophe 1** : La ville où il habite n'est pas aussi exotique que Tokyo ou Calcutta et il y a moins de monde.
**strophe 2** : Son travail n'est pas aussi horrible que le Goulag ou dans les romans de Zola.
**strophe 3** : Son amie n'est pas une femme exceptionnelle comme une actrice de cinéma. Elle n'est pas aussi belle.
**strophe 4** : Il n'est pas d'une intelligence extraordinaire comme Einstein ou le Dalaï-Lama.
Cette chanson montre que nous sommes des gens tout à fait normaux, que notre vie ressemble à celle de beaucoup d'autres personnes qui vivent à notre époque.

**C4** a. und b. 4, 5, 2, 1, 6, 3.

c. Français standard : J'ai rendez-vous. Je ne viens pas avec vous.

**C5** **Portrait du personnage de la chanson** : C'est un jeune homme pas marié qui habite dans un tout petit appartement sans beaucoup de confort.
**Age** : environ 30 ans
**Formation professionnelle** : pas beaucoup de diplômes, il est employé de bureau et suit des cours du soir pour changer sa situation. Avec son salaire il ne peut pas avoir un grand appartement bien confortable dans la grande ville où il habite.
**Caractère** : il est assez sympa.
**Désirs** : il veut sortir de sa situation un peu banale, de sa vie monotone au bureau. Il espère que la jeune fille qu'il connaît sera la bonne pour fonder une famille. C'est pourquoi il a décidé de faire une formation du soir à l'université. On peut penser qu'il pourra être ingénieur après cette formation.

## EN BREF

**A1** 1. L'année dernière, je me suis inscrit/e à l'université populaire pour apprendre le français.
2. Qu'est-ce qui vous plaît dans votre métier ?
3. Je travaille avec des collègues qui ont beaucoup d'expérience.

**B1** 1. Qu'est-ce que vous ferez quand vous serez en retraite ?
3. Je ne resterai sûrement pas dans la région quand je ne travaillerai plus.

**C1** 1. Pendant/A la pause de midi, je vais manger dans un petit restaurant qui n'est pas très loin de mon bureau.
2. Le matin, je bois un café très fort pour me réveiller.
3. Est-ce que vous avez fait un stage dans une entreprise quand vous étiez jeune ?
4. Comment est-ce que je peux me rendre utile ?

2 Pour me mettre en train le matin,
Un café et une tartine de pain.
A la pause de midi,
Mon travail : pas fini.
En plus, pas d'appétit.
Je ne fais pas d'histoire,
Je mangerai mieux ce soir.
Arrivé chez moi,
Je suis le roi.
J'oublie le métro et le boulot,
Je regarde dans le frigo
Zut, que de l'eau !

# 12 Rêves et projets

**A1** a. **technologie** : Ariane.
**politique** : Si je gagne..., Une euro-identité..., Si l'Europe nous rejette... .
**économie** : Si vous n'aimez pas votre job..., Si l'Europe nous rejette..., Le Maroc et l'Union européenne, L'Allemagne ne veut plus être..., Le roi Mark en difficulté, Le textile portugais, Marché international des capitaux.
**tourisme** : Un prix amical pour visiter l'Ecosse en famille.
**communications** : Eurotunnel... .
**culture** : Rétrospective Claude Monet.

**A2** 2., 3., 1.
Im *Si*-Satz steht ein **Präsens**. Im Hauptsatz steht entweder ein **Präsens**, ein **Imperativ** oder das **Futur**.

**A4** a. *Von links oben nach rechts unten :* Grande-Bretagne ; Grèce ; Italie ; Belgique ; Espagne ; Russie ; Finlande ; France ; Allemagne ; Pays-Bas

b. les Anglais/es ; les Grecs/Grecques ; les Italiens/Italiennes ; les Belges ; les Espagnols/es ; les Russes ; les Finlandais/es ; les Français/es ; les Allemands/es ; les Hollandais/es

**B1** *Vgl. Kassettentext,* S. 208
a. Photo CAVILAM : Michel ; Photo SPIROU : Laurent ; Photo SECOURS CATHOLIQUE : Huguette

b. Laurent : presque 30 ans, éditeur de bandes dessinées, célibataire
Huguette : 60 ans, retraitée, veuve
Michel : 40 ans, directeur pédagogique, marié

c. Huguette : Elle a perdu son mari. Elle est partie à la retraite. Elle a pris des responsabilités dans une association.
Laurent : Il a changé de travail. Il a déménagé.
Michel : Il a déménagé. Il a changé de profession.

**B2** a. Je travaille à Bruxelles **depuis** trois mois. *(seit)*
**Ça fait** un an et demi **que** je suis à la retraite. *(seit)*
J'ai arrêté de travailler **au bout de** huit ans. *(nach)*
J'ai rencontré ma femme **il y a** dix ans. *(vor)*

**B3** a. und b. 1. en (parler **de**) ; 2. y (**dans** une ville) ; 3. en (au sein **d'**une association caritative) ; 4. y (penser **à**)

c. Das Pronomen *en* steht für Ausdrücke mit *de*.
Das Pronomen *y* steht für Ausdrücke mit *à* oder Ortsangaben.

**B4** Laurent : j'**y** étais monté ; je suis venu **y** vivre ; J'**en** discute souvent.
Huguette : j'**y** passe ; j'**en** parlais beaucoup.
Michel : nous nous **y** plaisons beaucoup ; Mon fils **y** a trouvé ; nous **y** pensons encore souvent.

**B5** *Vgl. Kassettentext,* S. 208
Huguette : rêvait de fonder une famille, d'être heureuse, de vivre calmement, de devenir infirmière. Elle a fondé une famille. Elle n'est pas devenue infirmière mais secrétaire.
Michel : rêvait d'être utile, de réaliser ses propres rêves. Il a réalisé certains rêves.
Laurent : voulait travailler pour le journal de "Spirou". Il a réalisé son rêve.

**C1** b. En France, on porte l'alliance à la main gauche (le côté du cœur) et en Allemagne à la main droite.
En France et en Allemagne, la circulation se fait à droite, en Angleterre ou en Irlande, à gauche.
Dans les villes où il y a un grand fleuve comme la Seine, il y a une rive droite et une rive gauche.

**C4** a. **qui** : des cavaliers **qui** circulaient à gauche ; cette harmonie solaire des êtres **qui** aiment
**négation** : Ce **n'**est **pas** le plus important. Le couple **n'**est **plus** un enfer. Les gauchers **ne** voulaient **pas** perdre leur temps à travailler. Leurs traits **n'**étaient **pas** plus fins...
**comparatif** : un homme à cheval était **plus** désirable, **plus** sexy, **qu'**un conducteur...
Leurs traits n'étaient pas **plus** fins **que** ceux des Parisiens...
**y** : et **y** ont découvert un monde différent. Il n'**y** avait pas d'automobiles dans les rues.
**adjectifs** : une **petite** minorité ; cette **minuscule** société ; des utopistes **français** ; une **colossale** question ; aristocrate **anglais** ; un monde **différent** ; la **seconde** raison ; les automobiles étaient très **chères** ; l'architecture **intérieure** ; Une chose était **frappante** ; ce bout de France **tropicale** ; des Parisiens **ordinaires** ; cette harmonie **solaire**
**questions** : **Comment** fait-on pour aimer ?
**adjectifs possessifs** : **sa** femme Emily ; ils voulaient aimer **leur** femme ; de **leurs** mains
**prépositions** : **dans** un archipel ; fondée **par** des utopistes ; a **pour** but **de** répondre **à** une ; **pour** aimer ; **sur** cette terre ; **entre** les hommes **et** les femmes ; **de** trente-huit ans ; **en** montgolfière ; une voiture **à** moteur ; l'installation **du** téléphone ; **avec** fierté ; **de** leurs mains ; **à** l'image **de** ; la beauté des gens **de** ce bout **de** France
**passé composé** : **sont** venus chercher ; ils **sont** arrivés ; **y ont** découvert
**imparfait** : il n'y **avait** pas ; qui **circulaient** ; **était** plus désirable ; **étaient** très chères ; ne **voulaient** pas perdre leur temps ; les couples **préféraient** ; **construisaient** ; **devait** être ; leurs regards **laissaient** filtrer

## EN BREF

**A1** 1. Si je gagne 10 000 euros, j'achèterai une voiture.
2. Si vous avez le temps, lisez un journal français.
3. A votre avis, comment sera l'Européen dans 20 ans ?
4. Si tu as envie d'aller au cinéma avec nous, tu peux nous attendre à sept heures et demie devant l'église.

**B1** 1. J'y pense souvent.
2. Je suis né à.... en....
3. J'en voudrais un kilo.
4. J'ai déménagé parce que j'ai changé de métier.

**C1** 1. En Allemagne, on porte l'alliance à la main droite.
2. Qu'est-ce que vous emportez sur une île si vous devez y rester un mois ?